本书为2016年度教育部人文社会科学重点研究基地重大项目『高考制度改革研究』（16JJD880029）之成果

日本高校招生考试制度研究

胡永红／著

高考改革研究丛书

刘海峰／主编

华中师范大学出版社

国家出版基金项目
NATIONAL PUBLICATION FOUNDATION

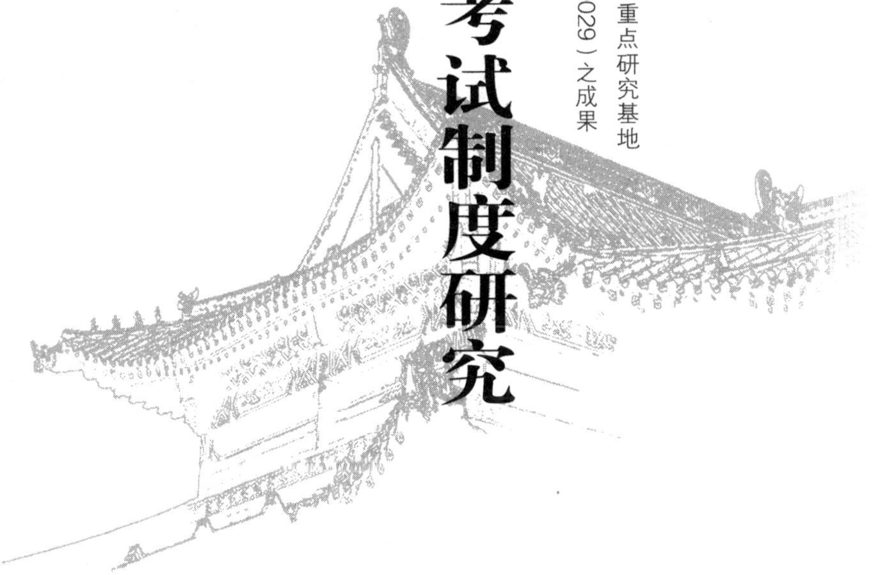

新出图证（鄂）字10号

图书在版编目（CIP）数据

日本高校招生考试制度研究/胡永红著．—武汉：华中师范大学出版社，2016.12

（高考改革研究丛书/刘海峰主编）

ISBN 978-7-5622-7609-8

Ⅰ.①日…　Ⅱ.①胡…　Ⅲ.①高等学校—招生—考试制度—研究—日本
Ⅳ.①G649.313.2

中国版本图书馆CIP数据核字（2016）第260756号

日本高校招生考试制度研究

©胡永红　著

责任编辑： 刘　敏
责任校对： 刘　峥
编辑室： 学术出版中心
电话： 027－67867792
出版发行： 华中师范大学出版社
社址： 湖北省武汉市洪山区珞喻路152号
电话： 027－67863426/3280（发行部）
027－67861321（邮购）
传真： 027－67863291
邮编： 430079
网址： http：//press.ccnu.edu.cn
电子信箱： press@mail.ccnu.edu.cn
印刷： 湖北新华印务有限公司
督印： 王兴平
封面设计： 甘　英
封面制作： 胡　灿
开本： 710mm×1000mm　1/16
印张： 17.75
版次： 2016年12月第1版
印次： 2016年12月第1次印刷
字数： 300千字
定价： 45.00元

欢迎上网查询、购书

总　序

高考是我国各类考试中最重要、影响最大的考试。高考改革不仅关系到国家创新人才的培养、学生的健康成长，而且关系到社会公平的维护、高等教育资源的分配，还涉及宏大的社会利益再分配问题，关系到维护我国改革发展稳定的大局，是一项“牵一发而动全身”的社会系统工程，具有综合性、系统性。高考改革事关教育全局，不仅已成为重大的民生议题，而且是教育领域中最复杂、最敏感的问题，受到民众和国家教育主管部门的高度关注。

2010年7月正式颁布的《国家教育中长期改革和发展规划纲要(2010—2020年)》列有关于招生考试的专门一章，即第十二章“考试招生制度改革”。在中国历次教育改革文件中，这是第一次将招生考试单独列出一章，足见此问题在现阶段的重要性。2012年7月，国家教育考试指导委员会在北京成立，研究制定考试改革方案，指导考试改革试点。国家专门成立一个国家级决策咨询机构来指导高考改革实践，说明考试招生改革意义非常重大。2013年11月，十八届三中全会通过了《中共中央关于全面深化改革若干重大问题的决定》，其中教育方面最主要的就是考试招生改革的内容。2014年9月公布的《国务院关于深化考试招生制度改革的实施意见》，是恢复高考以来最全面、最系统的改革文件。以往也有各种各样的高考改革政策出台，但多数都是单项的或者某一个侧面的改革，而这次改革涉及考试招生的方方面面，是一个顶层设计的系统改革，标志着高考改革进入一个新阶段。

由于高考是一个至为复杂的大规模选拔性考试，是一项“横看成岭侧成峰，远近高低各不同”的制度，从某一特定的角度去观察，站在某一种特定的立场去评说，可能所见都是事实，所言也都有一定道理，但也可能会出现盲人摸象、各说各话的情况。因此，在评价高考时，重要的是全面和客观。

而要理性地、全面地评价高考，提出切实可行的改进意见，就应该对高考进行全面深入的研究。

中国是考试制度的发源地，不仅是一个考试古国，而且是一个考试大国。有些西方国家的大学入学考试只是一种测量手段，只是在小范围内引起关注，只是一个部分人关心的话题。然而，受传统和现实的制约，中国人却将高考变成了文化，变成了经济，变成了政治，变成了盛大的仪式，变成了一种备受关注的社会活动，变成了一种惯例式的全民动员。在有五千年悠久文化传统和千余年科举考试影响的中国，在一个幅员辽阔、人口众多、地域和城乡文化教育水平差异很大的中国，在民众高度重视甚至是过度重视教育的中国，高考既与世界各国的大学入学考试有相同的规律，也有不少独有的现象和问题。

长期以来，高考作为一项影响重大、关注度甚高的重要制度，总体而言是“三多三少”，即新闻报道多，理论研究相对较少；一般议论多，深入分析相对较少；零星探讨多，系统研究相对较少。近年来，情况有了一些改观，特别是2012年前后讨论异地高考政策问题，2014年《国务院关于深化考试招生制度改革的实施意见》出台以后，出现了研究高考改革的热潮，许多相关论文见诸报刊。但是，对于整个高考制度还缺少系统的研究，尤其缺少真正有分量的高考改革研究著作。

高考改革是一个谁都能说得上两句的话题，但又是一个专业性很强的问题。要谈谈自己关于高考改革的观点，发表一两篇文章不难，而要深入阐述自己的观点，发表不重复的系列论文或出版专著却很难。为了将高考研究推向深入，并为现实高考提供决策参考和理论依据，在深入研究的基础上，特组织一套“高考改革研究丛书”。

作为中国高考研究的重镇，厦门大学考试研究中心一直将高考改革作为重点研究方向之一，推出了一系列研究论文和专著，研究成果为全国性的和部分省市的高考改革提供重要的理论支持。本丛书是中国第一套较全面、深入研究高考改革的丛书，对高考从理论、制度、政策、法治、内容、形式，到招生考试的区域公平、民族政策、效度和评价等各方面进行全面的研究，同时对美国、英国、法国、俄罗斯、加拿大、澳大利亚、日本和我国台湾地区的高校招生考试制度等进行了探讨；既有对高考制度的理论剖析，又有对高考改革的一些热点问题的专题论述；是从理论到实践、从宏观到微观、从国内到域外，对高考制度及其改革进行的全面而深入的研究。

“高考改革研究丛书”是对高考的基础性、系统性研究。2015 年，该丛书获得国家出版基金资助，出版社与丛书主编将原来已出版的十多本著作加以修订，并扩充至 22 本，使之成为一个更全面、成气候的书系。本丛书基本上由我自己的著作和历年指导通过答辩的高考研究博士论文、博士后出站报告为基础构成。在我历年指导的众多博士论文或博士后出站报告中，以高考研究为选题的占大多数。要想真正为高考改革提供参考，我们的研究应力求建立在对招生考试历史与现实充分了解的基础之上。为了使这些论文的写作不至于陷入空谈，我总是要求博士生和博士后多了解高考实际。多年来，以高考为选题的博士生和博士后一般都要到部分省市教育招生考试院等考试机构实习，真正深入招生考试第一线，多与考试管理工作者接触交流，这样他们才不会太书生气，所写论文才能脚踏实地。凡是研究别国高校招生考试制度的博士生和博士后，都通晓所在国的语言文字，并尽可能到研究对象国去搜集资料和实地调研，多位博士生和博士后都在研究对象国留学多年或做访问研究一年以上。

从书中每本著作各有专攻，希望都能切中肯綮，真正做到既有学术价值，也有现实意义；对高考改革的顶层设计，对高考改革的顺利推行，进而对维护教育公平和社会稳定起到一定的作用。恢复高考 40 周年即将到来，相信本丛书的出版能够为高考改革提供理论支撑，为完善中国的考试招生制度贡献绵薄之力，作为一名上世纪的 77 级大学生，我深感欣慰。

刘海峰

2016 年 10 月 6 日

前　言

20 世纪五六十年代，世界性的高等教育大众化浪潮风起云涌，多样化高校招生考试改革成为统考之外的另一分支并蓬勃兴起，统一与多样化相结合、综合评价的高校招生考试模式成为新世纪世界各国的主流趋势。日本高校招生考试制度改革与高等教育大众化如影随形，在大众化进程中逐步确立了两次考试、统分结合、综合评价的日本式高校招生考试制度，不仅扩大了高等教育入学机会，推广了高校招生考试公平，也助益日本高校选拔人才。早在 1963 年，日本高等教育就进入了大众化阶段，但是，进入 21 世纪以来，伴随高等教育普及化阶段的深入，日本高等教育入学率却陷入凝滞，止步不前的高等教育入学率折射出了日本高校招生考试制度改革的局限与弊端：学力考试松弛与非学力考试普及、统考引导基础教育的功能式微、偏差值教育的合理化、隐匿的社会分层机制销蚀着高校招生考试公平等。

高等教育大众化也是我国高校招生考试制度改革的“背景音乐”，我国政府也提出了创建“分类高校招生考试、综合评价、多元录取的考试招生制度”的目标，同为浸染在儒家文化中的亚洲国家，同为高度重视教育与考试公平的国度，日本高校招生考试从精英型向大众型转变的模式构建为我们如何推动统分结合的高校招生考试制度改革提供了鲜活的事实经验，而其面临的众多现实问题也为我们提供了直接的反思机会。理想模式的日本高校招生考试制度在历史演进中如何渐次凸显其局限与弊端，未来又将如何发展？基于这样的问题意识，我确立了基于高等教育大众化背景下的基本研究思路。

为了获得更多丰富翔实的一手资料，在刘海峰老师的支持下，2014 年 10 月 19 日，我启程赴日，围绕毕业论文开始了近两个月的文献资料搜集梳理工作。我往返于东京外国语大学、国立图书馆之间，埋头饥渴阅读，摘录，复印，时间的流逝超乎想象，头脑在“资料风暴”中渐渐厘清了一些原本模糊的概念，也理清了论文的基本框架。在此期间，我始终保持与刘老师的联系，但凡写信求教，刘老师总是第一时间回复我，不仅为我解惑，更在精神上给予我珍贵的鞭策。东京外国语大学的村尾诚一教授也数次为我提出中肯且宝贵的建议。在两位恩师的谆谆指导下，我怀揣珍贵资料回国，开始了细密的梳理、甄别、遴选与撰写工作。本书就是我且思且行中历经困惑后逐渐明朗的研究成果。

本书聚焦日本高校招生考试制度，着重于以下几大问题的阐析：首先，采用文献梳理法、统计法，从日本江户时代的考试制度追溯到日本当下最新的高校招生考试制度改革新案——“达成度考试”①，也分别阐析了日本统考制度与多样化高校招生考试制度的特点及局限性、弊端；其次，采用个案分析法，选取不同高校类型的代表，从微观层面验证日本高校招生考试制度的特点；再次，基于宏阔体系与微观透视的分析深入阐析高等教育大众化背景下日本高校招生考试公平内涵的延伸及潜藏的不公平要素；最后，采用比较分析法，基于我国高校招生考试制度的特殊性与现实性提出可资借鉴的启思与政策建议。

本书的研究成果如果可以在以下三方面产生作用，将不甚欣悦。第一，现实指引。研究高等教育大众化进程中的日本高校招生考试制度改革，某种意义上是为了一种改革预判和政策引领。日本高校招生考试制度改革面临的诸多问题也可能是我们将面对的，借日本高校招生考试制度改革之利弊得失来为我国高校招生考试制度改革做预判和指引，是本研究的现实价值。第二，批判借鉴。避免“日本的就是比我国好”的片面观点，基于大量一手文献的审阅，辩证客观评价日本高校招生考试制度，综合考查日本高校招生考试制度改革，超越浅层的现象罗列比较，把握内在的质的规定性，探明现象后面的本质并结合我国特殊性，思考借鉴的可能性，在求同存异中启发自我。第三，在一定程度上丰富理论。到目前为止，我国未见系统研究日本高校招生考试制度的专著，大部分研究性论文也只是对某一断面的分析，如某一段历史、某类项改革或某个问题等。本书聚焦日本高校招生考试制度，从历史到现实、从整体到个案、从纵向到横向、从定性到定量，试图通过系统、全面的比较分析深化对高校招生考试公平、高校招生考试功能等关键问

① “达成度考试”是2013年提出的暂定称谓，2016年根据考试改革内容的调整更名为“大学入学者学力评价考试”，但也是暂定称谓，故本书仍沿用“达成度考试”这一称谓。

题的思考，拓宽考试现实研究的领域，深化考试理论研究的深度，充实考试改革理论体系。

研究的本质是在穷究中逐渐明晰自己的无知，萌生更持久的前行动力，明确更坚定的前行方向。对日本高校招生考试制度的研究让我对日本高等教育产生了更多的问题点，问题意识的浓郁是一种探知领域的扩展，这是读书写作带给我们的最大裨益，让我们知道自己的渺小，知道从一到无穷大的扩展需要敏锐的思维，审慎的考证，谦卑的心灵，持久的专注。只要亲近阅读与写作，我们就不至于失魂。虽然当下的自己依然困惑重重，但是，我已经在探知的路上了，相信一切将会日渐明朗并丰富。

正如一个器物可以留存下来自有其生存智慧一样，一个在内心能够听到幸福之歌的人亦自有其生存智慧，我愿为了当初的纯粹的教育梦想，继续在理论与实践的土地上耕耘，实现自己真、善、美的绽放，无论是为学还是为人，都沉浸在幸福之歌中。

目　录

绪　　论

日本作为亚洲第一个实现近代化的国家，其教育发展模式在东西方文化的碰撞中逐渐成形，是东亚教育模式共通性的代表。诚如佐藤学所概括的，日本“将学校作为社会流动的工具而加以灵活运用；实现了学历水平的高等化与教育的平等化；形成了将大量的知识技能一律地、高效率地传授给大多数学生的教育系统；实施了中央集权式的、官僚管理式的教育行政制度；成功地通过考试与追求高学历的竞争逐渐发展成为人们的学习动机；大力宣传国家主义，积极致力于人力资源的开发，迅速实现了产业化”①。

日本不仅是高等教育大国，也是高等教育强国。从高等教育入学率看，如果仅以大学计算，2014 年已经达到 56.7%；如果将高等专门学校、专门学校也计算在内，已经达到 80%，进入“全入时代”。日本高等教育搭乘近代化高速公路快速实现大众化，并成为高等教育强国，高校招生考试作为推动高等教育大众化进程的核心机制发挥了重大作用。本研究的考查对象正是日本高校招生考试制度。

一、研究缘起与研究意义

（一）研究缘起

考试制度作为一种教育制度，是一种与生俱来就兼具教育评价与确保教育公平功能的合法性、合理性制度设置。作为高等教育制度不可分割的部分，高校招生考试制度是基础教育与高等教育的重要衔接，因为其对个人未

① 佐藤学. 全球化下的东亚教育模式——以日本的危机与改革为中心 [J]. 吴光辉，译. 国际高等教育研究，2004 (3)：1-3.

来走向的重要影响，高校招生考试制度从来都是世界各国聚讼纷纭的问题，是矛盾交织的场域，是历久弥新的话题，甚至成为各国横跨教育、政治、经济、社会各界的焦点问题。

统考是高校招生考试的主要模式，源于中国科举制的统考模式不仅风行欧洲并深刻影响着亚洲，现在还逐渐扩展到俄罗斯，巴西也正在尝试推动统考。统考作为一种旨在维持公平的制度设计，在实践过程中逐渐成为一种衡量公平的基本模式，成为受到高度认可的普遍存在。统考制度作为一种确保分数公平的设计，确实迎合了社会对高等教育入学机会公平的追求，但同时也不可避免地埋没了一些不善于应试但是确有其才的学生，因此，20 世纪五六十年代，以美国为主导兴起的世界性高等教育大众化进程中，多样化考试改革成为统考之外的另一分支，并蓬勃兴起。统一与多样化结合、两次考试综合评价的高校招生考试模式成为新世纪世界各国的主流趋势。

高校招生考试制度改革是中国教育改革的枢纽，任何一个小改革都会引起圈圈涟漪，只是涟漪的深浅程度不同而已。高校招生考试制度作为一种稳定且彰显公平的制度设计，在确立后往往容易趋于保守，除非有强大的外力干涉与严重的危机威胁，否则我们很难期待萌生于其自身的强大的改革欲望。自 2002 年我国高等教育入学率达到 15%，进入高等教育大众化阶段以来，生源多样化推动了高校招生考试制度的多样化改革，分省命题、自主招生考试、艺体单独招生考试等多样化考试模式在实践中起伏进退，虽然各有曲折，但是，确实有力推动了我国高校招生考试制度的多样化改革。但是，不可否认，高等教育大众化进程中，优质高等教育资源依然稀缺的我国，高校招生考试竞争依然激烈，特别是围绕“985”、“211”等名牌高校的竞争更是白热化。因此，确保高等教育入学机会公平成为我国高校招生考试改革不变的主旨，也是民众最为关注的焦点，正因此，统考制度作为维护公平的最佳制度设置一直稳居社会中心。但是，伴随信息化、工业化进程的深入，社会对高等教育人才的希求更为多元，以智力考查为主的统考很难为不同性质的高校选拔适合的人才，从而为社会发展提供多样化人才支持。我国提出“分类高校招生考试”是一种可贵的尝试，将高校招生考试分为学术型与技术技能型，分别指向传统大学与应用型本科院校。我们不难看出，国家在应用型人才培养遭遇瓶颈之际，希冀通过高校招生考试制度改革助推应用型本科院校的人才选拔，为推动我国的应用型本科教育与人才培养创造条件，这是助益创建“分类高校招生考试、综合评价、多元录取的考试招生制度”的多样化尝试。2014 年，我国考试制度改革被评为“十大教育热点”之一，同时也成为“中国学术十大热点”之一，这意味着高等教育大众化背景下，我国以高校招生考试制度为核心的考试制度改革大幕已经开启。

把视线转向我们的邻国日本，作为亚洲第一个实现近代化并进入先进发达国家行列的国家，作为一个高等教育大国与强国，日本高校招生考试制度改革最为关键与核心的时期与高等教育大众化进程不谋而合。1979 年，日本开始推行“共通第 1 次考试”，标志着统考制度的确立，随之而来的多样化考试改革推动高等教育迅速从大众化阶段迈入普及化阶段。日本统分结合的高校招生考试伴随“中心考试”的创建与深入实施得到进一步巩固，并最终确立了两次考试、统分结合、综合评价的高校招生考试制度模式。日本高校招生考试制度改革与高等教育大众化如影随形，而高等教育大众化也是我国高校招生考试制度改革的“背景音乐”。同为浸染在儒家文化中的亚洲国家，同为高度重视教育与考试公平的国度，日本高校招生考试从精英型向大众型转变的模式构建为我们如何推动统分结合的高校招生考试制度改革提供了可资借鉴的事实经验，而其已经出现或正面临的众多问题也为我们提供了鲜活的反思机会。日本，无疑可以成为我国高校招生考试制度改革的有益镜鉴。

借镜日本，基于以下三个问题意识。首先，是东西融合问题。岛国风土孕育了日本这个民族独特的内外严格区分的文化。资源匮乏造就了日本民族好学善学的品性，日本对国际化有着异乎寻常的敏感度，在强烈的危机意识中，日本一直紧跟国际化步伐，谋求本土化与国际化的有效融合。高校招生考试制度改革就是日本基于自身文化特质学习西方的典型。“二战”后，日本高校招生考试制度顺应世界潮流，在美国模式影响下，结合本国教育、考试文化特点创设了独具特色的统分结合模式——第一次为大学入学考试中心的统考，第二次为各校单独举办的招生考试。作为一个浸染在东方儒教文化中又崇尚西方的国家，重视考试竞争、公平选才的理念始终是日本高校招生考试改革的核心，但是多样化也是日本高校招生考试改革始终未变的方向。那么，日本的高校招生考试改革是否在由内向外的西方化与由外向内的日本化的磨合中找到了适合日本特质的道路？这条发展路径呈现怎样的日本式特征？这些问题是本研究的缘起之一。

其次，是数量与质量问题。日本高校招生考试制度立足东方效仿欧美逐渐确立了独具特色的日本模式，但是，在高等教育大众化蓝图下，日本政府对数量的重视远远重于内在品质。在摄入西方的一些多样化考试制度时，对异质文化缺乏慎思与比较，同时缺乏深刻的研究剖析，为化解 18 岁适龄人口剧增带来的压力，为迎合民众快速膨胀的接受高等教育的欲求，政府采取了借助私立高等教育的扩张来扩大高等教育入学机会的策略。20 世纪 50 年代末到 60 年代，是日本私立高等教育发展的黄金时期。1963 年，日本高等教育入学率达到 15.3%，进入高等教育大众化阶段。但是，急遽上升的入学率后面，快速实现大众化的光圈后面潜藏着各种遗祸的种子。进入 20 世纪 90 年代，这种快速增长的高等教育入学率逐渐暴露出了各种负面效应，日本高校招生考试制度从“二元双轨”模式向“二元双层”模式演变，高校招生考试制度演变为隐匿的社会分层机制，侵蚀着高校招生考试公平理念。高等教育大众化背景下，日本统分结合的高校招生考试制度既丰富了公平内涵，也潜藏着诸多不公平的要素，侵蚀着高校招生考试公平理念。这让我们重新检视大众化背景下，高校招生考试公平的本质究竟为何，这也成为本研究的一个重要问题。

再次，是批判借鉴问题。世界上没有完美的高校招生考试制度，高校招生考试问题无处不在、无时不有，因此更需要我们拥有一种敏感而包容的比较精神。作为从明治维新开始向西而学顺利实现了高等教育近代化的第一个亚洲国家，日本高校招生考试制度已经成为我国教育学者普遍关注的研究领域。特别是 20 世纪 80 年代，日本推动多样化考试改革以来，我国涌现了对日本高校招生考试研究的热潮，推动了研究的深入，从纯粹的译介转向制度的梳理、具体案例的分析。但是，研究日本高校招生考试需要一种客观、理性的视角，需要在审视、甄别他我的异同后回归自我，需要对自我有着清醒的认知。因此，本研究力图站在一个批判借鉴的视角，基于前人丰富的研究成果，探究日本高校招生考试制度的经验：统分结合综合评价模式有利于政府下放招生考试自主权，专业考试机构的创建有利于提高高校招生考试的组织实施与研究的科学性，私立高校主导下的招生考试制度创新有利于刺激制度整体的完善，统考对数学与理科①的高度重视确保了日本理工科人才培养的数量与质量，等等。但是，日本高校招生考试制度改革也面临诸多亟须解决的课题：学力考试松弛与非学力考试普及、统考引导基础教育的功能式

① 日本教育体系中，数学是单独的一个教科，与理科形成并列关系，在高校招生考试制度中，数学与理科各自成为一个教科，即数学教科、理科教科，各自还有下设的若干科目。

微、偏差值教育的合理化、隐匿的社会分层机制销蚀着高校招生考试公平等，这也是推动日本政府加速推行“达成度考试”改革的动因。当下我国正处于高等教育大众化深入阶段，高校招生考试制度改革该如何基于我国的特殊的文化国情，审慎地考查借鉴日本改革的利弊得失，这也是本研究的问题之一。

（二）研究意义

日本高校招生考试制度一直在流变中，我国的高校招生考试制度改革也在渐进变革中，以动态的观点研究比较中、日高校招生考试制度才能深化研究的实践价值，增强现实指导性。研究日本高校招生考试制度的意义体现在现实指引、批判借鉴与丰富理论三大层面。

1. 现实指引

世界各国的高校招生考试制度改革往往带有很强的解决问题倾向，一味跟在问题后面亦步亦趋、被动地制定相应改革举措无疑已经落后于实践，因此，我们研究高等教育大众化背景下的日本高校招生考试制度改革，某种意义上是为了一种改革预判和政策引领。日本于 1963 年就迈入高等教育大众化阶段，20 世纪 90 年代深入普及化阶段，当下日本高等教育与高校招生考试都面临困境，日本今日面对的一切有可能是我国高等教育未来发展的投射，日本高校招生考试制度改革面临的诸多问题也可能是我们必然要面对的，因此，借日本高等教育发展之经验教训，借日本高校招生考试制度改革之利弊得失来为我国高校招生考试制度改革做预判，这是本研究的现实价值。

2. 批判借鉴

高等教育无国界时代，国际交流渐次频繁，相互影响日渐加深，国际人才竞争日益激烈，因此，彼此借鉴是客观现实所需所迫。高等教育大众化的共同背景下，各国高校招生考试制度改革面临的共通问题之一就是“少子化”危机下、高校数量规模效益下的多样化变革。研究日本终究是为了启示自我，因此，需要一种辩证的态度。研究中的主体意识是一个重要因素，决定着研究的价值取向与材料的舍取。本研究力图把握批判借鉴的两个基本原则，一是研究中的主体意识原则。尽量避免戴着有色眼镜看日本，也尽量避免“日本的就是比我国的好”之片面观，力求以鸟瞰的姿态综合考查日本高校招生考试制度改革，超越浅层的现象罗列比较，把握内在的质的规律性，探明现象后面的本质。二是借鉴中的主体意识原则。避免笼统的盖棺定论与借鉴建议，紧密结合我国文化国情的特殊性，思考借鉴的可能性与可行性，在求同存异中启发自我。最终，希冀通过以上两个基本原则的把控，避免牵强附会的比较与以偏概全的主观臆断。

3. 丰富理论

截至目前，关于日本高校招生考试的相关研究，日本国内的相关研究著作基本偏向于某一种方面的研究，如佐佐木隆生关于统考的专门研究、小野博关于 AO（Admissions Office，AO）入学考试的专门研究、东北大学高等教育开发推进中心关于高中学习指导要领与统考关系的相关研究等。而在我国，尚未出现系统研究日本高校招生考试制度整体的专著，更多的只是对某一断面的分析，如某一段历史、某项改革或某个具体问题等。总体而言，我国对日本高校招生考试制度的研究尚处于初级阶段。有鉴于此，本研究聚焦日本高校招生考试制度整体，从历史到现实、从总体到个案、从纵向到横向、从实践到理论，试图通过系统、全面的分析深化对日本高校招生考试制度的剖析，对日本高校招生考试公平内涵的思考，在一定程度上，拓宽我国考试现实研究领域，深化我国考试理论研究程度，充实我国考试改革理论体系。

二、研究综述与概念界定

（一）研究综述

1. 我国关于日本高校招生考试制度的研究

基于 CNKI 数字平台，分别以“日本高校招生考试”和“日本大学入学考试”为主题查阅相关论文，并展开了连锁查询。截至 2016 年 1 月，从论文数量看，一共找到 103 篇相关论文，剔除其中关于教育资讯类的 3 篇，编译日本高校招生考试试题的 5 篇，研究性论文一共有 95 篇，其中包括 1 篇硕士学位论文，即周琴的《中日现行大学入学考试制度的比较研究》，暂无相关的博士学位论文。95 篇研究性论文中，发表在核心刊物上的共 20 篇，占总数的 21.05%，表明关于日本高校招生考试制度的研究积淀了一定的高质量的研究成果。103 篇论文大部分都是 2000 年之后发表的，2000 年（不含 2000 年）之前发表的文章只有 8 篇。最早的一篇文章是 1979 年张桂芬编译的《一九七八年日本高校招生考试生物试题中遗传学部分介绍》，表明 1978 年恢复高校招生考试后国人才开始关注域外的高校招生考试改革。从论文质量看，2000 年之前发表的 8 篇文章基本都是编译日本高校招生考试试题或者介绍有关日本高校招生考试的基本资讯，如王广忠撰文介绍了日本考试中心的宗旨、组织和管理等情况。其中只有王桂的论文具有较强的研究性，基于学历社会的传统，阐析了日本高校招生考试制度与学历社会、经济社会之间的互动关系。另外，这8篇文章发表的刊物都不是核心刊物，据此可以推断出2000年之前有关日本高校招生考试制度具有实质意义的研究基本尚未起步。2000年之后，在核心刊物上发表的相关文章逐渐增多，特别是在《比较教育研究》和《外国教育研究》两种刊物上占据了一定分量，为推广和宣传关于日本高校招生考试制度研究起到了重要作用，也有利于研究质量再上台阶。

如果以2000年为分界点，我们可以清晰地梳理出2000年前后日本高校招生考试制度研究的变化趋势。2000年开始，关于日本高校招生考试制度的相关研究在内容、研究视角与研究结论等方面都日趋深化，具体如下：(1) 研究内容的拓展：日本高校招生考试制度研究呈现从浅层的经验介绍或者考题编译向历史沿革和具体问题的研究性分析转变的特点。在95篇研究性论文中，有近50%的论文都在梳理了日本高校招生考试制度的演变历程的基础上展开论述。张雪丽撰文分别梳理了“二战”后日本国立、公立和私立大学招生考试制度的沿革与特点，姚传德也专门针对日本私立高校的招生考试展开了研究分析并基于此对我国的民办高校招生考试的视角提出相应的改革建议；李昕、高丽然讨论了日本大学AO入学考试制度的含义、导入背景、实施方式等，胡永红探讨了AO入学考试制度的现实困境，并撰文分析日本高校招生考试改革新案——“达成度考试”的特征与动因；杨丽娜专门分析了日本高校招生考试制度中的推荐入学制度。(2) 研究视角的拓宽：研究视角的转变表现在比较方法的运用和内外部因素的分析两个方面。首先看比较方法的运用。2000年以来，比较类论文日益增多，研究对象主要集中在日本、美国、韩国等。基本模式是通过梳理这些国家的高校招生考试制度的沿革，分析其特点得出对于中国的启示。如黄建如基于考生、高校、政府的维度，通过对中、日、韩三国的比较研究认为，日本和韩国采用的两次考试制度赋予了学生和高校更大的自主决定权；孙建三比较了日、美高校招生考试制度的考试类型、内容、组织机构、功能、侧重点、价值取向等六个不同点，提出统考与特色考试结合、考试成绩为主与多元评价结合、重视能力考测、以人为本关注考试和教育关系等四个建议；其他比较类论文如石娟的《美、日高校入学选拔标准对我国的启示》、马世晔的《中日大学考试制度的比价研究》等，都分别比较分析了中国高校招生考试制度与国外高校招生考试制度之间的异同点，提出我国高校招生考试改革应该加强升学与就业指导，逐步扩大高校招生自主权等建议。研究视角的转变还表现在论文逐渐从单一的就事论事转向关注与日本高校招生考试制度相关的内外部环境因素，在两者的互动关系中透视高校招生考试制度改革的本质。胡国勇的论文《竞争选拔与质量维持——大众化背景下日本大学入学考试的变革与现状》和徐萍的论文《高等教育大众化对日本大学入学制度的影响及其启示》同时关注高等教育大众化背景下日本的高校招生考试制度改革，认为日本的国立、公立和著名私立大学的考试依然是竞争激烈的选拔性考试，而一般的私立大学的入学考试只是一种资格审查；刘清华关注日本偏差值教育的产生发展对高校招生考试制度改革产生的影响；王丽燕结合日本“少子化”现实，分析日本为了确保大学招生定员人数而实施的弹性化改革。(3) 对研究结论可行性的追求。中、日高校招生考试制度产生与生存的土壤有所区别，中、日高等教育体系有所差异，这些差异决定了适合日本的不一定适合中国，深入规律探寻避免了所谓借鉴建议的空泛化，增强了各种建议的可操作性，因此，不少研究者基于探究日本规律的视角，阐析日本高校招生考试制度改革对我国的启示借鉴。蓝欣认为日本大学入学考试的发展具有民主化、多元化、人性化的发展特点，推动考试制度改革的动力来自社会、高中和大学；温芬认为战后日本高校招生考试制度改革有两个至关重要的影响因素：一是顺应高等教育的发展规律，满足民众需求，二是政府对高校招生考试制度改革影响作用的强化；吴瑾建议每个学校都应该建立高校招生考试科学就业指导咨询服务中心，为学生和家长的咨询提供更多信息；吴良根提出“两次考试，分别录取”的具体措施。

另外，还有部分与日本高校招生考试制度相关的研究散见于各专著中：刘海峰等人的专著《高校招生考试制度改革研究》，解析了日本高校招生考试制度改革现状，提出科目设置多样化、方式多层次化、入学途径多元化的建议举措；张亚群在专著《高校自主招生与高校招生考试改革》中认为日本统分结合的高校招生考试模式对专业性向考查不无裨益；郑若玲在专著《高校招生考试改革困境与突破》中谈及日本高校招生考试制度统分结合的“二元结构”模式下，追求分数公平的价值取向居于不可替代的核心地位；李木洲在专著《高校招生考试改革的历史反思——基于制度变迁的视角》中分析了日本高校招生考试制度多样与多元、招生考试相对分离、国家考试的权威性的特点等。

2. 日本关于日本高校招生考试制度的研究

借助日本查阅论文使用最为广泛的 CiNii 数字平台，分别以“大学入学考试”、“推荐入学”、“AO 入学”为主题，共找到 3 691 篇、144 篇、191 篇对应的论文；相关研究专著也不少，如佐佐木隆生的《大学入学考试的终结》、小野博的《大学“AO 入学”是什么》、天野郁夫的《考试社会史——近代日本考试、教育、社会》、中村高康的《大学入学——选拔与接续》等，都在深入反思日本高校招生考试制度。这些丰富而深入的研究各有研究侧重点，为我们继续研究日本高校招生考试制度提供了不可或缺的铺垫。日本国内关于高校招生考试的研究具有以下几个特点：首先，在研究内容上，聚焦考试制度史研究。如天野郁夫的《考试社会史——近代日本考试、教育、社会》、齐藤利彦的《考试与竞争的学校史》、竹内洋的《立志、苦学、出世——考生的社会史》、增田幸一等人的《入学考试制度史研究》等。其次，在研究视角上，关注高校招生考试内外部系统问题、考试与学习关系的追踪调查、域外考试制度等。内部因素研究涵盖考试教科和科目、考试多样化、考试理念、考试技术、考试公平等；外部因素研究包括高校招生考试与高中教育、政府决策、经济发展的关系等。再次，在研究方法上，除了具有普遍性的历史分析、文献分析法之外，更多是采用社会学、心理学、经济学领域的定量方法，通过项目反应、因子分析、重回归分析、问卷调查等方法展开科学分析，丰富研究视角。本研究统计了日本考试研究的代表性杂志——《大学入学考试研究》的第 2 号、第 7～11 号的基本情况：85 篇论文中，以第一作者为统计对象，来自大学入试中心研究者的文章 24 篇，采用项目反应、因子分析、重回归分析、问卷调查等定量研究方法的论文高达 59 篇。定量方法的广泛运用得益于考试制度研究主体的丰富身份，多样化出身的研究主体凸显文理兼有的特征。具体而言，研究主体不仅有金子元久、大塚丰、中岛直忠等著名教育学者，还有大量社会学者、经济学者、理工科学者，如天野郁夫是社会学者、小野博是工学与医学双博士，佐佐木隆生是经济学博士。不可否认，这是日本考试制度研究方法更具实证主义倾向的关键原因。

概而观之，日本学界对本国高校招生考试制度的研究既广又深且富有成效，不仅如此，他们还将研究触角伸展到了中国。大塚丰、中岛直忠是研究中国高校招生考试制度的代表，大塚丰在专著《中国大学入学考试研究——

国家人才选拔的变迁》中聚焦新中国创建以来我国高校招生考试制度改革，管窥我国人才选拔制度的变迁。中岛直忠则在其专著《日本、中国高等教育与入学考试》中，先详述我国高校招生考试制度的改革历程，而后在比较中、日教育管理体制、教育改革、教育法制化等基础上阐析中、日高校招生考试制度的改革动向与未来挑战。日本学者的深入研究为我国高校招生考试制度改革提供了基于比较视域的可贵反思。

相较于日本学界对本国与我国高校招生考试的深入且系统的研究，我国学界对日本高校招生考试的研究可谓粗浅且微小。虽然有了一定较高质量的研究积淀，为后续研究奠定了宝贵的基石，但是，我们的总体研究依然处于初级阶段，既没有相关博士论文，也没有相关专著，而且，我们的研究还有不少亟须改进之处：(1) 概念界定不严谨有待厘清。关于“日本高校招生考试制度”的称谓，各研究者的使用情况不太一致，其分歧点集中在“大学招生考试制度”和“高校招生考试制度”之间，既有用前者的也有用后者的，而且在使用中缺乏明确具体的指向。(2) 理论支撑底气不足有待拓宽深化。对于日本高校招生考试制度的研究，目前只有两篇文章采用了一定的理论来支撑自己的论证。吕可红采用美国当代著名认知心理学家、哈佛大学教育学部霍华德·加德纳教授的“多元智力”理论研究日本高校招生考试制度改革的哲理性问题。魏晓阳基于教育平等理念探讨日本的法律制度、地域差距对于高校招生考试制度的影响。(3) 研究者的批判性主体意识阙如有待改善。中、日高等教育结构区别如此大，探讨中国借鉴日本经验的可行性首先要深刻认识中、日特殊性的存在。很遗憾的是，不少研究都有一个潜在的暗默性认识，即日本高校招生考试优于我国，唯日本的高校招生考试制度马首是瞻，没有切实考虑引入日本相关制度后可能产生的“排异反应”。(4) 完整历史的纵向分析不够有待提高。已有研究缺乏根基性的历史研究，研究往往囿于某一时段的历史，缺乏对日本高校招生考试改革与发展的全程梳理分析，如大多集中探讨战后日本高校招生考试制度改革，对于“二战”前和进入 21 世纪以来的高校招生考试改革与最新发展则缺少研究。因此，没能追本溯源、贯古通今，从整体上掌握较长历史时流中的数据变量，将各个时段的变化数据连成一条线，分析其变化规律，难免有割裂历史发展的感觉。

基于以上种种分析，本研究以日本高校招生考试制度为研究对象，在中、日两国既有研究积淀的基础上，尝试系统梳理、揭示规律、分析个案、有效借鉴。

（二）概念界定

1. 大学、高校、学部教育等

概念准确是科学研究的前提，因此，在论述之前，我们有必要对研究中涉及的核心概念做详细界定。本研究设定的研究对象为日本高校招生考试制度，是针对本科教育的研究范畴，因此，本研究所阐述的高等教育专指本科教育，日语中的对应称谓是“学部教育”，高校专指实施本科教育的机构。以下对几个核心概念做具体阐释（见表一）。

表一　几个核心概念的具体阐释

大学	本研究中，若非专门指称，包括4年制大学与2～3年制短期大学
短期大学	日本战后未能升格为4年制大学的专门学校统称为短期大学，学制2～3年，偏向高等职业教育，合格毕业生将获得“短期大学士”学位。下文简称“短大”
高等专门学校	日本实施理工科教育为主的高等教育机构，类似于我国的5年“专升本”，以国立为主，合格毕业生将获得“准学士”学位。下文简称“高专”
专门学校	日本战前发展而来的各种职业型教育机构，学制灵活，包括1～4年制，2～3年制合格毕业生将获得“专门士”学位，4年制合格毕业生将获得“高级专门士”学位。本研究中的专门学校专指2～4年制专门学校
学部教育	相当于我国的本科教育，学部是日本高校的基本组织单位，本研究尊重日本特质，依然采用“学部教育”的称谓
高校	根据日本文部科学省的高等教育入学率、大学入学率统计方式可知，“大学”专指4年制大学与短大，“高校”则还包括了高专、专门学校，鉴于此，本研究的研究对象——“日本高校招生考试制度”中的“高校”包括以下四类机构：4年制大学、2～3年制短大、5年制高专、2～4年制专门学校
高等教育入学率	大学、高专、专门学校招生数与三年前中学毕业生数量之比
大学分类	日本大学分类最普遍的方式是国立、公立、私立三分法，但是，如果以“偏差值”为基准，日本大学可以分为上位、中位与下位三类。上位大学的偏差值一般在60～70，中位大学的偏差值在45～59，下位大学的偏差值约为44以下
文部省、文部科学省	2001年之前为文部省，2001年更名为文部科学省，本研究尊重历史，根据历史沿革，兼用两者

日本文部科学省与相关研究机构的研究基本以大学为研究对象。高专偏重理工科教育，专门学校偏重职业教育，高专在校生人数占全国比例还不到1%，而专门学校虽然所占人数众多、比例较高，但种类复杂、统计困难。因此，本研究在分析阐释中也具有以大学研究为主的倾向，但是，也会关涉高专与专门学校，特别是在具体案例的选择中，特别设定了专门学校的个案，其原因在于，专门学校作为日本具有强烈的职业教育特色的教育机构，与我国高职教育机构有着异曲同工之处，可能为我国高职院校的招生考试制度改革提供启示。

2. 高校招生考试制度

日本并无“高校招生考试”一词，对应的称谓是“大学入学考试”。统管日本全国高校招生考试事业的机构是“大学入学考试中心”。本研究聚焦日本高校招生考试制度，“高校”不仅指大学，还涵括了高专与专门学校。日本式的“大学入学考试制度”与中国式的“高校招生考试制度”之间，本研究认为采用“高校招生考试制度”一说比较严谨，也比较符合中、日高校的实际情况。另外，高校招生考试研究专家刘海峰主编的《高校招生考试制度改革研究》一书以及高校招生考试改革研究系列丛书也都采用了“高校招生考试制度”一说，如《美国高校招生考试制度研究》、《英国高校招生考试制度研究》、《加拿大高校招生考试制度研究》等，这也充分表明“高校招生考试制度”较之“大学入学考试制度”应该是更严谨、周密的概念界定，这也是本研究采用“日本高校招生考试制度”一词的重要原因。

3. 偏差值

“偏差值”是各民间大型教育机构根据历年统考与本机构模拟考试的相关数据，基于各类基准，综合计算出来的大学排名，是解读日本教育与研究日本高校招生考试制度的关键词汇。何谓偏差值？佐藤俊树给出了一个精准而简约的定义：“表示一个人的能力、特性等发达程度偏离特定群体的平均值，此处指日本通过统考标准分的差距来评定学生水平的教育制度。”①偏差值成为与统考相伴相生的产物，是日本教育考试特殊性的表征，也是日本教育问题的核心。

① 佐藤俊树．不平等的日本［M］．王奕红，译．南京：南京大学出版社，2008：94.

三、研究路径与研究方法

（一）研究路径

制度创建是一个动态过程，也是一项系统工程。制度研究讲究全面、系统、综合的历史脉络中的梳理，也需要宏阔的体系研究与微观的个体研究的共同昭示。本研究在梳理日本统考制度与多样化高校招生考试制度的基础上，对其进行批判性的阐析，进而通过具体实例微观透视制度的践行，深入省思高等教育大众化进程中，日本高校招生考试公平的内涵。通过此，尝试揭示高等教育大众化背景下，日本高校招生考试制度的基本特征：(1) 统分结合的高校招生考试制度遵循不同的发展路径，统考制度是自上而下的路径，而多样化考试制度创建则更偏向自下而上的特征。(2) 公平始终是日本高校招生考试制度改革不变的价值取向，坚持统考不可撼动的地位是确保公平的根本保障。(3) 多样化考试改革是高等教育大众化的伴生物，也是日本高等教育特征的必然产物，尊重个性特征的多样化考试是推动高等教育大众化进程的核心动力。但是，多样化考试改革不是没有规范的自由化改革，需要厘定一定的规矩。(4) 日本统考制度与多样化考试制度之间并非泾渭分明的你我关系，而是在统考中蕴含多样化要素，在多样化中涵括统一性因素的弹性关系。(5) 日本高校招生考试制度从“二元双轨”模式向“二元双层”模式转变，导致日本高校招生考试制度成为一个隐匿的、合法的社会分层制度性设置。综上所述，本研究不仅考查高校招生考试本体的纵向演变，也横向考查影响高校招生考试改革的外部影响因素、具体案例、特殊性、比较借鉴等问题。希冀在横纵交错的研究阐析中全面揭示日本高校招生考试运行的规律性与特殊性，并结合我国国情与文化传统，提出切实可行的政策建议。具体而言，本研究将分为八个部分系统论析与阐释日本高校招生考试制度。

绪论基于中、日高校招生考试制度的异同、改革进程等基本情况论述了研究缘起与研究意义，对中、日两国已有研究成果进行了系统梳理与分类阐析，界定了“大学”、“学部教育”、“高等教育入学率”、“高校”、“大学分类”、“高校招生考试”、“偏差值”等核心概念，在此基础上，明确了研究路径与研究方法。

第一章梳理日本高等教育制度。日本高校招生考试制度研究离不开高等教育制度的大背景，日本高等教育“二元双层”的结构、双轨制模式、私立名门大学与国立和公立之博弈、高等教育消费的受益者承担原则等要素都与高校招生考试制度改革息息相关，而高等教育大众化则是日本推动统分结合的高校招生考试制度改革的历史背景，也是不可忽略的部分。

第二章追溯日本高校招生考试制度改革历史。从1603年开始的江户时代到“二战”结束前的1944年，在历史动态的演绎中对日本高校招生考试制度的历史基因、特质根源、文化要因等进行综合的、全面的阐析，为第三章的统考制度分析与第四章的多样化考试制度分析埋下基石。

第三章聚焦日本统考制度。高等教育大众化的世界性兴起是日本高校招生考试制度改革的大背景。从制度变迁的角度而言，统考制度的确立是自上而下的强制性制度设计，是高等教育大众化的伴生物，也是适应日本教育与考试文化的必然产物，因此，统考制度稳定生存了几十年并成为日本高校招生考试制度的首要环节，但是，随之而来的教育本质的扭曲、考试引导教育功能的式微成为推动统考制度改革的核心动因之一。

第四章聚焦多样化日本高校招生考试制度改革。与统考制度自上而下的变迁路径不同，日本多样化高校招生考试制度的创建凸显了更强的自下而上的诱致性制度变迁特性。本章不仅对多样化考试的形式与方法、功能与特点、局限性与弊端等展开分析，也分析了社会人入学等多样化考试制度，最后还分析了外国留学生招生考试制度。多样化考试改革推动了高等教育入学机会的充分而快速的扩充，但是，也伴生了非学力考查泛滥、考试选拔功能弱化等弊端，这是日本政府在“达成度考试”改革新案中，希冀通过相对统一的基准，规范多样化招生考试制度的核心动因。

第五章抽选阐析日本高校招生考试制度的具体案例。基于国、公立大学(4年制)、私立大学（4年制)、短期大学与专门学校（2～4年制）的分类方式，以大学性质、学校规模、入学考试竞争程度为基准，选取国立大学中的东京大学与东京外国语大学，公立大学中的大阪市立大学，私立大学中的早稻田大学、冈山理科大学、长崎短期大学，另外还挑选了具有代表性的专门学校——大原簿记信息专门学校，以这7所高校为桥梁，联通日本高校招生考试制度的宏观与微观世界，通过具体而微的剖析辅助我们对日本高校招生考试制度的整体鸟瞰。

第六章聚焦日本高校招生考试公平内涵的省思。在第三～五章对日本高校招生考试制度进行宏观梳理与微观透视之后，本章尝试检视日本高校招生考试公平内涵的延展：从分数至上的绝对公平到相对公平、从集体公平到差异公平、从形式公平到实质公平，日本高校招生考试制度改革极大地丰富了高等教育大众化背景下的考试公平内涵。但是，伴随高等教育大众化进程的深入，众多不公平也渐次浮出水面。国立中心主义主导下，多样化考试制度改革成了政策空洞的重灾区。以私立大学为主导的模式导致“少子化”危机下市场经营理念优先原则的确立，多样化考试日渐变味变质违背初衷，在“少子化”危机下，沦为确保生源的幌子。高校招生考试制度从“二元双轨”模式滑向“二元双层”，分层倾向的高校招生考试作为一个隐匿而合法的社会分层机制正在侵蚀高校招生考试公平理念。

第七章省思日本高校招生考试制度改革成功背后的缺失，经验背后的教训，聚焦其对我国的启示借鉴。首先综合梳理高等教育大众化背景下，日本高校招生考试制度的经验与存在的问题，即剖析其统分结合模式、专业的考试管理组织与研究机构、私立高校的创新意识等经验的同时，深入阐析松弛的学力考试，被合理化的偏差值教育，高、大衔接问题的深化，市场力量对高校招生考试制度的侵蚀，统考功能的衰微等严峻课题，最后还对日本高校招生考试制度改革的最新进展——“达成度考试”改革的基本内容与基本特点展开分析。日本的得失利弊启示我们：高等教育大众化必然追求统分结合的招生考试模式，高校生源的多样化必然带来高、大衔接问题的严峻，高校招生考试公平需要相对统一的考试制度的保障。为此，我国在高等教育大众化进程中，推动统一为主体多样化为补充的招生考试制度改革是必然趋势，但是，高校招生考试制度改革不只是入学机会数量的提升，也有生源质量的保障问题。我们要对大众型高校招生考试制度、多样化考试的引入与践行有着清醒客观的认识，避免脱离考试规律、脱离我国高等教育发展实际而盲目推动大众型高校招生考试制度改革，为此，我们有必要创建服务型的专业考试管理组织与研究机构，巩固统考制度确保高校招生考试公平，适当放权推动多样化高校招生考试制度改革，强化高校招生考试制度的教育引导功能，深化分类高校招生考试改革避免分层高校招生考试。

（二）研究方法

研究方法贯穿全文，深刻影响着研究结论的客观性、科学性和可行性。本研究主要采用了以下四种研究方法推动研究行程。

1. 历史文献法

基于尊重日本特殊性的主体意识，通过各种文献资料，从江户时代开始系统追溯考试历史，聚焦高等教育大众化背景下日本高校招生考试改革的现状、特点与弊端，在日本统考制度与多样化考试制度改革浪潮的起伏进退中把握日本高校招生考试制度改革的基本规律、本质属性。

2. 统计法

借助各相关政策文件、统计年鉴、专著杂志等，通过图表演示对数据资料进行整理、分析，并对数据的分布状态、特征等进行描述，从数字变化中推测演变规律与特征。

3. 个案分析法

通过选取数所具有代表意义的国立、公立、私立大学，从微观层面具体剖析日本高校招生考试的现实实践，在理论结合实践中、在宏观与微观的融合中、在点面结合的综合中深入阐析日本高校招生考试制度。

4. 比较分析法

批判性的比较分析是有效的借鉴所必需的。统分结合、综合录取的日本高校招生考试制度不啻为一种理想的制度设计，我国高校招生考试制度的改革方向与之有异曲同工之趣。中、日都浸润在深厚的重视学校教育、重视考试分数公平的文化传统中，高校招生考试都对基础教育发挥着“指挥棒”作用，日本在高等教育大众化背景下，如何做到统分结合？政府如何实施宏观调控？专业机构如何组织实施？考生权利如何保障？大学招生考试自主权有多大限度？探究日本的特殊性、比较我国的特殊性，才能提出契合我国实际的可行性政策建议。

第一章　日本高等教育制度

日本是亚洲首个实行近代化并进入先进发达国家行列的国家。日本的教育发展特别是高等教育体系的成形助益于明治维新近代化与“二战”后的经济发展奇迹。研究日本高校招生考试制度，绕不开日本高等教育机构的特殊性、高等教育财政特点，也撇不开日本高等教育结构的特质等问题。有鉴于此，本研究在深入研究日本高校招生考试制度之前，先对日本教育制度特别是高等教育制度的历史演变做一全景概观式扫描，从中梳理出日本高等教育制度的特征，帮助我们理解日本高校招生考试制度历史发展与特点成形的必然性。

第一节　日本教育制度

日本从古至今都是一个高度重视教育的国度，公办学校与私立学校都是教育推行的重要载体。日本近代教育体系在国家主导模式下以公办教育为中心创建而成，并且具有典型的从两端往中间的特质，两端即高等教育和小学初中教育，中间即高中教育。相较于日本发达的小学教育与大学教育，高中教育的缺失是日本教育的巨大缺陷，也是“二战”后日本高中教育与高等教育衔接问题日益突出的历史因缘。

一、日本学校教育体系的构筑

1603 年，日本开启了江户时代（1603—1867），这是一个教育复兴的时代，是研究日本教育近代化不可跨越的重要阶段。1603 年，德川家康统一了日本，开始执行中央集权制的幕府体制。德川家康崇尚“文武兼修、文道治国”理念，倡导积极摄取来自西方的“兰学”，在其理念影响下，江户时代的教育呈现复兴趋势，“人才”成为社会流行语，“圣人学可至”成为促进民众一心向学的精神给养。各级各类教育机构也逐渐丰富，除了幕府直辖的开成校、各藩所属的藩校外，大量民间机构粉墨登场。开成校与近 300 所藩校均以士族子弟为对象，实施具有一定高等教育特征的教育。潮木守一认为，正是“得益于幕府时期大量存在的藩校教育，日本在‘二战’以前，人均 GNP 的水平在远远低于欧洲各国的时候，高等教育的数量规模就已经达到与这些国家并驾齐驱的水平”①。江户时代的民间教育机构包括乡学、私塾、寺子屋等。寺子屋即寺院，是庶民以寺院僧侣为老师学习基本知识的地方。到明治维新前夕，寺子屋已发展至 2 万余所，是实施平民教育的主要机构，为初等教育的普及奠定了良好基础。江户时代末期，在内忧外患的情境下，幕府为吸引与培养国家统治与管理的优秀人才，开始打破传统的出身世袭制，重视优秀人才的选拔，鼓励任人唯才。政府通过“征士”直接选用“各藩乃至都鄙有才之人”，录用了一批江户幕府时代的知识分子，为日本在西学过程中维持“和魂洋才”的根本原则提供了思想支撑。江户时代重视教育的社会风气，大量民间教育机构的出现都为明治维新时代教育近代化的顺利发展铺垫了有利基石。诚如美国学者 E. 布莱克所说：“在日本的德川时代，平民教育得到了发展，政治当局也给予鼓励，由此产生的一个重要结果是它加强了上层人士与平民之间在机制标准上越来越一致的趋势……从而为建立现代国家创造了非常现实的伦理基础。”②

1868 年启动的明治维新是日本从封建社会向资本主义社会过渡的重要转折点，“求知识于世界”成为国策。1871 年以岩仓具视为代表的日本使节团远赴欧美集体留学，成员包括大藏省、文部省、工部省、外务省等官员，主旨是考查德、法、英、美等主要发达国家的政治、经济、教育、文化等事项，选择可供日本采用之法。在教育体制上，使节团副使木户孝允认为“可效法者，当以德国为最”③。1871 年，明治政府提出“文明开化”口号，认为“一般民众知识之进步，文明各国规则之取舍，全国范围内逐步振兴学校，广布教育，乃今日之一大急务”④。政府希望通过文明开化达致“村无

① 潮木守一. 近代大学の形成と変容 一九世紀ドイツ大学の社会的構造［M］. 東京：東京大学出版会，1973：184.

② E. 布莱克. 日本和俄国的现代化［M］. 周师铭，等译. 北京：商务印书馆，1989：146.

③ 木戸公伝記編纂所. 戸孝允文書第 4 卷［M］. 東京：日本史籍協会，1929：406.

④ 吴廷璆. 日本近代化研究［M］. 北京：商务印书馆，1997：425.

不学之户、户无不学之人”的目标。1872 年，日本政府以法国学制为范本，制定并颁布了近代第一部《学制》，标志着日本公办教育法制化进程的开端。学制废止了江户时代藩校与寺子屋双轨并行的教育体系，确立了国家统管教育的模式，确立了小学、中学、大学的教育层次，对考试也有所规定：“学生学业结束时有大考试（如小学升中学、中学升大学等考试），大考试之际，考试相关人员当然应该参与，如有必要还应派相关官员参与考试事宜。”①近代学校教育制度强调国民皆学，且人人皆有通过考试享受平等教育的权利，这是一个不问阶层的学制，政府以“学问乃立身之本”号召全民必须进入小学接受初等教育，不仅要学习一般的读写算的基本知识，也要学习百工技艺，吸收西方先进文化、技术等以求立身强国。诚如形尾憲岁评价的，“教育是日本经济高速发展的最大动因。教育不是为了最大限度地开发每个人的可能性，不是为了人的全面发展，而是为了给国家培养有用人才”②。

1879 年，《教育令》取代《学制》。1885 年，森有礼担任文部大臣。有着丰富欧洲留学经验的森有礼启动了大刀阔斧的日本教育改革，将学校教育作为振兴国家的方策之一，坚持国家统一标准的教育。森有礼首先废止了《教育令》，而后根据学校类别分别制定《小学令》、《中学令》、《帝国大学令》、《师范学校令》，为日本形成相对统一的教育体系提供了法律依据。1890 年，日本政府制定了以小学 4 年制教育为基础的近代学校制度；同年，明确了小学 4 年制义务教育制度；1900 年，第三次《小学令》取消了小学毕业考试，只要进入小学学习者均可以毕业。这一系列制度的完善推动日本义务教育制度消除了考试竞争性质，为小学教育的普及铺垫了基石。1902 年，日本小学 4 年制义务教育入学率超过 90%；1907 年，日本义务教育年限延长为 6 年，普及率达 98%；1920 年达到 99%，1926 年升至 99.4%。③ 1941 年，政府颁布《国民学校令》，将小学校改为国民学校，分为初等科与高等科，高等科设置了职业教育课程。1943 年颁布《中等学校令》，将中等学校划分为男子中学、女子高等学校与职业学校。战后，以美国为主的盟军占领日本长达 6 年多，美国教育民主化思想与单轨制教育模式对日本教育产生了深刻

① 鈴木義里. 大学入試の「国語」[M]. 東京：三元社，2011：42.

② 形尾憲. 学歴信仰社会——大学に明日はあるか [M]. 東京：時事通信社，1976：9.

③ 金龙哲，王东杰. 东京大学 [M]. 长沙：湖南教育出版社，1992：60.

影响。1945 年，在美国教育使团的指导下日本政府制定了“6·3·3·4”单轨制学制，即 6 年小学、3 年初中、3 年高中、4 年大学。9 年义务教育制度的确立需要大量公立初中与高中的支撑，但是，战后日本财政亏空，无力填补空缺，于是，各级各类私立学校应时而生，凭借对社会、对市场的高度敏感性，借助个性化、弹性化、特色化的教育特点站稳脚跟，明治维新以来形成的教育体系公私并举的特点得到进一步强化。1940 年日本中学入学率只有 40%，但是，随着大量私立中等教育机构的涌现，政府“借鸡下蛋”，推动了中等教育的发展进程。1947 年，6 年义务教育延长为 9 年；1988 年，日本 9 年制义务教育普及率达 99.98%；1997 年，再增至 99.99%。①可以说，明治维新的教育改革极大地推动了日本初等教育的普及，而战前的教育改革则推动了中学入学率的快速提升，这是战后日本得以在一片废墟中迅速构建起近代完整的学校教育体系的根本前提。

二、日本高中教育的缺失之患

日本教育体系的构建路径颇具特色，迥异于自下而上的世界普遍模式。具体而言，日本模式是由高（高等教育）往低（基础教育）、由两头（高等教育与小学初中教育）往中间（高中教育）。

1872 年制定的《学制》中提出了大学、中学、小学三段模式的教育体系，但是，这是政府的理想宏图。明治初期，日本全国只有一所大学，即东京大学，云集了全国最高水平的研究者；小学由私立性质的寺子屋改建而成；初中由藩校改建而成。寺子屋教育只是面向平民实施最基本的读、写、算能力的私立教育机构，藩校教育则是面向武士阶层的教育，因此，虽然相继改制为小学与中学，但是与作为国民教育体系的中小学本质上显然相距甚远，导致不同教育阶段之间的衔接问题层出不穷，既有正规教育的寻常中学，也有高等中学；既有各种专门学校，也有各种预备校、大学预科等。当然，在高等教育基础极其贫弱的情状下，纷繁芜杂的中间教育是不可能考虑到教育阶段的衔接问题的。明治初期，文部省无法马上效仿欧洲创建完备的教育体制，因此将重心置于小学和大学教育的发展，对于中间阶段的中学教育致力较少，介于小学教育与大学教育之间的中间教育，机构类型多样，水平参差不齐，毕业生学力良莠不齐差距甚大。“二战”前的中等教育分为中

① 金龙哲，王东杰. 东京大学［M］. 长沙：湖南教育出版社，1992：91.

学和实业学校两类，中学毕业生的年龄一般为 17 岁，毕业后升入高等教育机构，最终成为社会领导精英，而实业学校则是走职业教育之路，最终成为高级技术人才。战前教育体系中，高中教育缺失主体地位，淹没在中等教育中，这为高等教育大众化时期的高、大衔接问题的凸显埋下祸根。当然，基于为国家培养领袖精英的考虑，政府必须确保东京大学的优质生源，因此，文部省特别创建了 5 所高等中学，从第一高中到第五高中，能够进入这五所高等中学的学生基本等于进了帝国大学，享有帝国大学直通车的“车票”。帝国大学高高在上培养精英的价值取向、日本学校教育体系构筑独特的从两头往中间的模式带来了日本社会对学历的高度重视。“二战”前的日本就已经是典型的“学历社会”，最终学历决定了一个人一生的职业、地位之高低，帝国大学毕业生待遇最高，各种专门学校次之，其后是各种实业专门学校的毕业生。虽然五所高中的设置为东京大学的优质生源提供了有效保障，但是，这种基于大学视角的高中设置并未对全国的高中教育有所助益，反而助长了考试竞争，让高中教育一开始就沾染了应试气息，都以考取帝国大学为唯一目标。

由高往低的教育体系构建模式给薄弱的小学初中教育、缺失的高中教育造成了巨大压力，在井上毅任期内，不同教育阶段之间的衔接成了一个急需解决的问题。1893 年 6 月，井上毅颁布了《高等学校令》，将原来的第一高中到第五高中全部更名为高等学校，教育内容从原来的大学预备教育转向专门教育，希望以此扭转大学预备教育风气，推动高中教育的实质性发展。但是，在人人都一心只向往考上帝国大学的现实中，大学预备教育还是在高等学校教育中稳居主位，高等学校并没有成为衔接中学教育的有效途径，仍然是通往大学教育的桥梁。因此，高中教育的顽疾依然是政府亟须解决的核心问题。为扩展高中教育机构，1918 年政府颁布《高中令》允许私人与地方举办高中，1918 年—1929 年，高中由 8 所增至 32 所，学生数从 6 792 人增至 20 256 人。1948 年，日本才在原来中学、职中的基础上创办高中，终于构筑起了从小学到初中、高中再到大学的完备教育体系。

第二节　日本高等教育制度

谈及日本高等教育，首先要区分大学与高等教育。正如世界上“大学”的含义从来都不是一成不变的一样，日本的“大学”与“高等教育”概念伴随高等教育机构类型的分化与层次的分化，也经历了一个内涵逐渐丰富的演变过程。日本大学创建之初效仿德国，只有拥有学位授予权的机构方可称为“大学”，因此，明治初期，大学单纯指称东京大学，此后伴随大学机构的增加与类型的丰富，政府于 1918 年颁布《大学令》规定：（1）大学原则上是多学部构成的综合性大学，必要时可设单科大学；（2）大学每个学部设研究科，各研究科综合成为研究生院，从属于学部；（3）承认公立和私立大学。①战后，高等教育机构类型丰富发展，在传统的 4 年制大学之外出现了 2～3 年制的短大、5 年制的高等专门学校、2～4 年制的专门学校。日本高等教育体系伴随高校类型的丰富而渐次充实。从明治时代到战后，从第一所大学的创建延伸到整个高等教育体系，从官立为主到私立遍地开花，日本高等教育体系渐次扩大，渐次丰富。举全国之力创建的第一所近代大学——东京大学，在政府国立中心主义政策下，无可争议地成为高等教育金字塔的顶尖，而大量以私立为主的高校成为金字塔庞大的基座，形成了兼具“二元双层”结构与双轨制的日本高等教育体系。政府也借助私立高等教育机构的蓬勃发展快速推动了高等教育大众化进程，实现了大众型高等教育入学机会的扩展。

一、日本近代第一所大学——东京大学

明治维新时代，政府视教育为国家与民族振兴之事业，寄国家富强文明于教育，并首推大学教育为国家培养建设亟须的人才。日本近代第一所大学——东京大学创建伊始不仅被赋予了强国的使命，也成了此后日本大学建设的范本。

日本近代高等教育的源头在江户时代创建的昌平坂学问所，这是当时幕府直辖的最高学府。1869 年，政府将教授研究儒学的昌平学校设为本校，将教授研究洋学的开成学校与教授研究西洋医学的医学校设为分校，统合组建了第一所大学校。大学校在当时不仅是国家最高的高等教育机构，也是管理全国教育的最高机构。1871 年文部省成立，大学校才结束其最高管理机构的使命。但是，本校的传统派与分校的改革派之间水火难容。针锋相对中，传统派败下阵来，改革派占据上风，成为主导日本近代教育改革的先锋，崇尚西学的改革派决定了日本此后以西学为重的高等教育改革的基本价

① 金龙哲，王东杰. 东京大学［M］. 长沙：湖南教育出版社，1992：61.

值取向。

1877 年 4 月，法、理、工学为中心的东京开成学校与东京医学校合并成为东京大学，成为日本近代以洋学为中心的第一所综合性大学，承载着政府创建与欧洲大学并驾齐驱的日本大学，以向世界弘扬日本国威的宏大愿景。1886 年，东京大学改为帝国大学，帝国大学由大学院和分科大学组成，分科大学设置了法、理、医、工、文 5 个学院。1900 年，官立高等教育机构正规在校生数总计 10 097 人，帝国大学就占了 2 069 名，占总数的 20.5%。① 1915 年，官立高等教育机构正规在校生数 25 365 人，东京帝国大学占 4 578 名，占总数的 18.05%。虽然这 15 年间，东京帝国大学的在校生数所占比例有所下降，但是，其举足轻重的核心地位依然坚若磐石，不可撼动。

东京大学是国家意志的产物，可喻为日本高等教育体系的中枢神经，对日本高等教育体系的构建与结构成形都影响深远且巨大，它不仅为此后的大学提供了大学构建模式，也提供了管理范本。《帝国大学令》第一条便规定了帝国大学应以教授适应国家发展所需的学术技艺与研究其蕴意为目的，首次提出大学教育与研究的双重职能，成为日后创立大学的基本原则。帝国大学效仿德国大学模式，沿用科研为核心的讲座制。通过教授会、评议会实施偏重学部自治的管理模式，有效保障了大学自治权，让大学与政府保持了适当距离。帝国大学由总长统管，下设五位分科大学校长各自管理分科大学。虽然帝国大学在文部大臣的直接管辖下，但是，随着评议会与教授会制度的完善，大学自治权逐步提升。首先来看评议会制度。评议官由文部大臣从分科大学的教授中选出 2 人担任，任期 5 年。其职责是就学科课程、研究生院与各分科大学之联系等事宜进行评议。1893 年，井上毅进一步扩充了评议会的权限。评议会成员为各分科大学校长以及各校互选出来的 1 名教授，任期 3 年，并增加了讲座种类、学位授予、文部大臣与帝国大学总长所需咨询事务等方面的评议事宜，从而扩大了评议会的管理权限。其次再看教授会制度。1898 年，分科大学教授会成了日本大学管理机构，改变了大学评议会的一元管理，确立了教授会的管理权。教授会由各分科大学校长担任议长，职责范围为学科课程设置、学生考试、学位授予资格审查、其他文部大臣与

---

① 天野郁夫. 高等教育的日本模式［M］. 陈武元，译. 北京：教育科学出版社，2006：83.

帝国大学总长所需咨询事务等事宜。无论是评议会还是教授会都带有显著的自主管理特性，有利于大学自主性的确立与自治精神的阐扬，为此后大学自治性的确保提供了有益借鉴。1918 年《大学令》规定，帝国大学总长候选人由大学内部选举产生，任命权也从文部省转移到总长手中，学部长与附属医院院长的选举同此法。学位授予权从文部省转移到大学手中，由各学部教授会根据论文审查结果评定是否授予学位。帝国大学的评议会由总长担任评议长，但是设置权从分科大学转移到各学部，其成员构成是学部长与学部 2 位教授，从而扩大了学部权限，强化了大学自治组织的特性。这些举措都是政府放权，扩大大学自治权的体现。帝国大学的自治自主性的确立无疑极大影响了其他国立、公立、私立大学谋求自治的道路。《教育基本法》第七条规定："大学作为学术中心，在培养高素质与专门能力的同时也要培养探求真理、富有创新精神的人才。大学通过将研究成果提供给社会推动社会发展。大学的自主性、自律性以及其他有关大学教育与研究的特性都必须得到尊重。"

帝国大学确立的讲座制、评议会、教授会等制度有助于教授治学、大学自治的实现，特别是考试权利在学部教授，为确保日本高校招生考试制度中的第 2 次考试即各大学单独招生考试的权利提供了合法依据。帝国大学的招生考试制度改革也成为引领全国性高校招生考试制度改革的重要力量。统分结合的考试模式始于帝国大学，统考改革核心机构的创建也与之息息相关。但是，帝国大学以科研为重的风气影响了教师对教育的投入。教师重视科研胜于教育，投入科研的时间与精力最大化，而投入教育的时间与精力最小化。精英教育时代，教师与大学均以科研为重无关紧要，因为只有极少部分精英学生可以进入大学深造，因此，其局限与弊端并未显性化。但是，高等教育大众化时代，重视科研胜于教育的作风与大众型高等教育之间还是不可避免地存在摩擦与冲突。以帝国大学为模板创建的大学面对良莠不齐的多样化生源不可避免地陷入了教育危机，这也是此后日本高、大衔接问题日益凸显并激化的根本原因之一，也是推动日本高校招生考试制度改革的核心动因之一。

二、日本高等教育双轨制的历史基因

日本教育自古就有平民教育的基因。江户时代，官立藩校之外的民间教育机构——寺子屋就是典型的平民教育机构。伴随初等教育的深入，明治时代诞生了极具日本特色的教育机构——专门学校，作为大学之外实施专门教育的高等教育机构，专门学校对日本高等教育体系的构建发挥了不可或缺的重大作用，是日本形成教育双轨制的重要载体。

专门学校在战前与战后是含义不同的两个概念。创建伊始，专门学校是由外国教师传授高深学问之所，如开成学校，其主要目标是为日本高等教育的开展培养教师，因此，带有强烈的大学教育培养机构的性质，是“作为大学的初级形态而设立的过渡性学校”①。1872 年《学制》规定日本的教育体系为小学、中学、大学三级，大量介于中学与大学之间的非正规教育机构被泛称为“专门学校”。这一时期的专门学校既包括实施医、法、农等的单科性学校，也包括实施大学预备教育的学校。1877 年，大学只有东京大学 1 所，但是官立、公立专门学校有 18 所，私立专门学校则达到 34 所。1879 年，《教育令》取代《学制》，确立了专门学校与大学的同等地位，规定大学是传授综合性知识的场所，专门学校是传授单科专门知识的场所，但是，专门学校的现实发展突破了法规的局限，特别是私立专门学校往往以综合性发展为基本模式。1903 年颁布的《专门学校令》成为确立专门学校制度的基本法规，允许私人力量创办专门学校。官立专门学校以单科性为主，在性质上是与帝国大学同质的准精英型高等教育机构，少量官办专门学校成为日本研究型大学的前身，如开成学校和东京医学校合并成立了近代日本第一所综合性大学即东京大学。可见，天野郁夫认为专门学校是日本大学的“母体”是不无道理的。相较官立专门学校的单科性与精英型特征，私立专门学校为扩展生源，不得不通过横向的多个学部的设置和纵向的教育层次的提高来适应社会多样化需求，致力于职业教育与教养教育，因此，反而具有了综合性特征。通过综合性发展，专门学校大大提高了招生数，“1915 年，专门学校毕业生占高校毕业生总数的 80％强”②。专门学校数量的剧增与人才培养重要性的提升为其进一步发展提供可能。1918 年颁布的《大学令》允许地方公共团体与私人财团法人举办大学，这为私立专门学校升格为大学提供了契机与法律保障。20 世纪初，部分历史悠久的专门学校，如庆应义

① 天野郁夫．高等教育的日本模式［M］．陈武元，译．北京：教育科学出版社，2006：18.

② 天野郁夫．高等教育的日本模式［M］．陈武元，译．北京：教育科学出版社，2006：178.

塾、东京专门学校、札幌农学校等，都强烈要求升格为大学，专门学校大学化成为社会焦点问题。大学升格运动以庆应义塾与早稻田为发端，持续到1924年，先后共升格了22所私立大学，这些升格后的私立大学基本成了此后日本私立大学的名门，成为日本私立高等教育改革的领军高校。“战后初期的1947年，大学只有49所，而专门学校达到368所。私立高校在校生所占比例也逐渐提高，从1895年的49%增至1935年的60.9%，同期，官立、公立高校所占比例从51%降至39.1%。”①这样，大学系列的学术型高等教育与专门学校系列的专业型高等教育基本确立了双轨并进模式。对此现象，被誉为“日本高等教育研究第一人”的著名学者天野郁夫做了精准的概括，“如果把以引进、吸收西方先进学术技艺为使命的帝国大学当作‘从上’的高等教育的话，那么敏感地捕捉社会或民众要求，力图用日语传授和普及学术技艺的专门学校，特别是私立专门学校就是‘从下’的高等教育。这个‘从上’的近代化与‘从下’的近代化各自形成有机的一部分”②。

“二战”后，在美国教育使团的建议下，日本政府提出“6·3·3·4”学制改革策略，提出要将水平、职能与定位各异、混乱无序的各类高等教育机构通过调整、组合等方式组建为新制大学，战时期间迅速扩建的众多专门学校也在此列。1950年，新设105所私立大学中，近80所由私立专门学校升格而来，这表明大部分私立专门学校都升格为大学，实现了华丽转身，以另一种身份、另一种意义出现，未能升格的专门学校或者成为短大或者维持原状。但是，效仿美国模式创建的单轨制教育体制在日本水土不服，没能阻遏日本根深蒂固的双轨制基因的蓬勃成长。在内外因素的共同作用下，1962年政府创建高专，1964年短大制度获得法律认可，1976年专门学校获得合法地位。这三类高等教育机构都偏向高等职业教育，是日本战后高等教育回归战前双轨制的重要推力。

三、日本高等教育体系的“二元双层”结构

虽然日本高等教育基本维持了学术型教育与专业型教育的双轨并举模

① 天野郁夫．高等教育的日本模式［M］．陈武元，译．北京：教育科学出版社，2006：47.

② 天野郁夫．高等教育的日本模式［M］．陈武元，译．北京：教育科学出版社，2006：47.

式，但是，政府的高等教育财政一直偏重国立大学，在资金与人才储备奇缺的现实条件下，政府选择了高等教育资源的倾斜性政策，将大量财力集中配置给官立高校，私学游离于政府的管控之外，比较自由地自我成长，这是私学富于创新改革的重要原因。但是，国立中心主义倾向的教育政策也深化了官学与私学地位的不平等，“私学只是官学的从属与辅充”①。

战前，日本高等教育体系以东京大学为核心，逐渐扩展到国立大学，再到公立大学。战后高等教育民主化进程需要大量财政支出，文部省自身也承认新建大学“最困难、最重大的问题是财政困难”②。因此，私立高校才被纳入政府视野，但是，国立大学的地位依然固若金汤。战后，私立占主体的“新大学是在原封不动地继承前身校已有各种资源下建立起来的，而且，政府对缩小资源的倾斜性分配结构几乎没有采取积极的政策措施”③。为扩充高等教育入学机会达致民主化宗旨，政府首先推动“国立大学地方化”政策。1948 年，文部省根据美国的建议制定了《新制国立大学实施纲要》，提出“新制国立大学除特别的区域（北海道、东京、大阪、京都、福冈）外，把同一地方的官立学校全部合并成一所国立大学，实现一府县一大学目标”④。1949 年，日本共创建了 70 所国立大学，相较于此，旧制 7 所帝国大学从 1877 年创建的东京大学开始到最后一所 1939 年创立的名古屋大学，花了整整 62 年的漫长时间。仓促之间组建的地方国立大学更多依赖于地方政府财政，因此，地方性国立大学与旧制帝国大学在财政资源、科研水平、教育质量、社会信誉等方面相距甚远无疑也是不足为奇的。从东京大学到旧制七大帝国大学再到地方性国立大学，东京大学代表国家权威，旧制帝国大学是大城市的综合性大学（一般含人文、社会、自然、医疗 4 科类以上），地方性国立大学是地方性的多科性大学，这种森严的定位层级通过政府政策与财政的倾斜不断强化而成为不可撼动的基本事实。国立大学尚且如此，况乎私立大学？除了上述小部分历史悠久的私立名门大学外，大部分私立大学都屈居国、公立之下，凸显了上尖下肥的金字塔结构。天野郁夫将此特点浓缩

---

① 天野郁夫．教育と選抜［M］．東京：第一法規，1982：125.

② 文部省．文部時報 880 号［G］．東京：文部省，1951：44.

③ 天野郁夫．高等教育的日本模式［M］．陈武元，译．北京：教育科学出版社，2006：179.

④ 海後宗臣，寺崎昌男．大学教育［M］．東京：東京大学出版会，1969：100-103.

为“二元双层”四字，“二元”是国、公立与私立的并行，“双层”是国、公立与部分私立名门居上位，大量私立高校沉于底座的等级结构，整个体系上下流动不强较为凝滞。其基本区隔如表 1-1 所示：

表 1-1　日本高等教育的“二元双层”结构层次

“二元双层”结构	
国、公立	私　　立
东京大学、京都大学	早稻田大学、庆应义塾大学
另外 5 所旧制帝国大学、一桥大学与东京工业大学等专门性大学	早期的私立大学即战后的私立名门大学
46 所地方性国立大学	
公立大学	
一般性私立大学、短期大学、专门学校	

四、日本私立名门大学与国立大学的博弈

升移到了金字塔结构上层的私立名门，主要指战前就已经升格为大学的早稻田大学、庆应义塾大学、法政大学、明治大学、近畿大学、中央大学等 20 余所老牌私立大学。这些大学通过历史积淀与积极创新实现了在高等教育金字塔结构中的升移，具备了一定的与国立大学争夺优质生源的实力。朝日新闻社公布的“2014 年高校招生考试难易度排行榜”可以让我们透视私立名门大学对国立大学构成的威胁。根据不同学部、学科，我们整理出了排名前 10 的大学、学部、学科，如表 1-2：

表 1-2　国立、公立、私立大学高校招生考试难易度的偏差值排行榜（前 10 名）

·法、经济、经营、商					
国、公立大学			私立大学		
排名	偏差值	大学：学部〔学科〕	排名	偏差值	大学：学部〔学科〕
1	71	东京大学：文科一类、文科二类	1	68	早稻田大学：政治经济、法
2	69	京都大学：法	2	67	庆应义塾大学：经济、法、商
3	68	一桥大学：商、经济、法 京都大学：经济	3	66	上智大学：法 早稻田大学：商

续　表

国、公立大学			私立大学		
排名	偏差值	大学：学部〔学科〕	排名	偏差值	大学：学部〔学科〕
4	67	大阪大学：法、经济	4	65	上智大学：经济 中央大学：法 明治大学：政治经济 同志社大学：法
5	66	名古屋大学：法、经济 神户大学：法、经营	5	64	立教大学：法
6	65	北海道大学：综合入学考试文科、法 东北大学：法 横滨国立大学：经营 神户大学：经济 九州大学：法	6	63	青山学院大学：国际政治经济 明治大学：法、商 立教大学：经济、经营 同志社大学：经济
7	64	东北大学：经济 横滨国立大学：经济	7	62	中央大学：经济 法政大学：法 明治大学：经营 同志社大学：商 立命馆大学：法
8	64	冈山大学：法 广岛大学：法 九州大学：经济 大阪市立大学：法	8	61	青山学院大学：经济、经营 学习院大学：法 中央大学：商 立命馆大学：经济、经营 关西大学：法 关西学院大学：法、商
9	63	北海道大学：经济 千叶大学：法政经 广岛大学：经济 首都大学东京：都市教养［法、经营］ 大阪市立大学：经济	9	60	青山学院大学：法 学习院大学：经济 成蹊大学：经济、法 东京理科大学：经营 法政大学：经济、经营 南山大学：法 关西学院大学：经济
10	62	金泽大学：人类社会学域［法、经济］ 熊本大学：法 名古屋市立大学：经济 大阪市立大学：商	10	59	南山大学：经济、经营 关西大学：经济 西南学院大学：法

续 表

• 人文、外语					
国、公立大学			私立大学		
排名	偏差值	大学：学部〔学科〕	排名	偏差值	大学：学部〔学科〕
1	70	东京大学：文科三类	1	66	早稻田大学：文
2	69	京都大学：文	2	65	庆应义塾大学：文 早稻田大学：文化构想 同志社大学：心理
3	68	大阪大学：文	3	64	上智大学：文、综合人类科学 同志社大学：文
4	67	名古屋大学：文 大阪大学：人类科学	4	63	上智大学：外语 明治大学：文、国际日本 立教大学：文、现代心理
5	66	御茶水女子大学：文教育 神户大学：文、国际文化	5	62	青山学院大学：教育人类科学、综合文化政策 学习院大学：文 中央大学：文 津田塾大学：学艺 同志社大学：神、文化信息 立命馆大学：文
6	65	北海道大学：综合入学考试文科 北海道大学：文 东北大学：文 筑波大学：人文、文化学群、人类学群 千叶大学：文 九州大学：文	6	61	青山学院大学：文 法政大学：文 南山大学：人文、外语 关西大学：外语 关西学院大学：文
7	64	东京外国语大学：语言文化 大阪大学：外语 神户大学：发达科学 京都府立大学：文	7	60	东京女子大学：现代教养 关西大学：文
8	63	奈良女子大学：文	8	59	国学院大学：文 上智大学：神 成蹊大学：文 日本女子大学：文 明治学院大学：心理 立命馆大学：映像 西南学院大学：文

续　表

国、公立大学			私立大学		
排名	偏差值	大学：学部〔学科〕	排名	偏差值	大学：学部〔学科〕
9	62	冈山大学：文 广岛大学：文 首都大学东京：都市教养［人文、社会］ 大阪市立大学：文	9	58	独协大学：外语 成城大学：文艺 中京大学：心理 京都女子大学：文 关西外国语大学：英语生涯 清心女子大学：文
10	61	埼玉大学：教养 新潟大学：人文 都留文科大学：文	10	57	驹泽大学：文 专修大学：文 东洋大学：文 日本大学：文理［文科］ 武藏大学：人文 明治学院大学：文 中京大学：国际英语 同志社女子大学：表象文化 龙谷大学：文 近畿大学：文艺 甲南大学：文 西南学院大学：人类科学 福冈大学：人文
• 社会、国际					
国、公立大学			私立大学		
排名	偏差值	大学：学部〔学科〕	排名	偏差值	大学：学部〔学科〕
1	68	一桥大学：社会	1	66	早稻田大学：国际教养
2	65	筑波大学：社会、国际学群 东京外国语大学：国际社会 国际教养大学：国际教养	2	64	立教大学：异文化交流 同志社大学：全球地域文化
3	62	名古屋市立大学：人文社会	3	63	立教大学：社会 同志社大学：全球、交流 立命馆大学：国际关系 关西学院大学：国际
4	60	静冈大学：人文社会科学 横滨市立大学：国际综合科学 福冈女子大学：国际文理	4	62	同志社大学：社会
5	59	新潟县立大学：国际地域 静冈县立大学：国际关系	5	61	青山学院大学：社会信息 法政大学：社会 立教大学：观光

续 表

国、公立大学			私立大学		
排名	偏差值	大学：学部〔学科〕	排名	偏差值	大学：学部〔学科〕
6	58	宇都宫大学：国际 广岛市立大学：国际	6	60	法政大学：国际文化、国际教养 明治学院大学：国际 立教大学：社区福祉 关西学院大学：社会
7	57	和歌山大学：观光 群马县立女子大学：国际交流	7	59	独协大学：国际教养 立命馆大学：产业社会 关西大学：社会
8	55	琉球大学：观光产业科学 山梨县立大学：人类福祉	8	58	成城大学：社会革新 日本女子大学：人类社会 法政大学：现代福祉 武藏大学：社会 同志社女子大学：现代社会 关西学院大学：人类福祉 西南学院大学：国际文化 立命馆亚洲太平洋大学：亚洲太平洋
9	54	岩手县立大学：社会福祉 山口县立大学：国际文化、社会福祉 福冈县立大学：人类社会	9	57	明治学院大学：社会 爱知大学：国际交流 爱知淑德大学：福祉贡献 名古屋外国语大学：现代国际
10	52	高知县立大学：社会福祉	10	56	中京大学：国际教养 京都女子大学：现代社会 龙谷大学：国际文化 近畿大学：综合社会
• 教育、体育					
国、公立大学			私立大学		
排名	偏差值	大学：学部〔学科〕	排名	偏差值	大学：学部〔学科〕
1	69	京都大学：教育	1	65	早稻田大学：教育
2	65	北海道大学：综合入学考试文科、教育 名古屋大学：教育	2	62	早稻田大学：体育科学
3	64	东北大学：教育 九州大学：教育	3	61	同志社大学：体育健康科学 关西学院大学：教育

续　表

国、公立大学			私立大学		
排名	偏差值	大学：学部〔学科〕	排名	偏差值	大学：学部〔学科〕
4	63	横滨国立大学：教育人类科学 广岛大学：教育	4	60	黎明大学：体育健康科学
5	62	筑波大学：体育专门学群 东京学艺大学：教育 金泽大学：人类社会学 冈山大学：教育	5	59	文教大学：教育
6	61	北海道教育大学札幌分校：教育 埼玉大学：教育 千叶大学：教育 京都教育大学：教育 熊本大学：教育	6	58	法政大学：体育健康 岐阜圣德学园大学：教育 京都女子大学：发达教育
7	60	宇都宫大学：教育 群马大学：教育 福井大学：教育地域科学 爱知教育大学：教育 滋贺大学：教育 和歌山大学：教育 香川大学：教育 爱知县立大学：教育福祉	7	57	国学院大学：人类开发 顺天堂大学：体育健康科学 玉川大学：教育 中京大学：体育科学 佛教大学：教育 安田女子大学：教育
8	59	新潟大学：教育 信州大学：教育 岐阜大学：教育 三重大学：教育 大阪教育大学：教育 兵库教育大学：学校教育 岛根大学：教育 爱媛大学：教育 长崎大学：教育	8	56	创价大学：教育 武藏野大学：教育 名古屋学艺大学：人性关照 中村学园大学：教育
9	58	岩手大学：教育 宫城教育大学：教育 茨城大学：教育 上越教育大学：学校教育 富山大学：人类发达科学 静冈大学：教育 奈良教育大学：教育 鸣门教育大学：学校教育 高知大学：教育 福冈教育大学：教育	9	55	东海大学：体育 明星大学：教育 常叶大学：教育 皇学馆大学：教育

续　表

国、公立大学			私立大学		
排名	偏差值	大学：学部〔学科〕	排名	偏差值	大学：学部〔学科〕
10	57	北海道教育大学旭川分校：教育 弘前大学：教育 秋田大学：教育文化 山形大学：地域教育文化 山梨大学：教育人类科学 山口大学：教育 佐贺大学：文化教育 大分大学：教育福祉科学 宫崎大学：教育文化 鹿儿岛大学：教育	10	54	镰仓女子大学：教育 椙山女学园大学：教育 武库川女子大学：健康、体育科学 就实大学：教育

• 学际、复合

国、公立大学			私立大学		
排名	偏差值	大学：学部〔学科〕	排名	偏差值	大学：学部〔学科〕
1	67	京都大学：综合人类	1	66	国际基督教大学：教养 早稻田大学：社会科学
2	66	名古屋大学：信息文化	2	64	早稻田大学：人类科学
3	62	广岛大学：综合科学	3	63	庆应义塾大学：环境信息
4	61	金泽大学：人类社会学 京都府立大学：公共政策	4	62	庆应义塾大学：综合政策 中央大学：综合政策 明治大学：信息交流 同志社大学：政策
5	60	群马大学：社会信息 大阪府立大学：现代系统科学域	5	60	立命馆大学：政策科学
6	59	岩手大学：人文社会科学 岐阜大学：地域科学 兵库县立大学：环境人类	6	59	法政大学：人类环境 关西大学：政策创造 关西学院大学：综合政策
7	58	静冈大学：信息 德岛大学：综合科学 自合县立大学：人类文化	7	58	法政大学：职业规划 南山大学：综合政策 关西大学：综合信息、人类健康
8	57	爱媛大学：法文 高崎经济大学：地域政策 滋贺县立大学：环境科学 奈良县立大学：地域创造	8	56	关西大学：社会安全

续　表

国、公立大学			私立大学		
排名	偏差值	大学：学部〔学科〕	排名	偏差值	大学：学部〔学科〕
9	56	福岛大学：人文社会学群 高知大学：人文 长崎大学：环境科学	9	55	神奈川大学：人类科学 龙谷大学：政策
10	55	鸟取大学：地域 宫城大学：事业构想 山梨县立大学：国际政策 长崎县立大学：国际信息 熊本县立大学：环境共生、综合管理	10	53	专修大学：网络信息 武藏野大学：环境 中京大学：综合政策 神户女学院大学：人类科学

• 理、工、理工

国、公立大学			私立大学		
排名	偏差值	大学：学部〔学科〕	排名	偏差值	大学：学部〔学科〕
1	71	东京大学：理科一类	1	69	早稻田大学：先进理工
2	70	东京大学：理科二类	2	68	庆应义塾大学：理工
3	69	京都大学：理	3	67	早稻田大学：基干理工
4	68	京都大学：工	4	66	早稻田大学：创造理工 同志社大学：生命医科学
5	67	东北大学：理 东京工业大学：第 1 类、第 5 类	5	65	上智大学：理工 同志社大学：理工
6	66	北海道大学：理 东京工业大学：第 2 类、第 3 类、第 4 类、第 6 类、第 7 类 名古屋大学：理 大阪大学：工 神户大学：理 九州大学：理 大阪府立大学：工学域	6	64	东京理科大学：理、工
7	65	北海道大学：工 东北大学：工 御茶水女子大学：理 名古屋大学：工 大阪大学：理、基础工 神户大学：工 九州大学：工	7	63	东京理科大学：理工 明治大学：理工 立教大学：理 丰田工业大学：工 立命馆大学：生命科学

续　表

国、公立大学			私立大学		
排名	偏差值	大学：学部〔学科〕	排名	偏差值	大学：学部〔学科〕
8	64	北海道大学：综合入学考试理科 筑波大学：生命环境科学群 千叶大学：理 横滨国立大学：理工	8	61	青山学院大学：理工 中央大学：理工 东京理科大学：基础工 立命馆大学：理工 关西大学：化学生命工 关西学院大学：理工
9	63	筑波大学：理工学群、信息学群 东京农工大学：工 九州大学：艺术工 大阪市立大学：理、工 兵库县立大学：理	9	60	津田塾大学：学艺［理科］ 法政大学：生命科学 立命馆大学：信息理工
10	62	埼玉大学：理 冈山大学：理 广岛大学：理 熊本大学：理 首都大学东京：都市教养［理工］	10	59	学习院大学：理 北里大学：理 日本女子大学：理 法政大学：理工 关西大学：系统理工、环境都市工

•农、水产

国、公立大学			私立大学		
排名	偏差值	大学：学部〔学科〕	排名	偏差值	大学：学部〔学科〕
1	70	北海道大学：兽医 东京大学：理科二类	1	65	日本大学：生物资源科学［兽医］ 日本兽医生命科学大学：兽医［兽医］
2	69	京都大学：农	2	64	麻布大学：兽医［兽医］
3	68	北海道大学：农 东京农工大学：农［共同兽医］	3	63	酪农学园大学：兽医学群［兽医］ 北里大学：兽医［兽医］ 明治大学：农
4	67	岐阜大学：运用生物科学［共同兽医］	4	62	东京农业大学：运用生物科学
5	66	山口大学：共同兽医	5	61	酪农学园大学：兽医学群 日本兽医生命科学大学：兽医

续　表

国、公立大学			私立大学		
排名	偏差值	大学：学部〔学科〕	排名	偏差值	大学：学部〔学科〕
6	65	带广畜产大学：畜产［共同兽医］ 岩手大学：农［共同兽医］ 名古屋大学：农 神户大学：农 宫崎大学：农［兽医］ 鹿儿岛大学：共同兽医 大阪府立大学：生命环境科学域［兽医学类］	6	59	名城大学：农
7	64	东北大学：农 东京农工大学：农 岐阜大学：运用生物科学 九州大学：农	7	58	北里大学：兽医 近畿大学：农
8	63	大阪府立大学：生命环境科学域	8	57	东京农业大学：农、国际粮食信息
9	62	北海道大学：水产 千叶大学：园艺 冈山大学：农 广岛大学：生物生产	9	56	北里大学：海洋生命科学 东京农业大学：地域环境科学 日本大学：生物资源科学 日本兽医生命科学大学：运用生命科学
10	60	东京海洋大学：海洋科学 静冈大学：农	10	54	玉川大学：农
•医、牙、药、护理、保健					
国、公立大学			私立大学		
排名	偏差值	大学：学部〔学科〕	排名	偏差值	大学：学部〔学科〕
1	74	东京大学：理工三类	1	72	庆应义塾大学：医［医］
2	73	京都大学：医［医］	2	70	东京慈惠会医科大学：医［医］ 大阪医科大学：医［医］
3	72	东京医科牙科大学：医［医］ 大阪大学：医［医］	3	69	顺天堂大学：医［医］ 日本医科大学：医［医］ 关西医科大学：医［医］
4	71	名古屋大学：医［医］ 冈山大学：医［医］ 广岛大学：医［医］ 九州大学：医［医］ 京都府立医科大学：医［医］ 奈良县立医科大学：医［医］	4	68	自治医科大学：医［医］ 庆应义塾大学：药 东京医科大学：医［医］ 日本大学：医［医］ 产业医科大学：医［医］

续 表

国、公立大学			私立大学		
排名	偏差值	大学：学部〔学科〕	排名	偏差值	大学：学部〔学科〕
5	70	北海道大学：医［医］ 东北大学：医［医］ 筑波大学：医学群［医学类］ 千叶大学：医［医］ 新潟大学：医［医］ 岐阜大学：医［医］ 神户大学：医［医］ 熊本大学：医［医］	5	67	北里大学：医［医］ 昭和大学：医［医］ 近畿大学：医［医］ 兵库医科大学：医［医］ 久留米大学：医［医］
6	69	北海道大学：药 金泽大学：医药保健学域［医学类］ 山梨大学：医［医］ 信州大学：医［医］ 三重大学：医［医］ 京都大学：医［医］ 鸟取大学：医［医］ 香川大学：医［医］ 横滨市立大学：医［医］	6	66	东京理科大学：药 爱知医科大学：医［医］ 藤田保健卫生大学：医［医］ 福冈大学：医［医］
7	68	秋田大学：医［医］ 山形大学：医［医］ 群马大学：医［医］ 富山大学：医［医］ 福井大学：医［医］ 滋贺医科大学：医［医］ 大阪大学：药 岛根大学：医［医］ 山口大学：医［医］ 德岛大学：医［医］ 爱媛大学：医［医］ 爱知大学：医［医］ 九州大学：药 佐贺大学：医［医］ 长崎大学：医［医］ 大分大学：医［医］ 宫崎大学：医［医］ 鹿儿岛大学：医［医］ 琉球大学：医［医］ 札幌医科大学：医［医］ 福岛县立医科大学：医［医］ 和歌山县立医科大学：医［医］	7	65	独协医科大学：医［医］ 埼玉医科大学：医［医］ 杏林大学：医［医］ 东京女子医科大学：医［医］ 东邦大学：医［医］ 立命馆大学：药

续　表

国、公立大学			私立大学		
排名	偏差值	大学：学部〔学科〕	排名	偏差值	大学：学部〔学科〕
8	67	旭川医科大学：医［医］ 弘前大学：医［医］ 千叶大学：药 大阪大学：牙 冈山大学：药 名古屋市立大学：药	8	64	金泽医科大学：医［医］ 川崎医科大学：医［医］
9	66	东北大学：药 广岛大学：药 九州大学：医［生命科学］ 长崎大学：牙 岐阜药科大学：药	9	63	岩手医科大学：医［医］ 北里大学：药 东海大学：医［医］ 星药科大学：药 圣玛丽安娜医科大学：医［医］ 京都药科大学：药
10	65	北海道大学：牙 东北大学：牙 东京医科牙科大学：牙［牙］ 金泽大学：医药保健学域［药学类、创药科学类］ 神户大学：医［保健］ 冈山大学：牙 广岛大学：牙［牙］ 九州大学：牙 静冈县立大学：药	10	62	庆应义塾大学：护理医疗 帝京大学：医［医］ 大阪药科大学：药 福冈大学：药

• 生活科学

国、公立大学			私立大学		
排名	偏差值	大学：学部〔学科〕	排名	偏差值	大学：学部〔学科〕
1	67	御茶水女子大学：生活科学	1	61	同志社女子大学：生活科学
2	64	奈良女子大学：生活环境 大阪市立大学：生活科学	2	59	日本女子大学：家政
3	63	京都府立大学：生命环境	3	58	京都女子大学：家政 清心女子大学：人类生活
4	62	福冈女子大学：国际文理［食、健康］	4	57	椙山女学园大学：生活科学

续 表

国、公立大学			私立大学		
排名	偏差值	大学：学部〔学科〕	排名	偏差值	大学：学部〔学科〕
5	60	静冈县立大学：食品营养科学	5	56	女子营养大学：营养 名古屋学艺大学：管理营养 神户学院大学：营养 武库川女子大学：生活环境 中村学园大学：营养科学
6	59	新潟县立大学：人类生活	6	55	共立女子大学：家政 昭和女子大学：生活科学 镰仓女子大学：家政 神户女子大学：家政 安田女子大学：家政
7	58	高知县立大学：健康营养	7	54	大妻女子大学：家政 驹泽女子大学：人类健康 实践女子大学：生活科学 东京家政大学：家政 东洋大学：食环境科学 山梨学院大学：健康营养 樱花学园大学：保育 金城学院大学：生活环境
			8	53	文教大学：健康营养 东洋大学：生活设计 相扑女子大学：营养科学 仁爱大学：人类生活 京都光华女子大学：健康科学 九州营养福祉大学：食物营养
			9	52	北海道文教大学：人类科学 宫城学院女子大学：学艺〔生活系〕 东海学园大学：健康营养 长崎国际大学：健康管理

续　表

国、公立大学			私立大学		
排名	偏差值	大学：学部〔学科〕	排名	偏差值	大学：学部〔学科〕
			10	51	藤女子大学：人类生活 茨城基督教大学：生活科学 园田学园女子大学：人类健康 美作大学：生活科学 广岛女学院大学：人类生活 活水女子大学：健康生活

• 艺术

国、公立大学			私立大学		
排名	偏差值	大学：学部〔学科〕	排名	偏差值	大学：学部〔学科〕
1	62	东京艺术大学：美术	1	54	武藏野美术大学：美术
2	61	筑波大学：艺术专门学群	2	53	多摩美术大学：美术 近畿大学：文艺
3	59	金泽美术工艺大学：美术工艺	3	52	成安造形大学：艺术 京都女子大学：发达教育［教育—音乐教育］
4	58	札幌市立大学：设计	4	51	东北艺术工科大学：艺术 日本大学：艺术 京都造形艺术大学：艺术 同志社女子大学：学艺
5	56	京都市立艺术大学：美术	5	50	玉川大学：艺术 东海大学：教养［艺术］ 常叶大学：造形 名古屋学艺大学：媒介造形 名古屋艺术大学：设计
6	55	东京艺术大学：音乐 富山大学：艺术文化 静冈文化艺术大学：设计	6	49	东京音乐大学：音乐 女子美术大学：艺术 京都精华大学：流行文化 大阪艺术大学：艺术 活水女子大学：音乐

续 表

国、公立大学			私立大学		
排名	偏差值	大学：学部〔学科〕	排名	偏差值	大学：学部〔学科〕
7	54	冈山县立大学：设计	7	48	国立音乐大学：音乐 东京造形大学：造形 昭和音乐大学：音乐 京都精华大学：设计、漫画 神户艺术工科大学：设计 仓敷艺术科学大学：艺术
8	53	京都市立艺术大学：音乐	8	47	札幌大谷大学：艺术 宫城学院女子大学：学艺 东京工科大学：设计 东京工艺大学：艺术 桐明学园大学：音乐 武藏野音乐大学：音乐 日本映画大学：映画 爱知产业大学：造形 名古屋艺术大学：美术 名古屋造形大学：造形 神户艺术工科大学：先端艺术 神户女学院大学：音乐 九州产业大学：艺术 鹿儿岛国际大学：国际文化〔音乐〕
9	52	爱知县立艺术大学：美术、音乐	9	46	文星艺术大学：美术 尚美学园大学：艺术信息 圣德大学：音乐 上野学园大学：音乐 樱美林大学：艺术文化学群 横滨美术大学：美术 名古屋音乐大学：音乐 京都美术工艺大学：工艺 大阪音乐大学：音乐 相爱大学：音乐 大手前大学：媒介、艺术 德岛文理大学：音乐 崇城大学：艺术

续　表

国、公立大学			私立大学		
排名	偏差值	大学：学部〔学科〕	排名	偏差值	大学：学部〔学科〕
10	50	广岛市立大学：艺术	10	45	金泽学院大学：美术文化 名古屋艺术大学：音乐 武库川女子大学：音乐 平成音乐大学：音乐

注：日本行政区划为“都道府县”制度，“县”相当于我国的“省”。

资料来源：朝日新聞出版教育ジュニア編集部．大学ランキング2015［M］．東京：朝日新聞出版，2014：329-346.

浏览上表，我们可以得出以下三点规律性认识：(1) 私立大学入学考试难易度偏差值总体都低于国、公立大学，如“法、经济、经营、商”领域，国、公立大学居首位的东京大学文科一类、二类是 71，而私立大学居首位的早稻田大学为 68；“理、工、理工”领域对应的国立、公立、私立数据分别是东京大学理科一类为 71、早稻田大学先进理工为 69。但是，私立大学中确实有大量以旧制私立大学为核心的名门大学紧逼国、公立大学，除了“私立双雄”早稻田大学与庆应义塾大学外，还有上智大学、中央大学、同志社大学、青山学院大学、明治大学、国际基督教大学、立教大学等，这些私立大学在一些特色领域与国、公立大学形成了一定竞争关系。(2) 国、公立大学在“理、工、理工、农、水产、医”等领域实力更强，不仅大学数量多，偏差值也高，而私立大学在“教育、体育、人文、外语经济、商、法、社会、综合、护理、药、艺术、生活科学”等领域占有较大优势，因此，总体而言，呈现较为明显的国、公立大学偏向理工科，私立大学偏向人文社科的趋向。(3) 私立大学是推动女子高等教育的功臣，成为提高女性综合素养的动力，仅“生活科学”领域就有 22 所专门的女子大学。

正是因为部分私立大学也具备了较强的吸引优质生源的实力，以庆应义塾大学与早稻田大学为代表的部分私立大学也培养了大批各领域的精英，表 1-3 列举了 2013 年为日本培养了众多政治家、社长的前 10 名大学。

表 1-3　2013 年为日本培养了众多政治家、社长的大学排名（前 10 名）

排名	出身大学	参、众议员	排名	出身大学	自民党
1	东京大学	138	1	东京大学	75
2 3	庆应义塾大学 早稻田大学	81 81	2	庆应义塾大学	54
4	日本大学	29	3	早稻田大学	49
5	京都大学	28	4	中央大学	23
6	中央大学	27	5	日本大学	15
7 8	创价大学 明治大学	16 16	6	明治大学	14
9	上智大学	13	7 8 9	京都大学 上智大学 法政大学	8 8 8
10	青山学院大学 法政大学	10 10	10	青山学院大学 学习院大学 专修大学	6 6 6
排名	**出身大学**	**中央官厅**	**排名**	**出身大学**	**社长**
1	早稻田大学	35	1	日本大学	23 008
2	庆应义塾大学	17	2	庆应义塾大学	11 993
3	中央大学	15	3	早稻田大学	11 229
4	日本大学	14	4	明治大学	9 808
5	明治大学	9	5	中央大学	8 742
6	东京大学	7	6	法政大学	7 191
7	法政大学	6	7	近畿大学	6 207
8 9 10	京都大学 上智大学 专修大学	5 5 5	8	同志社大学	5 677
			9	东海大学	5 536
			10	关西大学	4 523

续 表

排名	出身大学	NHK 播音、主持人	排名	出身大学	专业棒球选手
1	法政大学	15	1	早稻田大学	18
2	庆应义塾大学	14	2	亚细亚大学	17
3	早稻田大学	13	3	东海大学	16
4	东京大学	10	4	近畿大学	15
5	上智大学	9	5	东洋大学	15
6	御茶水女子大学	7	6	青山学院大学	12
7	同志社大学	5	7	东北福祉大学	12
8	青山学院大学	5	8	驹泽大学	11
9	学习院大学	4	9	法政大学	11
10	立教大学	4	10	中央大学	10
			10	明治大学	10

注：NHK（Nippon Hoso Kyokai）日本放送协会是日本第一家根据《放送法》而成立的大众传播机构，担负在日本的广播领域的先驱者的任务，是日本全国广播事业的核心机构。

资料来源：朝日新聞出版教育ジュニア編集部. 大学ランキング2015［M］. 東京：朝日新聞出版，2014：309-323.

统计上表，我们得出三个结论：(1) 位居前 10 名的国、公立大学，只有东京大学与京都大学，这两所大学的毕业者更多涉足参、众议员，自民党，中央官厅等政治领域，共培养了 261 名政治官僚，而企业界的社长无一来自这两所大学。(2) 私立大学不仅培养了众多商界精英，以日本大学为代表的 10 所私立大学共培养了 93 914 名社长，而且，在政治官僚的培养中也功不可没，共培养了 839 名政治官僚。(3) 媒体新闻界与体育界也是私立大学独领风骚。以 NHK 为代表，东京大学培养了 10 名播音与主持，而私立大学培养的人才数为 76。棒球专业选手的培养则都是私立大学。概而言之，私立名门大学以无可争议的人才培养实效确立了良好的社会声誉，构建了丰富的人脉关系。

五、日本高等教育体系的弹性流通体制

以私立名门为代表的部分大学通过不懈探索与努力实现了向金字塔上层

移动的目标，促进了高等教育体系的内部一定的流动性。另外还有两项重要的制度——弹性学分互认制度、编入学制度也是促进高等教育体系内部流动不可或缺的制度设计。学分互认制度发端于1962年文部省修订的《大学设置基准》，该基准首次允许大学生履修其他大学课程并承认所修学分，但是，该学分数不得高于30学分，毕业规定所修学分为124。2009年，互认学分数从30增至60，并允许同时与多所大学实施学分互认，并有可能获得双方大学的学位。除了日渐宽松的学分互认制度外，还有完备的编入学制度为学生在学术型与职业型之间的转轨，为职业型学生接受更高层教育提供通途。通过编入学考试，偏向职业型教育的短大毕业生、高专与专门学校的毕业生均有机会通过编入学制度进入4年制大学继续学习。编入学制度的适用对象为短大、高专、专门学校的毕业生或者这些高校将要毕业的学生、4年制大学已经完成两学年学业的学生，考试一般由各大学或者学部单独举办，考试科目各校不同，但是一般都侧重于专业考测与面试；日本短大中，私立占绝大多数，因此，私立大学经常与短大对接，让短大毕业生以推荐入学方式进入相应的私立大学继续学习；大学工学部也常常以推荐入学方式招收高专毕业生，这些举措都体现了日本编入学制度的灵活与弹性。日本编入学制度的有效执行离不开学分互认制度的支持，学分互认制度是支撑编入学制度有效推行的制度保障。两者都是促进学术型课程与专业型课程相互通融，普通高等教育与高等职业教育相互贯通，并助益终身教育的重要制度设计。正是这种弹性设计实现了日本高等教育体系四通八达的内循环系统，构筑起了日本高等教育体系横纵贯通的立交桥。

第三节　日本高等教育大众化

战前日本高等教育，基本以官立、公立为核心推动教育规模扩张，虽然私立高校通过与官立、公立高校的错位发展，谋得一定的发展空间，但是，总体而言，如天野郁夫所言，“是以‘帝国大学’所象征的‘精英型’机构类型的‘同型繁殖’过程来进行的”[①]。战后日本高等教育大众化在战前高等教育规模扩张的延长线上发展而来。在美国模式的影响下，日本确立了

① 天野郁夫. 高等教育的日本模式［M］. 陈武元，译. 北京：教育科学出版社，2006：131.

4 年制高等教育体制，高等教育发展的基本指针是扩大高等教育入学机会，推动高校招生考试公平，推动高等教育民主化，这预示着在政府财政有限、国立中心主义的政策倾向下，私立高等教育发展的可能性与必然性。20 世纪 50 年代后期，以私立为主的大量高等教育机构相继面世，为高等教育的规模扩张提供了充分的机构类型与数量准备。从 1949 年新制大学组建以来到 1963 年，日本只用了短短 14 年就让高等教育从精英阶段快速迈入大众化阶段并在 21 世纪初深入普及化阶段。

一、日本高等教育大众化的动因

高等教育大众化是高等教育对战后日本社会日益变化的职业结构、经济结构、社会阶层、人口结构、教育结构等内外部因素的适应，是内外部因素共同影响下的必然选择。

首先，从经济层面看，20 世纪 50 年代后期，日本经济开始高速增长，工业化提供了大量高级职业岗位，对高级技术人才的需求冲击着高等教育的办学方向，但是，日本高等教育制度因为照搬美国学术型人才培养的单轨制而不适应经济发展变化需要，无法满足日本工业化发展的人才需求。1956 年 11 月"日本经济联合会"发表《关于适应新时代要求的技术教育的意见书》提出要改革理科教育与职业教育，加快科技人员与技术工人的培养，为工业发展提供人才支撑。其次，日本义务教育也深入发展，高中毕业生数量逐渐升高。"1950 年只有 25 万高中毕业生，1960 年增至 93 万，1970 年 140 万，1990 年 177 万。"① 而且，高中教育的普通科比例大大超过职业科，普通科毕业生成为入学稳定的生源。最后，是人口结构变化因素的影响。20 世纪 60 年代后期，战后第一次婴儿潮中出生的人正值接受高等教育的年龄。人均 GNP 的提高也大大刺激了民众接受高等教育的欲望，1960 年—1975 年，日本人均 GNP 从 17.1 万日元增至 132.5 万日元，是原来的 7.7 倍。新兴中间阶层与这批高等教育适龄人群都对高等教育提出了更高要求，希望政府扩大高等教育入学机会，确保人人可以拥有公平竞争的权利。20 世纪 80 年代末，战后第二次婴儿潮出生的人也到了接受高等教育的年龄。可是由于 20 世纪 70 年代政府严控大学设置数

① 中島直忠. 日本・中国高等教育と入試——21 世紀への課題と展望 [M]. 東京：玉川大学出版部，2000：66.

量，大学招生数有限，无法满足社会现实需求，僧多粥少的现实必然带来高校招生考试竞争程度的加剧。高等教育事业的扩展与政府财政不足的矛盾日益凸显，高等教育从封闭走向开放已成必然，私立大学、私立短期大学、私立专门学校等大众型高等教育机构顺水推舟成为大众型高等教育的载体。借助这些市场敏感度极高的私立高等教育机构，日本高等教育入学率于1963年超过15%进入大众化阶段，20世纪90年代后期超过50%，迈入普及化阶段。

二、日本高等教育大众化的进程

日本高等教育大众化进程根据政府政策的进退起伏大致可以划分为四个阶段。

第一阶段（1945—1972）：这一阶段，政府推行宽松的高等教育政策。战后第一次婴儿出生潮带来18岁适龄人口的膨胀，加上经济高速发展，政府无力为民众日益高涨的高等教育入学机会公平提供充分机会，私立为主的高等教育机构在大城市迅速扩展。“1946年，旧制大学仅48所，而1950年新制大学却增至201所。其中私立大学从27所膨胀到105所。”①以私立大学为主的高等教育机构成了日本高等教育大众化的主力军。大学平均在校生数从1950年的1 220人剧增至1970年的4 232人。② 日本高等教育入学率在1955年仅为10.1%，1960年仅为10.3%，1963年就超过15%进入高等教育大众化阶段。

第二阶段（1973—1985）：世界性石油危机影响了日本的经济发展，社会对高校人才的需求相对凝滞，20世纪60年代高等教育规模的快速扩充埋下了教育危机的祸根，特别是私立高校在大城市中如雨后春笋般迅速发展壮大。这些高校确实提供了大量入学机会，但是，却因为速度的过快过急而有意无意地忽视了质量建设，社会对此诟病颇多颇深。1975年，政府通过了《私立学校振兴助成法》加强了对私立高等教育的管控，要求其学科设置、招生数等均必须先获得文部省认可才可实施，并限制在大城市新设私立大学，以推动高等教育的地方化发展，减少高等教育入学机会

① 天野郁夫．高等教育的日本模式［M］．陈武元，译．北京：教育科学出版社，2006：72.

② 文部省．文部統計要覧［G］．東京：大蔵省印刷局，1995：23-29.

的区域差距。在政府严控私立高等教育发展政策导向下，高速行进的私立高等教育终于刹车，开始缓速前行。大学入学率增幅得到控制，1970 年为 23.6%，1976 年为 38.6%。大学在校生数也得到有效控制，1975 年大学平均在校生数为4 819 人，1985 年反而减至 4 702 人。①但是，在经济低迷中，以私立为主的专门学校因为实务教育而备受学生青睐，成了重要的高等教育机构。

第三阶段（1986—2000）：该阶段第二次婴儿出生潮带来 18 岁人口的增加，“少子化”危机若隐若现。文部省在高等教育大众化与国际化双重目标下，开始推行高等教育“多样化”改革指针，该阶段再现了以私立为中心的高等教育机构的迅速扩展。根据文部省以 4 年制大学与 2～3 年制短大为对象的数据统计，1993 年大学入学率快速增至 40.9%，1997 年再提至 47.3%。此后，大学入学率基本徘徊在 45%～50%，2000 年为 49.1%。②

第四阶段（2001 年至今）：进入 21 世纪以来，日本“少子化”危机日益严峻，高校生源危机严重，特别是私立高校，有近五成高校陷于生源不足的漩涡中。高等教育适龄人口的减少无形中提高了高等教育入学率。2011 年，日本高等教育入学率升至 70.2%，2014 年高达 80%，日本高等教育进入“全入时代”，但凡想要进入高校继续学习者均可获得相应的入学机会。竞争依然激烈，但是，竞争的焦点已经从数量转向质量，即不再是入学机会的有无，而是是否能够进入名门校、名学部、名学科深入学习。

三、日本高等教育大众化的特点

战后高等教育民主化进程需要大量财政支出，文部省的财政困难与社会要求扩大高等教育入学机会的欲求的日益膨胀之间矛盾重重，这种现状决定着日本高等教育大众化的三个显著特点。

（一）私立高等教育机构担任主力军

高等教育体系建设不能因为财政问题而搁置，高等教育民主化进程势在必行。长期以来，日本高等教育一直呈现国立、公立和私立并存，东京大学

① 文部省．文部統計要覧［G］．東京：大蔵省印刷局，1995：23-29.

② 文部省．文部統計要覧［G］．東京：大蔵省印刷局，1995：23-29.

置于云端、私立成为坚实底盘的“二元双层”结构，加上政府一以贯之的国立中心主义财政政策，另有近代化的后发性带来政府对教育投资的有限性等，这些因素都预示着政府推动高等教育大众化，推行高等教育地方化必然借助大量私立高校力量。战前日本高等教育双轨制模式为战后的规模扩张埋下伏笔，战前就存在的各类私立专门学校在1950年兴起的专门学校“升格热”中得到发展，大部分都得以升格为新制大学。新制大学的出现让大学数量从1946年的48所剧增至201所，私立专门学校通过升格成了高等教育大众化的重要承担者。1945年只有27所4年制私立大学；1952年，日本共有4年制大学221所，其中国立、公立、私立分别是72所（占总数的33%）、33所（占总数的15%）、116所（占总数的52%）；1975年增加到420所，其中国立、公立、私立分别是81所（占总数的19%）、34所（占总数的8%）、305所（占总数的73%）。私立大学在校生数从1952年占总在校生数的57%上升到1975年的80%。① 1969年，全国大学实际招生45.7万人，是1959年的2.4倍，大学在校生数达158万，75%的4年制大学生与90%的短大学生都在私立机构，这让私立大学在校生数从1959年的43万剧增至1969年的123万。② 2014年，781所4年制大学的在校生总数中，私立大学占78.38%。352所短期大学的在校生总数中，私立占94.78%。③ 2012年私立大学增至605所，私立大学在高等教育机构中所占比例从1945年的56.3%升至2012年的77.3%。根据滨中淳子的研究结果，“1945年到2012年间，日本大学在校生数增加了近250万人，其中200万人都在私立大学”④。

这段简单的梳理表明日本高等教育机会的扩充主要得益于私立高校的扩张。诚如杨深坑所言，“日本新制高等教育制度的发展，基本上是以私立为中心、国立和公立为辅”⑤。

---

① 文部省. 文部統計要覧［G］. 東京：大蔵省印刷局，1976：54-55.

② 文部省. わが国の教育水準1959.11-1981.5［G］. 東京：文部省，1990：143.

③ 文部科学省. 平成26年度学校基本調査 ［EB/OL］. http://www.mext.go.jp/component/b_menu/houdou/_icsFiles/afieldfile/2014/08/07/1350732_03.pdf.

④ 濱中淳子. 大衆化する大学——学生の多様化をどう見るか［M］. 東京：岩波書店，2013：17-27.

⑤ 杨深坑，李奉儒主编. 比较与国际教育［M］. 台北：高等教育文化事业有限公司，2011：417.

(二) 私立高等教育机构课程设置的弹性化

私立高校占据日本高等教育机构的绝对数量优势，作为独立的学校法人，宪法保障私立高校的自由自治权，再加上基本依赖学费维持生存，因此，私立高校可以较为自由地独立于政府统一性的管控之外。“二战”前，以东京大学为代表的国立大学虽然是综合性大学，但是，带有明晰的重视洋学的价值取向，因此，学科设置具有显著的偏向理工科的特性。这种偏向无法契合高等教育大众化规模快速扩张的内在需求，只能专注于培养国家领袖、精英与高级专门人才。国立大学在面向社会培养所需人才方面的缺失正是私立大学宝贵的生存空间。私立高校在大众化进程中精准把握了发展壮大的良机，通过升格运动迅速成为高等教育不可或缺的部分，并在数量上占据绝对优势。

私立高校办学历史较浅，办学经费短缺，要谋生存必须实现与国立大学的错位发展，面向社会成了最关键的指针。私立高等教育以市场为导向的价值取向决定了其对社会需求的敏感度，其首要创新举措在于课程设置的横纵多元化发展。从横向层面而言，通过实现学科设置从成本较低的法学到商学、经济学再到兼及成本高昂的工学实现与国立大学人才培养的错位发展，为扩大高校招生提供了有利土壤。从在校生所属学部比例看，1964 年，国立和公立大学理工部占 28.8%，私立理工部占 19.3%，到了 1969 年，国立和公立大学理工部教育增至 30.7%，私立增速不快，仅为 21.8%，但是，法经部、文学部比例高达 66%。呈现出明显的国立、公立、私立大学教育侧重的差异，形成了较好的互补性。① 在纵向层面，私立高校通过拓展本科与别科、大学与专门部、昼间部与夜间部的模式实现纵深发展。弹性的课程设计成为了私立高校赢取生源的重要条件之一。

(三) 高等教育经费的受益者分担原则

日本私立高等教育的蓬勃发展离不开政府对高等教育经费受益者分担原则的强化。日本教育财政的基本原则是受益者、设置者与国库三分担原则。早在 1872 年学制中就规定了教育乃“立身之本”，无论官立、公立、私立都应该征收授课费。受益者分担原则的践行以授课费为例，如表 1-4：

① 文部省．わが国の教育水準 1959.11-1981.5 [G]．東京：文部省，1990：144.

表 1-4　1872 年《学制》中规定的授课费每月额度

大学	正常入学学生	7 日元 50 钱
	困难学生	6 日元 或者 4 日元
中学	正常入学学生	5 日元 50 钱
	困难学生	3 日元 50 钱 或者 2 日元
小学	正常入学学生	50 钱
	困难学生	25 钱

资料来源：文部科学省. 学制百年史 [EB/OL]. http://www.mext.go.jp/b_menu/hakusho/html/others/detail/1317552.htm.

战后，在确保高等教育受教育权的目标下，政府进一步强化高等教育的消费理念。20 世纪 60 年代，人力资本理论引入日本，为政府遮蔽高等教育的公共性，凸显私人消费性提供了理论依托。私立高等教育急速发展，教育消费成为普遍意识，教育价格由市场定价，私立高校在政府财政补助微乎其微的前提下依据提高学费满足发展所需资金的需求。虽然私立高校的学费远远高于国、公立高校，但是，经济高速发展助力个人保持高涨的高等教育投资热情，政府轻松依托私立高校消解了民众高涨的受教育热情与高校数量严重不足之间的矛盾。虽然接受高等教育不仅有利于个人发展，也有利于社会发展，但日本政府努力抹消了接受高等教育对社会发展的意义，而让助益个人未来发展的观念深植民众心中，在代代传递中积淀为民众的普遍意识，这也是日本教育无论是哪个阶段都凸显对民间资本的高依存度的要因。20 世纪 80 年代末以来，4 年制大学、短大、专修学校①、幼儿园教育中私立机构所占比例基本维持在 72%、93%、98%、76%。②概而言之，日本高等教育通过受益者分担原则的有效渗透实现了以私立为主的扩展模式的确立。

① 专修学校是以私立为主实施各种层次教育的机构，偏向职业技能与实际生活所需能力的培养，分为高等课程、专门课程、一般课程三类。专门课程招收高中毕业生或同等学力者，高等课程招收初中毕业生或同等学力者，一般课程没有入学资格限定。

② 市川昭午. 教育改革の理論と構造第 6 巻 [M]. 東京：教育開発研究所，1990：65.

第二章　日本高校招生考试制度的历史追溯（1603—1944）

历史是现实的本源，满怀敬意回溯历史方能鉴前世之兴衰，避免断裂看待历史；从历史通往现实方能考当今之得失，实现生命的延伸。考试，在日本早已有之。公元 725 年，日本就模仿中国的科举制首次实施进士考试，但是，终因水土不服而废止。明治维新之前，身份制、世袭制、血缘成为任官的关键因素，公开选才的考试制度没有生存的政治和社会土壤。1872 年，明治新政府颁布《学制》，明确了以考试决定升级与升学的学校制度，从此，考试制度成为日本近代教育体系构建的核心机制。天野郁夫指出："（高校招生考试制度改革）是日本高等教育的顽疾……人们总是带着理想主义面对高校招生考试制度改革。当高校招生考试制度改革成了一个政治热点议题之际，有必要回顾历史、立足现实。"①因此，本章聚焦 1603 年—1944 年的考试制度，通过追溯江户时代至"二战"结束前的日本高校招生考试历史，透视现状后面的历史根源，揭示日本高校招生考试制度改革的特殊性与规律性。

第一节　江户幕府时代的考试制度（1603—1867）

江户幕府时代（1603—1867）被称为日本的"第一次启蒙时代"，公学教育与庶民教育的繁荣形成了日本重视教育、重视考试公平的文化传统，并以一种潜流的方式流淌在考试制度改革的深层，深刻并广泛地影响日本高校招生考试制度的历史演变。

① 天野郁夫．理想より歴史を見よ［N］．日本経済新聞，2013-12-16（2）．

一、江户教育启蒙时代

江户幕府时代有着繁荣的商业经济、兴盛的庶民文化，这为教育大发展提供了前提条件。经过教育启蒙时代 200 多年的积淀发展，1867 年日本形成了错落有致的教育体系，藩校有 200 多所，乡学有 500 多所，私塾达 1 500 所左右，而寺子屋甚至超过了 1 万所，这是日本教育普及化和均质化的根基。但是，藩校作为公办教育机构，其入学资格由身份、地位、血缘关系决定，而日本社会森严的等级结构与纵向规制也在无形中让安守本分的意识演变为一种民族无意识，渗透民众心灵，内化为民众的基本行为方式。在身份制与血缘制下，公开选才的考试制度没有存在与发展的土壤，考试也就没有存在的意义，整个社会阶层流动凝滞，但是，不可否认，教育体系的基本形构与教育意识的渗透为明治时代的教育近代化奠定了重要的根基。

二、考试制度的萌芽

考试制度的萌芽源于庶民教育的推广与普及。伴随民间教育机构的大量兴起，庶民教育迅速普及，接受教育者日益增多，学校规模也渐次扩大，这增加了教育管理和教学实施的难度，为此，昌平坂学问所的前身——林家私塾弘文馆于 1660 年制定了《规约》，提出了“五科、十等制”，五科为五个教科，各教科再细分为十等，教科分类是最初的专业领域划分意识的萌芽，等级划分依据成绩而定意味着竞争意识的萌生。此后该规定在众多藩校中得到推行，“1850 年初，近 200 个藩校中，只有 36％没有采用该制度”①。教育划分专业领域与等级意味着有必要确立客观的划分标准，考试作为客观评价标准自然成为首选，考试价值与意义因此有了存在的可能。

三、竞争性考试的发轫

江户幕府末年，洋学对日本教育影响日益深刻，在外来因素的刺激下，考试不仅确立了存在的价值，其竞争性也逐渐提高。1787 年，江户幕府实施“宽政改革”，为了扩大昌平坂学问所的规模，陆奥国白河藩第 3 代藩主即江户幕府第 8 代将军德川吉宗的孙子松平定信提出要设立相应的定期考试制度，创设由考测基本学力的“素读吟味”和具有竞争意味的“学问吟味”

① 天野郁夫. 試験の社会史［M］. 東京：東京大学出版社，1992：35.

构成的考试制度。“素读吟味”以7～14岁的幕府所属的大名、旗本和御家人子弟为对象①，一年举办一次口语考试。“学问吟味”为笔试，以旗本和御家人子弟为对象，但是前提是要接受了昌平坂学问所或者朱子官学教育的子弟。该考试三年举办一次，考试分为“初场”和“本试”，初场考一天，是预备考试，本试考四天，分为经义、历史、作文三科，合格者根据成绩高低分为甲、乙、丙三等。该考试制度从1792年开始推行，终止于1865年，前后共实行17次，总计有66人获得甲等，415人获得乙等。1794年共237人参加学问吟味笔试，考试结果为5人甲等、14人乙等、28人丙等，合格率不足20%，因此，竞争非常激烈②。

但是，和中国的科举考试有所区别的是，这个考试虽然竞争激烈却并未和仕途有根本相关，走上仕途更多取决于出身和家世，因此，该考试目的在于提高统治阶层的素质，本质上是一种对于学问的奖励制度而非真正的考试竞争制度。究其原因，首先是因为该考试资格的限定只是局限于贵族阶层，并未对一般百姓开放；其次，日本是天皇制、贵族制国家，身份制、世袭制根深蒂固，是维护幕府统治的根本制度，因此，幕府虽然知晓考试制度改革的必要性与迫切性，但是，在本意上并未期待釜底抽薪的改革，只是希望通过考试刺激贵族子弟的求学欲望，提高学问层次；再次，幕府时代，日本教育在儒学影响下更多关注德育，关注人的修为素质的高低，对于能力的关注次之，考试内容均以儒学经典为主。综合以上三点原因，定期考试制度的改革不具有实质意义的竞争性是必然的。无怪乎，天野郁夫认为，“明治维新以前，寺子屋、藩校等没有考试，当医生也不需要资格考试，因此，日本人的人生与考试无任何关系”③。

日本竞争性考试的萌芽源于私塾。私学因为面向全体民众开放，没有身份等级、出身、年龄、是否具有一定修学经验等的严格规定，但凡一心向学者均可以自由入学，而且，在私塾没有学生的上下之分、尊卑之别，学业能力考测成了最佳评价标准。能力考测包括平时的学业考试与升级考试，学生

---

① 大名：江户幕府时期，在地方拥有实权、独立于幕府体制之外的大封建主。旗本：江户幕府时期，石高未满1万石的武士，他们为德川军的直属家臣，拥有自己的军队。御家人：江户幕府时期，与将军直接保持主从关系的武士。

② 天野郁夫．試験の社会史［M］．東京：東京大学出版社，1992：32-33．

③ 天野郁夫．試験の社会史［M］．東京：東京大学出版社，1992：まえがきⅱ．

的高下之分完全由客观的平时分和升级考试分数综合评定，因此一分之别就关系到该生在私塾中的位高或位低，但是，这种竞争就是一种荣誉、名誉的竞争，是提高学习效率和效果的竞争，和从仕并无直接联系。福泽渝吉在自传中提及，当年自己在绪方洪庵①创办的私塾学习之际，老师采用考试竞争决定座次与升级之事。另有"广濑淡窗创办的私塾——咸宜园，不以年龄、身份、学习经历为测评，而是通过严格的考试评价区别等级"②。这两个著名的私塾都采用等级制决定升级，这是带有近代意识的考试竞争的尝试，但是，毕竟影响有限，并未形成稳定的考试制度。

幕府末年，随着私塾教育中竞争性学习与考试的模式对官学影响的提高，随着集体意识逐渐被迅速萌生的个人自我意识弱化，随着洋学引入昌平坂学问所、藩校，随着内忧外患的步步紧逼，幕府意识到选拔并培养实用专门人才的重要性。为招募能够致力于解决国家现实问题的人才，幕府才不得不将竞争性注入考试制度，尊重个人的主体地位，尊重真才实学，并确立了选拔优秀人才、造就可用之才的教育目标。但是，醒悟过迟的幕府还没来得及推动竞争性考试的实质性进展，就于 1867 年，被以下级武士为核心的倒幕力量推翻了统治。倒幕力量创立新政权，将人才选拔视为政府工作的首要任务。精通中国科举制的神田孝平提出效仿中国科举取才制度创建日本的官僚考试制度：侧重实用之学，不仅考测和学、汉学、作文等传统内容，还要增加医学、天文、地理、兵学、律学、博物学等科目；考试官由政府统一任命、匿名改考卷、公布考试结果；要建立健全考试制度应该首先建立学校教育体系等。虽然这个提案未被接受，无果而终，但是考试选拔事关教育的理念对此后的考试制度和教育制度改革产生了深远影响。

第二节　明治时代的高校招生考试制度（1868—1910）

在中国，科举制是一种获得为官资格的考试，因此，本质上与学校教育并无直接关系，这或许是日本没有沿用科举制的重要原因之一。进入明治维

---

① 日本近代医学始祖，创办的私塾培育了大量医学人才。

② 寺崎昌男．日本の教育課題 6——選抜と競争［M］．東京：東京法令出版，1994：5.

新时期，迫切想要选拔大量优秀人才的明治新政府面临一个根本问题，即如何选择世界上已有的发达国家的考试模式作为借鉴对象。要培养国家建设所需的高端人才、精英人才就要有相应的选拔机制，新政府在构建高校招生考试体系时，既要面向西方汲取给养，又要根植本国文化传统，要在传统教育考试文化与外来教育考试文化的碰撞中探索适合自我的道路。最终，政府以考试制度为构建学校教育体系的核心机制，形成了考试在先、教育在后的日本式独特模式。从此，日本学校教育体系与考试制度形成了相辅相成中共存共荣的鱼水关系，考试严格则教育严谨，考试宽松则教育松弛。

一、传统派与洋学派之争

明治初期，日本著名的高等教育机构集聚东京，最著名的莫过于昌平坂学问所、洋学所和医学所。明治政府意欲创建日本的大学，以弘扬国威，也很自然地将视线首先投向了这三所机构。第一步，政府以昌平坂学问所为大学本校，将洋学所改为开成学校，将医学所改为医学校，后两者作为分校附属于大学本校。第二步，1869 年，政府合并三校组建了大学校，这就是当时全国的最高学府。大学校不设入学考试，也没有身份、出身、年龄的限制，但是，必须是完成了地方中小学教育者方有入学资格。为了确保质量，大学校创设了等级制，共分九等，最低级为初等，而后从八级到最高级别的一级，等级评定依赖于平时的定期考试。在教育体制尚不完善阶段，因为学生来源复杂多样、学力参差不齐，采用充满竞争性的等级制，对内而言有利于通过分班分级教学提高教学效果，确保教学质量，鼓励学生一心向学，是品质管理的有效手段；对外而言有利于政府把握教育总体情况，选拔优秀人才继续升学从而为国家培养有用之才，是人才选拔的有效手段。但是，该制度执行不久，以分校为代表的改革派与以本校为代表的复古派之间就产生了重重矛盾，论争激烈。改革派力推考试资格公开化的价值取向与复古派的观点相左，最终，改革派占了上风，大学本校被迫关闭，开成学校成为大学南校，医学校成为大学东校，以洋学为核心的大学南校与大学东校开启了日本近代教育改革的步伐，考试制度的近代化改革也成为现实必需。

1872 年《学制》颁布之前，大学南校选拔人才主要依赖于政府制定的贡选生制度，各藩自行选拔 1～13 位 16 岁到 20 岁之间的优秀人才给大学南校，选拔基准较高：必须是在学年限超过 5 年者，而且修习过洋学者优先。1875 年，开成学校制定了入学考试规则，考试科目为国文阅读、英语、英文经典、地理、数学、历史六科，考试注重考测综合学力。同年 9 月份的入学考试中，100 余人应考，但是只有 38 人合格。①考试合格者入学后也有严格的定期考试，通过平时考试与期中期末考试、毕业考试的综合考评决定学生升级降级、退学毕业等。1881 年东京大学法理文三学部的学生中 70.8% 的学生升级，但是也有 11.6% 的学生退学。②在明治初期过渡阶段，贡选生制度确实为确保人才选拔质量提供了保障，但是，该制度也存在不少问题，如只有士族子弟才有入选资格带来考试的封闭性，学力层次不齐带来学习效果不够理想，各藩藏匿最优秀人才为已所用而推荐二等人才给大学南校，等等。除了贡选生制度之外，当时文部省还建立了数所外语学校，获得毕业证书者将直接推荐进入大学南校，但是由于政府财政危机，外语学校最后只剩下东京一所，解决大学生源问题已经迫在眉睫。

二、《学制》与考试

日本近代考试制度化建设始于 1872 年颁布的《学制》。时任文部卿的大木乔任提出学生选拔应首重学力，以等级制和考试决定学生教育层次的上移。《学制》提出学问乃"立身之本"，这标志着学问、能力取代了传统的血缘、身份，成了人才选拔的重要标准，这是具有划时代意义的宣言。虽然这个宣言释放了民众的受教育权，让普通民众也有了接受教育的可能，但是，在教育机构极其有限的现实下，民众如何享受平等的受教育权？有效借鉴世界上已有发达国家的教育、考试模式成了政府教育改革的当务之急。

1872 年政府颁布的《学制》中对考试也有所规定："学生学业结束时有大考试（如小学升中学、中学升大学等考试），大考试之际，考试相关人员当然应该参与，如有必要还应派相关官员参与考试事宜。"③但是，此时的日本并未构建起考试体系。谈及日本考试制度的建立健全离不开美国教育行政官戴维·莫雷（David Murray）。莫雷应时任文部大臣森有礼的邀请，于 1873 年—1878 年担任日本文部省高级顾问，致力于指导日本的教育改革。1877 年，莫雷在东京大学法理文三学部的毕业典礼上发表演讲，明确了日本考试制度改革的基本方向。莫雷提出有必要设立奖励法、升学法，并形成

① 天野郁夫．試験の社会史［M］．東京：東京大学出版社，1992：129-130.

② 天野郁夫．試験の社会史［M］．東京：東京大学出版社，1992：132.

③ 鈴木義里．大学入試の「国語」［M］．東京：三元社，2011：42.

制度以鼓励全民向学、向上之心，为此有必要汇聚中国科举制和欧洲的考试制度之精华，创建适合日本的理想的考试制度，主要内容包括学生分级就学。分级必须以考试为基准，大学毕业要取得学位就要通过政府主办的考试，政府享有学位授予权。莫雷的本意是在大学学位考试和官僚、专业人才之间建立联系，通过考试体系建立起人人得以接受教育的教育体制。莫雷在东京大学的演讲清晰地传递了政府力图以考试制度带动整个教育体系的构建与运转的意愿。以此为契机，日本考试制度化建设逐渐踏上正轨。

在莫雷“考试建学”理念的影响下，日本政府以考试为国家选才的核心手段，考试因此被赋予了举足轻重的重要功能，成为决定升学、毕业的根本手段，无论出身如何都必须通过考试才能获得相应资格。学校教育也因此成为竞争合理化、制度化的根本载体，在迅速推进教育机会公平化的同时考试的竞争选拔性倾向日益强化。小学、中学都执行等级制、毕业考试制度。考试分为平时考试与毕业考试，平时考试一般包括笔试与口试，侧重考查记忆背诵，而且为了提高学生学习的欲望，往往要月考并公布排名，根据成绩与出勤率决定学生座次，并对考试成绩优秀者实施奖励。毕业考试更正规，要考查所有科目。考试日允许所有与考试相关的人员，如教师、校长、地方长官、家长等出席监督。因为考核严格而且也要交学费，中途退学率很高。政府根据各校成绩之高低配置补助金，学校根据考试成绩评定教师。在这种绩效考核为主的评估制度下，无论是教师之间还是学校之间竞争都很激烈。为了鼓励国民向学之心，国家还根据考试结果为优秀学生提供食宿，并为之预缴学费，允许学生学成后逐年还清或者通过在政府部门服务抵消国家提供的所有费用。考试制度让男女老幼、贫贱富贵均可通过自身努力获得升学机会，有助于提高全体国民素质，有益于国家培养优秀的治国之才。这是一种振奋人心的积极乐观的理念，给予民众接受教育改变自我的希望。

在确立了考试建学的基本方向后，1881 年 7 月，文部省颁布《中小学规则》，对入学资格与学习内容做了明确规定：“小学，八岁入学，修习普通学（句读、习字、算术、语言学、地理学）的同时兼修大学专门五科，知其大意；中学，十五岁入学，修习专门学与一般学，二十二岁毕业，其优秀毕业生可入大学继续深造。”① 考试制度的创建有利于提高就学率，1873 年，

① 教育史編纂会．明治以降教育制度発達史第一卷［M］．東京：教育資料調查会，1938：141-142.

学龄儿童就学率只有 28.1%，到了 1883 年升至 53.1%，1902 年达到 91.6%。[1] 1894 年，文部省颁布《寻常中学入学规程》，首次提出了“入学考试”一词，并对进入寻常中学的资格提出了相应规定，“第一条：12 岁以上、身体健康，接受了高等小学校第一、第二年教育者。第二条：第一条所规定的学生入学只需提交修业证书即可，非此类者则要参加考试。第一条所规定的学生有优先入学资格，但是，如果报考人数超过计划招生人数则必须经过考试选拔。第三条：第一条所规定的学生考试科目为阅读、作文、习字、算术，非此类者还要另外考日本历史与日本地理，以确定其是否具备与第一类学生相当的水平”[2]。

明治初期，日本的高等教育机构只有 1877 年创建的东京大学一所，因此中学毕业虽然是进入大学学习的基本前提，但是却不是根本保障，在中学教育和大学教育衔接不畅的情况下，不仅东京大学、各官立专门学校，包括司法省创办的司法学校、工部省下属的工部大学校、开拓使下设的札幌农学校、农商务省所属的驹场农学校都为了确保生源质量建立了自己的预备校。预备校从一开始的外语补习教育为主逐渐转向各科的综合教育。以东京大学预备校为例，这是通往东京大学的绿色通道。1879 年，东京大学预备校学制 4 年，入学考试资格是 13 岁以上者，考试科目为日语、汉语、英语与算术。1881 年，该校学制缩短为 3 年，科目改为解释、语法、算术、代数、几何、地理与和汉书，带有显著的偏向洋学的趋向。东京大学预备校是进入东京大学的便利直通车，竞争激烈程度可想而知。以 1879 年为例，参加东京大学预备校入学考试的考生共 170 人，但是，考试合格者只有 74 人，仅占总数的 44%。[3]考生入学后的评价基本都以学力考测为中心，集平时、期中、期末、毕业考试的客观成绩为一体，以此综合判断学生学力之高下，最终定夺学生的升级或降级、升学或者退学。严苛的考测体系让不少学生无法顺利持续学习，纵使入学了也有半数以上学生被迫降级或者退学。相较于官立预备校，私立预备校更关注如何缩小中学教育和大学教育之间的鸿沟，通过针对高校招生考试与高、大衔接教育有的放矢地训练，如英语强化学习、应试技巧、大学先导课程等，提高了考生对东京大学招生考试的适应能力。

---

① 鈴木義里. 大学入試の 「国語」 [M]. 東京：三元社，2011：47.

② 鈴木義里. 大学入試の 「国語」 [M]. 東京：三元社，2011：45-46.

③ 天野郁夫. 試験の社会史 [M]. 東京：東京大学出版社，1992：117.

这种具有实质性帮助作用的私立预备校虽然未能得到文部省的认可，但是，因为迎合了考生与社会需求而备受欢迎，这是日本民间教育考试产业兴盛的种子，也是教育考试产业与学校教育相辅相成、共存共荣发展至今的根本原因。

三、高校招生考试制度的双轨制基因

明治维新时代，日本政府选择了既要大学也要专门学校的教育体制。高等教育机构在战前就具备了精英与大众两种类型，这种特质暗合了日本高等教育大众化的目标，也为战后高等教育规模的快速扩张埋下了伏笔。1872 年《学制》传递出的教育与考试理念迅速盛行全国，在东京大学或官立专门学校接受教育并实现人生道路四通八达的高学历者向社会传递着接受高等教育后可能拥有的各种美好的未来想象，这激起了全社会想要挤入象牙塔的愿望。这一时期，高等教育体系逐渐从封闭转向开放，虽然精英型的教育机构依然是社会膜拜的对象，但是，专门学校等大众型的教育机构作为民众实现社会升迁、阶层流动的主渠道之一也日渐受到重视。从江户时代到明治时代，历经历史积淀，日本高等教育制度在战前就已经具有了显著的双轨制特质，因此，高校招生考试也根据大学与专门学校的区别划分为精英选拔型与一般选拔型两种。1903 年颁布《专门学校令》，规定了专门学校的课程设置与入学方式。课程分为正规课程即学部教育，非正规课程包含预科、研究科教育。正规课程招生面向中学和高等女学校毕业生，入学者只需要通过了所在中学或高等女学校的毕业检定考试即可入学；非正规课程招生面向实业学校等非中学和高等女学校的毕业生，入学者需要通过所报考的专门学校获得文部大臣的资格许可，而后接受文部大臣的非考试检定。这些规定在一定程度上统一了专门学校的招生考试模式。就此，日本在 20 世纪初就出现了高校招生考试制度双轨并举的端倪，为此后高等教育入学机会的扩展，为高等教育大众化进程的顺利演进提供了历史可能。

第三节　“二战”结束前的高校招生考试制度（1911—1944）

进入 20 世纪以来，考试竞争、公平选才成为必然趋势，逐渐从学问奖励与资格认定转向渗透着一定竞争性的考试。1911 年—1944 年，世界因日本而动荡不安，日本国民也在水深火热中度日。随着两次世界大战的先后爆

发，日本高校招生考试制度改革具有显著的为国服务的倾向。政府、民间兴办大量医学类、理工类专门学校，以为国家培养战争所需人才。伴随战争的起伏进退，高校招生考试也在统考、各高校单独招生考试之间循环往复，一直处于不安的变动中。

一、日本应试教育的历史因缘

"一战"前后，借助战争机遇，日本 GNP 剧增，民众接受教育的欲望也相应提高，中等教育普及面迅速铺开，1905 年中学毕业生为 1.4 万人，1915 年增至 2 万人。中等教育的发展带来了高等教育需求的提升，民众希望扩大高等教育入学机会的欲求日益提高。可是，这一时期，高等教育机构的数量有限，仅凭官立的几十所高校远远无法满足社会需求，高校招生考试的竞争性已经不可避免，统一性的高校招生考试制度也有了萌芽的可能。《1913 年诸官立学校入学考试问题集》中登载了高等学校、高等商业学校、高等农业学校、高等工业学校、高等师范学校、医学专门学校等 25 所官立高校和 5 所军事学校的考卷，其中 8 所高等学校是统一考卷，实施统一考试。在统一考试推行的当年，市面上就出现了帮助考生应对考试的习题集，预示着民间教育考试产业生存的价值与意义将得到更大扩展。

1925 年，日本进入昭和时代，高等中学成为通往大学的摇篮，因为考生众多，想进入高等中学者必须接受入学考试，应试之风盛行，"应试考生"一词逐渐流行，"考试地狱"、"考试战争"等词开始风行。当时的《文部时报》指出："近几年的入学考试带来学生忙于应试准备，漠视教科书，埋头苦做考试习题的弊端。"① 考生埋头苦读就是为了应试，无论是数学还是物理都是只知答案推理，不问其所以然，学生成了解题机器，成了应对考试的工具人。为了帮助考生了解各高校的考试资讯，更从容应对考试，各民间教育考试机构开始潜心研究各高校考试，特别是具有同一性质的考试，成册发行的应考习题与应考技巧等书籍泛滥。此后，各类考试杂志也粉墨登场。1917 年《考试与学生》创刊，1931 年创刊的《考试旬报》于 1941 年更名为《萤雪时代》，其创办者旺文社至今依然是考试产业的龙头出版社。在内外部因素的共同作用下，高校招生考试的应试意味渐浓，竞争选拔性渐高，排序

---

① 中島直忠. 日本・中国高等教育と入試——21 世紀への課題と展望 [M]. 東京：玉川大学出版部，2000：65.

排位功能渐强，而民间教育考试产业的甚嚣尘上也成为推动考试竞争与应试教育的幕后推手。

二、日本统考制度的历史原型

随着高等教育入学与意愿的日益膨胀，对高等教育入学机会公平的追求成为社会的普遍要求。在这一背景下，出现了以官立高校为主体的小范围统考。1908 年，官立高校推行“统一考试、单独选拔”模式，即举办统一考试，但是各校自行决定合格者，即各高校拥有完全的录取权。1917 年，转变为“统一考试、综合选拔”方式，同样举办统一考试，但是，在招录中按照成绩排名，结合考生的报考志愿，由文部省统一分配到各官立高校。1918 年,文部省颁布《大学令》，就大学入学资格做了如下规定：入学资格分为大学预科修了者、高等学校高等科毕业者、文部大臣认可的具有以上同等学力者，各大学根据自身特点自行决定入学者顺序。在该政策引导下，基本形成设置了预科的大学优先录取本校预科修了者、文科学部优先录取高等学校文科毕业生、理科学部优先录取高等学校理科毕业生、其他则普遍采用优先录取高等学校高等科毕业生的招生模式，专门学校毕业生进入大学需要获得文部大臣的认定。1928 年以来，日本高校招生考试经历了十余年的“单独考试、单独选拔”时期。虽然各高校的入学考试日期一致，但是，命题工作由各校负责，招录工作也完全自主。1941 年又重回“统一考试、单独选拔”模式。

总体而言，这一时期的统考命题内容虽然融合了东西方知识却呈现显著的西学为重的特质，但是，命题依然遵循知识本位原则，侧重于知识记忆考查，题型也较为单一，基本是对原文的复原、填补与翻译，都侧重对所授知识的重复温习。1930 年，田中隆三担任文部大臣时就提出考试“应基于所授知识重在考查理解、推理等能力，避免考查背诵记忆能力”①。这是日本命题原则从知识立意转向能力立意的发端，但是，在战时纷乱时期，并没能得到有效推行。

三、私立高校招生考试的空洞化

战争频仍时期，国家无暇顾及私立高等教育的发展，在政府教育资源配

① 岩瀬六郎．新考查法と家庭［M］．東京：博文館刊，1941：17.

置中也是被漠视的存在，私立高校往往只能凭借自己对外界需求变化的敏感性与热忱的创新精神捕捉办学机遇，求得立足之地，同时通过各种可能的途径节约办学成本，如减少专职教师数量，聘请兼职教师，实现师资成本的最小化运营；通过设置法学、文学、商学、经济学等成本低廉的文科门类招徂学生；同时，通过大学课程、大学预科课程、专门部课程的多元创设提供多层次、多样化的教育模式，从而为自己赢取大量生源。私立高校灵活而富有弹性的办学模式吸引了大量学生，私立高校在校生数所占比例也渐次提高。以 1895 年—1935 年的在校生人数变迁为例，1895 年，官立和公立高校占 51%，私立占 49%，到了 1935 年，该比例变为 39.1%：60.9%。①私立高校之所以能够赢得大量生源与其招生考试的宽松环境有关。对于私立高校而言，如果设置招生考试，必然需要配备相应的命题教师，但是，私立高校的师资配备以兼职教师为主，如果请兼职教师命题必然要付出额外的命题费，另外，学校还要为确保试卷保密工作付出相应成本，这些额外成本对于依赖于收取学费求生存的私立高校而言无疑是不太现实的。而且，私立高校生源多样、学力水平不一、层次参差不齐，也难以举办相对规范与统一的考试。综合上述诸多内外因，在资金有限的现实下，私立高校在相当长的一段时期内都保持无考试入学模式，基本上是只要考生报考了该学校就可以入学的状态。私立高校招生考试的空洞化倾向一直延伸到战后高等教育大众化阶段，有了这段历史追溯就不难理解为何多样化高校招生考试制度改革会在瞬间弥散全国，最终导致大量私立高校偏离初衷，以多样化为确保生源的幌子。

① 天野郁夫．高等教育的日本模式［M］．陈武元，译．北京：教育科学出版社，2006：129.

第三章　日本统考制度的确立巩固与现实困境（1945 年至今）

创建统考制度是日本战后扩大高等教育入学机会，推动高等教育民主化进程的必然选择。随着战后高中入学率与毕业率的高涨，高校必然扩大招生规模，而扩大入学机会必然带来生源的多样化，新的课题随之产生，如何让高校招生考试适应生源多样化的现实？如何确保生源大增之后的质量？在数次尝试中，在本国考试文化与教育传统潜流的影响下，偏向学力考测的统考制度成为日本政府的首选。作为推动日本高等教育大众化进程的重要机制之一，统考制度发挥了重大作用，并伴随高等教育大众化进程日益巩固，最终稳居日本高校招生考试制度的首要环节。统考公平始终是日本高校招生考试制度的核心价值，虽然高等教育大众化带来高校招生考试制度多样化改革的风起云涌，甚至不乏废除统考之声，但是，日本政府始终坚守统考阵地，未曾轻言废弃，这是日本考试竞争、公平取才的教育与考试文化传统的必然选择。

第一节　日本创建统考制度的初期尝试

日本创建统考制度始于对美国模式的学习与借鉴，但是，美日教育考试文化的差异预示着美国模式在日本水土不服的必然性。随后，日本又试行“能研考试”制度，虽然也是早期夭折，但是，这两次尝试为日本此后继续探寻如何创立适合本国的统考制度提供了先行先试的宝贵经验，是创建日本式统考制度的珍贵基石。

一、“升学适性考试”的实施与废止（1948—1954）

战后初期一切百废待兴，难以实施全国性的统考，因此维持了 3 年的各校单独招生考试制度。1948 年，针对日本“二战”前高校招生考试选拔非民主的缺陷，美国教育使团的艾美斯顿（Edmiston）博士提出了集“升学适性考试”、学力考试与高中调查书为一体的综合评价录取模式。效仿美国 SAT（Scholasic Aptitude Test）考试的适性考试面向未来，学力考试面向现在，高中调查书面向过去，体现了从过去通向现在走向未来的连续性考测，是一种理想模式。考试命题由文部省命题委员会负责，分为一般性、文科、理科三类考卷，题型均为客观选择题；考卷宗旨在于测试学生是否具备了升入大学的资质，适合文科学习还是理科学习，该成绩是大学是否录取考生的依据，当然录取中该成绩所占比重由各大学自主决定。根据中岛直忠的研究，当时“大学招录中利用升学适性考试成绩的比重最高为 50%，最低为 6%”①。但是，由于升学适性考试的本质就是学力考试，与各校的学力考试大同小异，因此利用的大学并不多，这增加了考试的运营负担，而且相关机构未能及时发表关于该考试制度的科学性研究材料，因此，未能有效吸引大学在招录中利用该考试成绩，考试难以为继。1952 年，全国高中校长协会、国立大学协会、日本学术会议机构先后提交了要求政府废止适性考试的议案。迫于内外部的重重压力，文部省于 1954 年废止了适性考试，再次恢复各校单独招生考试。

二、“能研考试”的推行与废止（1963—1968）

1. 能研考试推行的背景

1955 年开始，日本经济走出战后的混乱低迷时期，进入高速发展轨道，城市中产阶级迅速膨胀，工业化进程对人力资源提出了更高要求。1963 年，日本经济审议会提交了《关于经济发展中人的能力考核的课题与对策》的咨询报告，认为在世界技术革新时代，要确立日本在国际竞争中的核心力必须提高日本的科技水平，而人的能力开发是培养创新型人才的关键。但是，日本的人才评价标准深受学历、资历的影响，缺乏对能力的客观评价。日本高等教育迈入了大众化阶段，高等学历所蕴含的精英意识将逐渐弱化，人对外界剧变的适应能力将成为根本，基于此，评价基准也应该有所改变，仅凭一次考试就可以安度一生的评价体制将被改变，要在“能力主义”主导下，基于科学、客观、弹性的原则评判个人的能力与适应性。这个咨询报告的提交是政府决定再次推动统考制度建设的根本契机。当然，20 世纪 60 年代人口

① 中島直忠. 日本・中国高等教育と入試——21 世紀への課題と展望［M］. 東京：玉川大学出版部，2000：69.

结构的变化也是一个重要影响因素。战后第一次婴儿出生潮带来 20 世纪 60 年代 18 岁适龄人口的剧增，正值接受高等教育年龄的这批人给大学带来巨大压力，政府基于高等教育入学机会公平的考量，不得不再次开始筹划全国统一的选拔性考试。1963 年中央教育审议会在咨询报告中指出，“依赖于各校一次性的考试必然导致高中调查书、面试、学生的学术性向测试等综合考查难以推行，由此也导致对学生评价的单一性，没能做到综合性评价，这是一种‘制度方法的缺陷’”①。1963 年初，中央教育审议会提议建立一种共通的、客观的考试，通过获取值得信赖的结果，考查考生的学习达成度与升学适应性。以此为引，两次考试、综合评价的考试模式成为日本高校招生考试制度改革的基本方向与指针。

2. 能研考试的推行与废止

1963 年 1 月，中央教育审议会在咨询报告《关于大学教育的改善》中指出，为了研讨并确立通过客观性考试考测学生的学习达成度与升学适应性，得出具有较高可信度的结果，决定实施“能研考试”。同年财团法人能力开发研究所（以下简称“能研所”）应运而生。该机构提出了基于能力主义分配人才的能研考试，实施考测基础教育学习达成度和大学升学适应性的客观性考试。能研考试由学力考试和升学适应性考试共同组成，是此后日本高校招生考试制度两次考试、综合评价的雏形。基本原则如下：（1）最大限度活用高中对于考生的能力、学力的判断；（2）限制学力考试的次数；（3）根据第一次考试失败的考生的能力、学力，提供学力考试以外的选拔方法。②但是，两次考试考测内容与方法界限模糊，实质上是两次学力考试，加重了考生的负担。另外，能研考试还有一个宏愿就是缩小高中教育的校际差距，引导高中教育健康发展，但是，高中教育的校际差距毕竟是多方因素综合作用的结果，仅凭能研考试的调节难以奏效。再加上各大学利用能研考试的积极性也逐年降低，明确规定将能研考试结果纳入招生考核的大学屈指可数，1967 年有 3 所，1968 年只有 2 所。以东京艺术大学为例，1965 年，该大学提出从 1966 年开始将能研考试结果纳入招生，作为招录学生的必需材料，这项决定遭到了学生的坚决反对，学生自发组成“能研考试反对联络

---

① 佐佐木隆生．大学入試の終焉［M］．北海道：北海道大学出版会，2012：173．

② 文部科学省．教育内容的充实与能力的开发．大学入学者选拔方法［EB/OL］．http://www.mext.go.jp/b_menu/hakusho/html/hpad196401/hpad196401_2_046.html．

会”，召开临时学生大会，通过投票方式，共有69%的学生支持要求校方撤销决定。最终，校方不得不于同年11月发表声明，明确1966年度、1967年度的招生考试不采用能研考试。最终，依赖于收取考生报考费求生存的能研考试难以为继，1968年能研所宣布解散，各校再次回归单独招生考试模式。

第二节　日本统考制度的确立巩固

战后初期，大学在社会中的作用、高校招生考试与经济发展之间的紧密关系都尚未充分体现，因此，统考并未得到政府的高度重视，各高等教育机构的招生考试自主权较大，基本是各高校单独招生考试。20世纪60年代，伴随工业化进程中大学参与经济发展力量的增强，大学因其知识输出与生产的重要性、因其社会结构变迁功能的增加而备受政府重视。策应新兴中产阶级的高等教育需求，政府不仅需要扩大与丰富高等教育机构，也要谋求高校招生考试的公平公正，这成了政府创建统考制度的核心动因。

一、日本统考制度确立的内外部动因

（一）统考政策制定的内外部动因

20世纪六七十年代是日本高等教育规模急剧扩张时期，教育内部的发展与外部环境变迁成为推动统考制度实施的内外部动因。(1) 义务教育的普及推动高中入学率的提高。1955年高中入学率仅为50%，1960年高中入学率为57.7%，1965年增至70.7%，1970年达到82.1%，1975年达到90%。①高中应届毕业生的大学报考率也从1960年的26%升至1976年的48%。教育层次上移成为必然趋势，可是，优质高等教育资源依然稀缺。为了考取名门高校，大量比较富裕阶层的子弟选择了复读，复读生几乎占了考生总数的三成，这无疑也让考试竞争雪上加霜，“考试地狱”、“学历社会”带来的弊端成为社会批判的焦点。(2) 20世纪60年代，为缓解适龄人口剧增的压力，政府放宽了私立教育政策，私立高校迅速膨胀。1960年，私立高校在校生数增至469 605人，占全国总数的比例升至66%；1965年再增至787 556人，比例升至72.2%；1970年占76.3%，1975年占78.3%，此后

① 文部科学省. 2001わが国の教育統計［G］. 東京：文部科学省，2001：27.

基本稳定为75%～80%。[①]该阶段，私立高校超额录取现象严重，剧增的学生数、庞大的招生规模带来了繁重的命题、评卷工作，为此需要耗费大量人力、物力、财力与时间。各高校单独招生考试不仅无法保障命题的质量，也无法创建起具有专业化水平的命题队伍，为确保命题质量、做好保密工作，私立高校也迫切希望有一个权威、科学、高效的考试，可以减轻繁重的考试压力。(3) 20世纪六七十年代，日本高等教育机构类型日益丰富。1962年，理工科教育为主的高等专门学校制度合法化；1964年，偏向人文社会科学教育的短大制度合法化；1974年，偏向职业教育的专门学校合法化。多样化的机构类型带来考生命题的多样化，招生数的剧增让各大学手足无措，各校单独招生考试命题质量参差不齐，过难、过偏、失误、错误等问题频出，因此，新制大学都迫切希望有一个更权威、更科学的考试为己排忧解难。(4) 工业化进程催生了庞大的新兴中产阶级，他们对高等教育提出了更高要求，要求打破高等教育接受者的特权陋习，开放高等教育入学机会，实现人人可以拥有公平竞争的权利。中产阶级迫切希望借助高等教育实现阶层流动，高等教育入学机会公平因此成了更广泛民众的关注焦点。(5) 高等教育规模的快速扩张严重影响了大学教育质量，在反对修订《美日安保条约》、越南战争等外部危机的刺激下，大学教育课程、学费、学生管理、学生参与权等问题日益激化，最终演变为1969年席卷全国的“大学纷争”运动。该运动在东京大学主导下，有41所国立大学、7所公立大学、29所私立大学参与其中。竹内洋评论该事件是“学历贵族文化这根蜡烛的火即将熄灭之前的一丝光芒”[②]。这次事件标志着日本精英教育时代的结束，大众教育时代的开启。高等教育大众化时代，教育品质成为教育改革的重点与难点，面对类型有别、水平参差的高校，政府也亟须一个合适而有效的协调机制实现统筹管理。社会、政府与大学的需求彼此契合，创建统考制度成为定势。

（二）统考政策的基本原则

1967年，文部省公布《1968年度大学招生考试选拔实施要项》，提出“大学招生考试选拔，要以公正、妥当的方法选拔出高素质富有潜能的优秀人才，同时要考虑不因为高校的人才选拔而扰乱高中教育”[③]。至此，高中

① 市川昭午．大学大衆化の構造［M］．東京：玉川大学出版部，1995：24.

② 竹内洋．学歴貴族の栄光と挫折［M］．東京：中央公論社，1999：324.

③ 文部省大学学局．大学資料第24号［G］．東京：文部省，1967：31.

教育开始正式纳入高校招生考试制度改革考虑的范畴。1970 年，全国高中校长协会第 23 次总会在《要望书》中指出："经过长时间的研究讨论，我们认为依据多个材料综合考虑录取新生是最为妥当的方法。这个材料应该包括统一测试的结果、高中调查书和各大学单独举办的入学考试成绩。我们所期待的统一测试必须既依存高中普通科和职业科所开设的课程内容，又能测验出适于接受大学教育的学术性向和能力，这一统一测试将对高中教育的正常化和青年的能力开发都具有重要的意义。"①在内外因素的合力下，1971 年，中央教育审议会在《4・6 咨询报告》中明确了开发统考体系事宜，并提出了高校招生考试制度改革的四项基本原则：(1) 以高中调查书为基本材料；(2) 开发统考体系，考查考生进入大学必需的基本能力、学术性向；(3) 各大学的单独考试侧重考查专业性向；(4) 论文考试和面试作为综合评价学生的资料。这四项原则成为日本此后高校招生考试制度改革不变的核心精神，也是统考制度创建的基本指针。

二、"共通第 1 次考试"的实施与废止（1979—1989）

《4・6 咨询报告》确立的基本原则不久就开始指导统一性的"共通第 1 次考试"改革，文部省希望"通过整齐划一的考试检测高中教育质量，换言之就是希望基于学习指导要领指导下的高中教育理念推进高校招生考试改革"②。共通第 1 次考试以国、公立大学为对象，私立大学可以自行决定参与与否。报考国、公立大学的考生必须参加共通第 1 次考试，考试的教科和科目硬性规定为 5 教科（国语、社会、数学、理科、外语）7 科目（国语、社会 2 科目、数学、理科 2 科目、外语）。文部省指出，"共通第 1 次考试的命题涵盖高中 5 教科 7 科目是为了引导高中教育健康发展。作为选拔方法，涵盖尽量多的教科的命题方式意味着考试的妥当性较高，要尽量避免只有文科教科或者只有理科教科的命题方式"③。命题范围均以文部省制定的高中学习指导要领为准，重在考查考生对高中阶段各门课程的知识与技能掌握的程度，避免出现难题、怪题、偏题，以促使学生重视高中阶段基础知识的掌

① 胡建华. 战后日本大学史 [M]. 南京：南京大学出版社，2001：224.

② 東北大学高等教育開発推進センター. 高等学校学習指導要領 VS 大学入試 [M]. 東京：東京大学出版会，2012：57.

③ 文部省. 大学入学試験に関する調査 [R]. 東京：文部省，1958：22-23.

握。1987 年，共通第 1 次考试教科与科目从 5 教科 7 科目减至 5 教科 5 科目，社会、理科各减少 1 科。

共通第 1 次考试重视高中教育，力图通过考试内容与方式的合理化推动高中教育正常化，回归教育本质，远离应试教育漩涡。同时，文部省希望利用了共通第 1 次考试的国立大学，可以适当减少大学单独招生考试中的教科、科目数，相应增加面试、小论文、推荐入学、社会人入学等多样化的考试选拔模式。最后录取中，各大学自行决定共通第 1 次考试成绩和大学自主考试成绩在录取中的权重，通过两次考试、综合评价决定录取结果。基于此点而言，共通第 1 次考试是文部省正式推动统分结合的高校招生考试制度改革的关键举措，是第一次具体而微的尝试。

共通第 1 次考试是学力考试，体现了公平至上的原则，也提高了招生考试效率，偏重精英教育的国、公立大学迅速适应了这种模式，并以该成绩为选拔录取学生的主要依据，但是，过于刚性的科目设计忽略了私立大学的需求，办学资历尚浅的大部分私立大学在生源水平较低的现实下，难以以这样刚性的评价标准来考核考生，因此，该制度一直未能有效吸引私立大学的参与。1982 年产业医科大学成为第一所也是自始至终唯一一所利用共通第 1 次考试的私立大学。随着考试地狱、学历社会、教育荒废等积弊的显性化，社会开始了对这种考试制度的反思和批判，认为用统一模式评价学生抹杀了教育对象的个性，也限制了大学的多样化发展。而且，统一考试基准的出现为大学的横向比较提供了数据支持，大学之间以统考成绩的排序论高低，社会推崇分数至上主义，企业雇佣制度重视名校等问题日益深重。另外，占高校总数近 80％的私立大学都不利用共通第 1 次考试，导致私立大学都游离于政府管控之外，不利于政府对高等教育事业的宏观调控。1990 年，共通第 1 次考试被“中心考试”取代。

三、“中心考试”取代“共通第 1 次考试”（1990 年至今）

为克服共通第 1 次考试的局限性与弊端，文部省提出，高校应从考生未来就业和各高校学科专业的要求出发，重视发展学生的个性和能力，培养具有渊博知识和较强工作能力的建设者，因此，高校招生考试不应当成为为难学生的关卡，也不应当引导学生去死记硬背那些书本知识，而应当重视学生真实能力的考核。1990 年，具有较大弹性的“中心考试”取代了共通第 1 次考试，沿用至今。

(一) 大学入学考试中心的诞生

1. 大学入学考试中心的组织机构

制度的有效运行离不开专门机构，完善的专业机构是制度生效的依托。

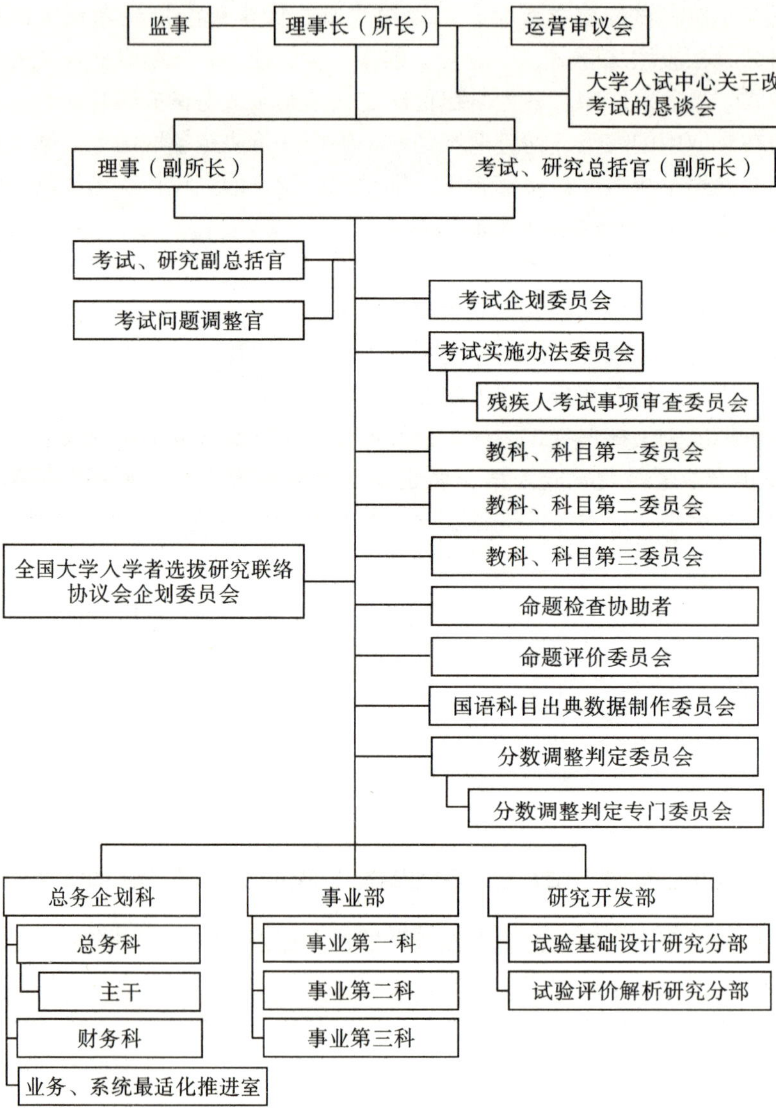

图 3-1　大学入学考试中心机构组

大学入学考试中心作为日本高校招生考试事业的总枢纽，统管着全国高校招生考试的组织、管理、实施与研究。日本国家级专业考试机构的设立始于东京大学。1969年，东京大学成立入学考试制度委员会，后来成为国立大学协会中的“入学考试研讨委员会”。1977年，根据《国立学校设置法》的修订案，“入学考试研讨委员会”更名为“大学入学考试中心”，成了推动中心考试改革的核心机构，机构组织系统如图3-1、表3-1所示：

表3-1　大学入学考试中心各组织机构职责

组织机构	成员构成	职　责
运营审议会	国立、公立、私立大学相关者、有识之士、高中相关者等	根据理事长的咨询，审议大学入学考试中心的事业计划等重要事项
大学入试中心关于改善中心考试的恳谈会	国立、公立、私立大学相关者、有识之士、高中相关者等	倾听关于改善、充实中心考试，完善考试中心职能等的意见
考试企划委员会	国立、公立、私立大学教师、有识之士等	调查审议：（1）考试基本方针：实施计划、命题教科与科目、命题范围等；（2）考试一般原则：文章表现、构成、命题方法、解题方法等
考试实施办法委员会	国立、公立、私立大学教师、高中相关者等	处理与中心考试的实施方法、信息相关的事项
残疾人考试事项审查委员会（考试实施办法委员会的下属）	国立、公立、私立大学教师等	残疾人参加中心考试事宜的调查、检查与具体审查
教科、科目第一委员会	500多名国立、公立、私立大学教师等	中心考试6教科31科目的命题工作，根据科目划分为25个分会，分别是国语、世界史、日本史、地理、现代社会、伦理、政治经济、伦理政治经济、数学Ⅰ、数学Ⅱ、工业数理基础、簿记会计、信息关系基础、理科综合A、理科综合B、物理、化学、生物、地学、英语、德语、法语、汉语、韩语、残疾人命题分会
教科、科目第二委员会	160名曾在教科、科目第一委员会工作过的国立、公立、私立大学教师、有识之士等	共21个分会，围绕构成、内容、解答、措辞用句等，检查和校对教科、科目第一委员会制作的考卷
教科、科目第三委员会	国立、公立、私立大学教师、有识之士等	围绕形式、表现、各科目间的整合性、重复等，综合检查和校对教科、科目第一委员会制作的考卷

续 表

组织机构	成员构成	职　　责
命题检查协助者	高中相关者等	基于高中教育的立场，检视考卷的难易度与出题范围
命题评价委员会	国立、公立、私立大学教师、高中相关者等	评价考卷
国语科目出典数据制作委员会		审查各国立、公立、私立大学单独考试中“国语”科目文章出处的相关数据，处理输入数据审查、数据库制作等专业事项
分数调整判定委员会	国立、公立、私立大学相关者	基于历年考试结果与当年中心考试情况，分析试卷难易度等，综合判定是否需要进行分数调整
分数调整判定专门委员会（分数调整判定委员会的下属）	大学入学考试中心教师、有识之士	基于专业的立场，分析、整理中心考试结果，准备判定是否需要调整分数所需的基本材料
全国大学入学者选拔研究联络协议会企划委员会	国立、公立、私立大学教师、有识之士	企划与实施国立、公立、私立大学协议会，推动全国大学共同致力于完善高校招生考试选拔方法

2. 大学入学考试中心与大学、考生之间关系紧密，作为与高校招生考试息息相关的三个利益主体，各自承担着不同的职责（如图 3-2、表 3-2 所示）

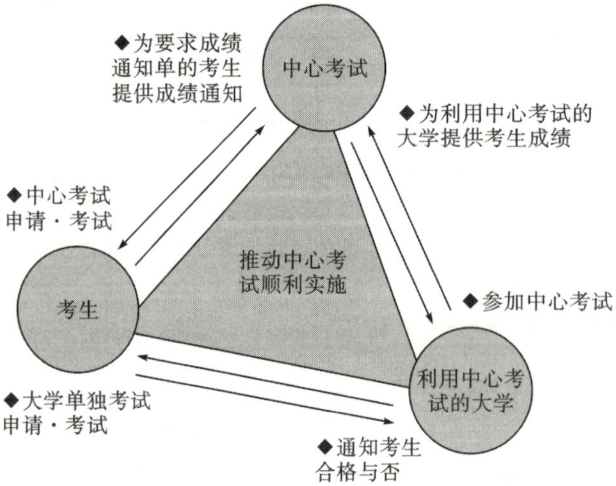

图 3-2　大学入学考试中心与大学、考生之间的关系

表 3-2　大学入学考试中心与大学的职责分工

<table>
<tr><td colspan="2">● 中心考试：参加中心考试的国立、公立、私立大学与大学入学考试中心齐心协力在同一时间、共同举办同一内容的考试</td></tr>
<tr><td>● 大学入学考试中心职责
• 命题、印刷、运送考卷
• 考试指南、实施手册等的制作
• 考生报名、指定考场、寄送准考证
• 评卷统分与数据统计
• 将考试成绩等提供给所需大学
• 将考生个人成绩寄送给考生</td><td>● 各利用大学的职责
• 通告本校利用中心考试的教科、科目与大学单独学力考试科目
• 设定考场与监考教师
• 将考试指南寄送给本校考生
• 考试实施、整理答题卡并寄回考试中心、向考试中心索要考试成绩
• 派遣教师参与中心考试命题工作
• 考卷的保管与管理事宜</td></tr>
</table>

（二）中心考试相关事宜

1. 中心考试报考资格与方法

中心考试报考资格分为以下 9 类：（1）高中应届毕业生；（2）高中非应届毕业生；（3）高等专门学校第 3 学年修了者；（4）在国外学校接受了 12 年课程教育者；（5）在国外教育机构接受了高中课程教育者；（6）专修学校高中课程修了者；（7）文科大臣指定者；（8）高中毕业程度认定考试合格者；（9）在大学单独入学资格审查中获得认定者。考生报考中心考试需注意事项见表 3-3：

表 3-3　考生报考中心考试需注意事项

考生报考注意事项
● **检定费**
• 报考 3 教科以上：18 000 日元
• 报考 2 教科以下：12 000 日元
● **考试中心寄送成绩手续费**
•（希望得知成绩者，在报考时与检定费一起缴交）800 日元
● **报考方法**
• 高中或中等教育学校拟毕业生，通过所在学校报考
• 已经从高中或中等教育学校毕业者，本人直接寄送
● **考场**
• 高中或中等教育学校拟毕业生，在学校所在区域内的考场
• 已经从高中或中等教育学校毕业者，在本人现住区域的考场

2. 中心考试教科、科目设置

中心考试教科、科目随着文部科学省学习指导要领的修订有所调整。1990 年首次实施中心考试时，共设 5 教科 18 科目；1997 年增至 6 教科 32 科目；2006 年调整为 6 教科 29 科目；现为 6 教科 31 科目。以 2015 年中心考试教科、科目为例，如表 3-4：

表 3-4　2015 年中心考试命题教科、科目等基本情况

<table>
<tr><th>日期</th><th colspan="2">6 教科、31 科目</th><th>考试时间、分数</th><th>命题方法</th><th>科目选择方法</th></tr>
<tr><td rowspan="3">2015-01-17
（周六）</td><td>地理
历史</td><td>世界史 A
世界史 B
日本史 A
日本史 B
地理 A
地理 B</td><td>选考 2 科目
9:30～11:40
（其中，120 分钟答题，1 科考完后先回收答题卡需要 10 分钟）
200 分</td><td></td><td rowspan="2">从左边的 10 科目中最多选择 2 科目应考，2 科目组合不可以有重复名称，如“世界史 A”与“世界史 B”、“伦理”与“伦理政治经济”</td></tr>
<tr><td>公民</td><td>现代社会
伦理
政治经济
伦理政治经济</td><td>选考 1 科目
10:40～11:40
100 分</td><td>“伦理政治经济”科目的命题融合了“伦理”与“政治经济”科目内容</td></tr>
<tr><td>国语</td><td>国语</td><td>13:00～14:20
200 分</td><td>现代文两篇共 100 分，日语古文、汉文各 50 分</td><td></td></tr>
<tr><td>2015-01-18
（周日）</td><td>外语</td><td>英语
德语
法语
汉语
韩语</td><td>【笔试】
15:10～16:30
200 分
【听力】
（只有英语科目有，选择英语科目就必须考听力）
17:10～18:10
（30 分钟调适听力设备，答题时间 30 分钟，中心提供听力设备，一人一台，考试结束后回收）
50 分</td><td></td><td>从左边 5 科目中任选 1 科目</td></tr>
</table>

续　表

日期	6 教科、31 科目		考试时间、分数	命题方法	科目选择方法
2015-01-18 （周日）	理科	理科① 物理基础 化学基础 生物基础 地学基础 理科② 物理 化学 生物 地学	9:30～10:30 100 分 选考 2 科目 15:30～17:40 （其中，120 分钟答题，1 科考完后先回收答题卡需要 10 分钟） 200 分 选考 1 科目 16：40～17：40 100 分		必须从理科①的 4 科目中任选 2 科目 从理科②中最多可任选 2 科目
	数学	数学① 数学Ⅰ 数学Ⅰ数学 A 数学② 数学Ⅱ 数学Ⅱ数学 B 工业数理基础 簿计会计 信息关系基础	11：20～12：20 100 分 13：40～14：40 100 分	“信息关系基础”科目的命题针对农业、工业、商业、水产、家政、护理、信息与福祉 8 个专门教育	从数学①的 2 科目中任选 1 科目 从数学②的 5 科目中任选 1 科目

注：理科的选择方法包括四类：（1）理科①中选择 2 科目；（2）理科②中选择 1 科目；（3）理科①中选择 2 科目，理科②中选择 1 科目；（4）理科②中选择 2 科目。

3. 2015 年度高校招生考试实施日程（见表 3-5）

表 3-5　2015 年度日本高校招生考试实施日程

2014-06	大学入学考试中心公布中心考试实施要项
2014-07-31 之前	各大学公布一般考试的选拔要项
2014-08-01 至 2014-09-26	考试中心就残疾人参加中心考试的相关事宜接受咨询
2014-09-01 开始	考试中心寄送中心考试指南
2014-09-29 至 2014-10-09	考生报考中心考试
2014-10-31 之前	考试中心给考生寄送报考确认明信片
2014-12-15 之前	各大学公布一般考试的招生简章
2014-12-20 之前	考试中心给考生寄送准考证

续 表

2015-01-17 至 2015-01-18	考试中心实施中心考试
2015-01-17 至 2015-01-18	考试中心公布中心考试答案
2015-01-21	考试中心公布中心考试的平均分（中间版）
2015-01-23	考试中心公布是否要实施中心考试成绩的分数调整
2015-01-24 至 2015-01-25	考试中心实施中心考试（追加）
2015-01-26 至 1015-02-04	国、公立大学接受考生报考申请
2015-02-03 开始	考试中心开始向各大学提供中心考试成绩
2015-02-05	考试中心公布中心考试的平均分（最终版）
2015-02-25 开始	国、公立大学实施前期日程考试
2015-03-08 以后	公立大学实施中期日程考试
2015-03-12 以后	国、公立大学实施后期日程考试
2015-04-16 以后	考试中心向申请过的考生寄送中心考试成绩通知单

4. 中心考试考生数的变迁

中心考试考生以高中毕业生为最多，一般占 70%～80%，高中非应届毕业生占 20%左右，其他各类生源一般为 1%。以 2014 年为例，共有 560 672 名考生，其中应届高中毕业生、非应届高中毕业生、其他各类分别是 443 318 人（占 79.07%）、111 914 人（占 19.96%）、5 440（占 0.97%）。中心考试的科学性、权威性、经济高效性推动了利用大学与考生数的大量提升。如图 3-3、表 3-6 说明了 1979 年—1997 年中心考试报考考生的迁移。

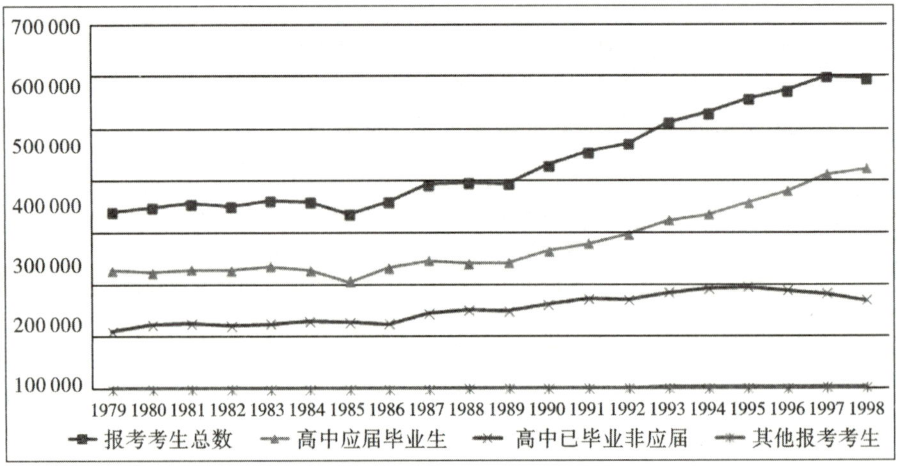

图 3-3 1979 年—1997 年中心考试报考考生情况（单位：人）

表 3-6 1979年—1997年中心考试报考考生的迁移

年度	报考考生总数（人）	高中应届毕业生报考考生数（人）	高中已毕业非应届报考考生数（人）	其他报考考生（人）
1979	341 875	228 987	111 526	1 362
1980	349 566	224 314	123 896	1 356
1981	357 633	229 825	126 473	1 335
1982	352 743	228 778	122 656	1 309
1983	362 609	236 273	125 000	1 336
1984	360 846	229 100	130 392	1 354
1985	336 357	207 035	127 881	1 441
1986	360 306	233 413	125 384	1 509
1987	394 134	246 957	145 153	2 024
1988	396 575	242 346	151 970	2 259
1989	395 508	242 748	150 257	2 503
1990	430 542	265 125	162 663	2 754
1991	455 855	279 221	173 640	2 994
1992	472 098	297 185	171 816	3 097
1993	512 712	324 281	185 005	3 426
1994	531 177	335 162	192 208	3 807
1995	557 400	357 348	195 921	4 131
1996	574 115	380 086	189 860	4 169
1997	599 962	412 789	182 812	4 361
1998	597 271	422 483	170 227	4 561

数据来源：根据“大学入試センター．大学入試フォーラム20号［J］．1998：67.”和“大学入試センター．大学入試フォーラム21号［J］．1999：98.”中提供的数据整理而成。

中心考试的弹性设计获得了私立大学的热捧，也以此成为人才评价与选拔的主要指标，有效提升了中心考试的利用率，利用的大学生逐年提升，如

图 3-4、3-5 表明了 2004 年—2013 年利用中心考试的大学数量的变迁。

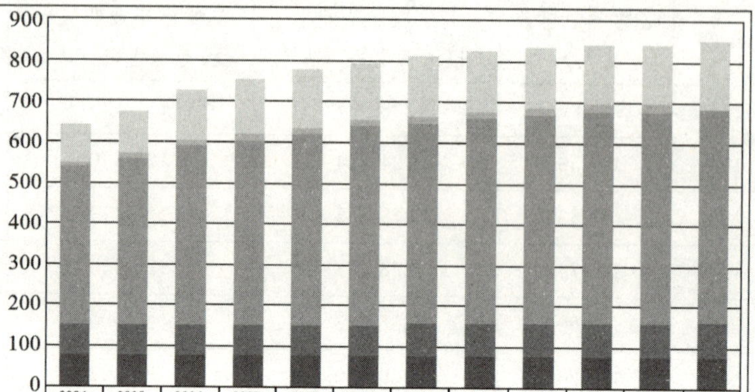

	2004	2005	2006	2007	2008	2009	2010	2011	2012	2013	2014	2015
短期大学（公立全部参与）私立	88	100	120	134	139	139	145	148	145	142	143	145
短期大学（公立全部参与）公立	9	12	13	14	17	15	15	15	16	15	16	16
大学（国、公立全部参与）私立	387	408	440	450	466	487	494	504	513	520	521	525
大学（国、公立全部参与）公立	73	72	72	74	73	74	75	79	79	81	81	84
大学（国、公立全部参与）国立	83	83	82	83	82	82	82	82	82	82	82	82

图 3-4　2004 年—2013 年利用中心考试的大学数量（区分国、公、私立）的迁移（单位：所）

资料来源：文部科学省. 平成 25 年度入学者選抜実施状況の概要 [EB/OL]. http://search.yahoo.co.jp/search;_ylt=A2RA0DwU07hUk38AEh.JBtF7?p=%EF%BC%92%EF%BC%94%E5%B9%B4%E5%BA%A6%E5%85%A5%E5%AD%A6%E8%80%85%E9%81%B8%E6%8A%9C%E5%AE%9F%E6%96%BD%E7%8A%B6%E6%B3%81%E3%81%AE%E6%A6%82%E8%A6%81&search.x=1&fr=top_ga1_sa&tid=top_ga1_sa&ei=UTF-8&aq=&oq=&afs=.

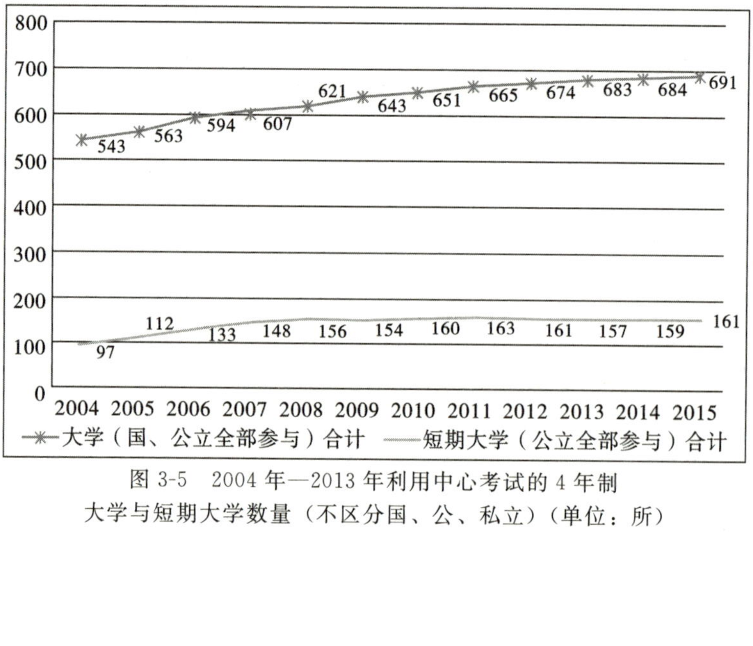

图 3-5　2004 年—2013 年利用中心考试的 4 年制
大学与短期大学数量（不区分国、公、私立）（单位：所）

资料来源：文部科学省. 平成 25 年度入学者選抜実施状況の概要[EB/OL]. http://search. yahoo. co. jp/search;_ylt=A2RA0DwU07hUk38AEh. JBtF7? p=%EF%BC%92%EF%BC%94%E5%B9%B4%E5%BA%A6%E5%85%A5%E5%AD%A6%E8%80%85%E9%81%B8%E6%8A%9C%E5%AE%9F%E6%96%BD%E7%8A%B6%E6%B3%81%E3%81%AE%E6%A6%82%E8%A6%81&search. x=1&fr=top_ga1_sa&tid=top_ga1_sa&ei=UTF-8&aq=&oq=&afs=.

从利用中心考试的大学数看，国立、公立、私立大学利用数从 2004 年的 640 所上升到 2013 年的 840 所。其中，国、公立大学数量稳定，全都利用中心考试。私立大学利用数量逐渐上升，从 2004 年的 475 所上升到 2013 年的 662 所，占总数的比例也从 75.4%升至 78.81%。因此，中心考试得以推广无疑得益于私立大学的积极参与。1990 年，利用中心考试的考生只占总数的 35.2%，到了 2013 年增至 73.4%。2009 年—2015 年报考考生数分别是 54.4 万人、55.3 万人、55.9 万人、55.6 万人、57.3 万人，56 万人、53.7 万人。①私立大学的积极参与推动中心考试成为名副其实的全国性统考，该成绩也自然成为各大学招录人才的核心参考材料。统考为私立大学与国、公立大学的生源比较提供了可能，也成为私立大学逐步提高办学质量的动因。通过统考提供的公平竞争的平台，私立大学有了一股向上的动力。可以说，正是因为统考的公平竞争与比较的平台拉动了私立大学的质量提升，也为私立大学能够发展壮大到与国立大学同台竞争提供了有益条件，部分私立大学的地位开始上升并一定程度对国立大学形成了冲击与威胁，让僵硬而封闭的日本高等教育结构有了一定的流动性。

第三节 日本统考制度的特点

中心考试作为一项具有全国意义的考试，有助于考试公平理念的推广，让“只要努力了，任何人都可能上大学”的理念深入人心；有助于新制大学从纷繁芜杂的考试组织实施工作中抽身出来全心办学；有助于政府对全国基

① 文部科学省. 平成 25 年度入学者選抜実施状況の概要 [EB/OL]. http://search. yahoo. co. jp /search;_ylt=A2RA0DwU07hUk38AEh. JBtF7?p=%EF%BC%92%EF%BC%94%E5%B9%B4%E5%BA%A6%E5%85%A5%E5%AD%A6%E8%80%85%E9%81%B8%E6%8A%9C%E5%AE%9F%E6%96%BD%E7%8A%B6%E6%B3%81%E3%81%AE%E6%A6%82%E8%A6%81&search. x=1&fr=top_ga1_sa&tid=top_ga1_sa&ei=UTF-8&aq=&oq=&afs=.

础教育质量的把控与检测；有助于提高私立大学与国、公立大学教育的可比性，促进私立大学提高教育质量；有助于为多样化考试改革的推行提供基本保障。那么，中心考试究竟有着怎样的特点，是如何吸引全国大学特别是私立大学积极主动参与其中的。以下拟就中心考试的特点展开论述。

一、专业考试组织管理机构

大学入学考试中心专设“研究开发部”，集结了统计学、数据分析、信息处理、教育心理、考试理论、教育学、教育社会学等研究领域的知名研究者，可以确保考试研究的深入与持久。为确保考试命题的科学性，中心每年都设置专门的命题组，命题者从各大学与各高中抽调，每年有一个半月时间，命题者统一集中在考试中心不舍昼夜地忙碌。为确保考试命题的合理性，提高信度与效度，各科目命题都设置专门的命题委员会与检验委员会，这是第一道验证；第二道为相关科目的检验委员会；第三道为高中相关者组建的检验委员会。每个科目命题成形最终前前后后一般都要经过约 10 次检验与确认。[①]每年统考结束，考试中心马上推动相应研究工作，从命题到评卷等，展开深入研讨并汇集成报告，提交文部科学省，也为改善下一年度的统考提供数据支撑。

统考科学性的追求还体现在中心考试分数的调整机制上。分数调整机制的创建始于解决现实问题的需求。中心考试伊始，考试中心并未预料到会出现分数调整问题。1989 年 1 月，共通第 1 次考试中，“理科”教科的不同科目间出现了显著的平均分差距，引起了社会的极大不满，因此首次实施了分数调整。这次事件推动了同年 4 月的考试中心关于分数调整事宜的调查研究，11 月考试中心形成了“中心考试科目间平均分差距显著之时的对策”报告，并向社会公布。此后，直到 1995 年，中心考试都没有出现分数显著差异的情况，因此，也都没有使用过分数调整对策，正因此，1995 年 12 月，考试中心宣布不再实行分数调整对策。但是，1997 年，“数学”、“理科”教科再次出现了显著的平均分差距，“数学Ⅱ数学 B”与“旧数学Ⅱ”之间的平均分相差 22 分，“物理ⅠB”与“生物ⅠB”之间的平均分相差 19 分，社会上发出了要求调整分数的强烈呼声。虽然考试中

---

① 大学入試センター．大学入試フォーラム21号[J]．東京：大学入試管理部庶務課，1999：2.

心最终维持原状，没有调整分数，但是，这次事件再次成为考试中心完善分数调整机制的契机。1997年4月，考试中心马不停蹄地开始了关于分数调整对策的研讨，5月设置了专门的“分数调整审查委员会”，开始了专业性的探讨，最终做出如下分数调整的基本规定：(1)以平均分相差20分为限度，而且必须是因为考试难易度产生的差距问题。(2)调整的科目限于同一教科内，分别是地理历史教科的“世界史B”、“日本史B”、“地理B”之间；公民教科的“现代社会”、“伦理”、“政治经济”之间；数学①教科的“数学Ⅰ数学A”与“旧数学Ⅰ”之间；数学②教科的“数学Ⅱ数学B”与“旧数学Ⅱ”之间；理科教科的“物理ⅠB”、“化学ⅠB”、“生物ⅠB”、“地学ⅠB”之间。(3)同年开始引入高中教育相关者等外部评价人员，以有效把握高中教育的难度，避免考试中心出卷与高中教育的脱轨。该规定制定后不久，1998年，中心考试“地理历史”教科下的“地理B”与“日本史B”两科目的平均分出现显著差异，中心考试开始以来，首次实行了分数调整对策。

二、教科、科目设置富有弹性

1990年开始实施的中心考试沿袭了共通第1次考试的优点并加以完善，尊重各校差异，不仅扩大了高校的招生考试自主权，也扩大了考生的自主选择权，体现在以下两方面：(1)高校自主选择原则。改变所有国、公立大学统一考5教科7科目的硬性规定，丰富了科目组合，共设5教科18科目供各大学选择。高校不仅可以根据自身的办学优势、学科特点等自主决定报考本校的考生应该参加的统考教科、科目数与具体科目，也可以自行决定统考成绩在招录中的权重。(2)学生自主选择原则。虽然各高校对于考生利用中心考试的教科、科目有一定的规定性，但是，因为中心考试同一教科下的科目设计非常丰富，各高校对具体科目的规定有一定弹性，因此，考生在同一教科下依然有较大的科目选择空间。

1994年，高中策应中学考试教科、科目的变化，推行新课程改革，基于多样化发展目标，大量增加选修课削减必修课，以尊重学生的个性，拓宽自主学习领域。1997年，中心考试为适应高中新课程改革的多样化目标，将中心考试的教科、科目从原来的5教科18科目增至6教科29科目。增设科目的基本手段是区分不同学分、细化科目划分，如“国语”细分为2学分的“国语Ⅰ”与4学分的“国语Ⅰ国语Ⅱ”、“理科”细分为2学分的“理科

ⅠA”与4学分的“理科ⅠB”等。

中心考试的弹性设计不仅面向大学，也有利于学生，让大学与考生在相对统一的规定性下还保持了一定的、弹性的、自我决定空间。不同类型与层次的大学可以在中心考试6教科29科目的丰富设计中自行决定选择何种教科、科目组合。虽然国、公立大学一般都采用5教科7科目模式，但是，也有选择6教科9科目的，而私立大学的组合则更为多样，从5教科7科目到1教科1科目，异彩纷呈。“1956年私立大学的教科、科目组合模式还只有36种，2009年增至159种。”① 因为每一教科下都有多个科目供选择，科目不仅有单科性的也有综合类的，因此考生往往可以根据报考大学的规定，结合自身的兴趣、需要选定适合的科目。不少大学虽然对统一教科下的具体科目有数量规定，但是，都允许学生多报考科目，从中挑选得分最高的科目作为招录依据。如岩手医科大学规定考生要从“数学”教科的4个科目“数学Ⅰ、数学Ⅰ数学A、数学Ⅱ、数学Ⅱ数学B”中挑选1个科目应考，如果考生选择了多个科目，则可以选择最高得分科目作为招录依据。

三、大学自主定夺统考权重

上面也提到过中心考试成绩在招录中所占比例的决定权在各高校，甚至学部。如有些大学完全凭中心考试成绩决定招录结果，不再单独举办考试。以2013年为例，该年度利用中心考试的大学新增14所，其中4年制大学11所，短期大学3所。14所大学中有8所都选择了仅凭中心考试成绩入学模式，有6所选择中心考试成绩与大学单独举办的第2次考试成绩相结合的评价模式，第2次考试方式集中在面试、小论文、实技、专业考试等方面。其中，名古屋造形大学根据学科特点细分为三类：仅凭中心考试成绩、中心考试成绩＋实技课题、中心考试成绩＋论述问题。岩手医科大学分为两类：仅凭中心考试成绩、中心考试成绩＋面试。总之，中心考试虽然有着相对统一的考试基准，但是，也为各高校与考生预留了许多自主决定的空间，因此，各大学关于中心考试教科与科目的规定百花齐放、异彩纷呈。

---

① 日本私立大学連盟. 高等学校段階の学力を客観的に把握活用できる新たな仕組みに関する調査研究［R］. 教育研究，2010：12.

第四节　日本统考制度的现实困境

统考重视学力考测，不仅公平公正而且因为统一性而节约了大量人力、物力，是民众一心向学的动力，也是一个民族重视教育的动因。但是，毕竟“凡法虽美，经久必弊”。在高等教育大众化进程中，该模式的局限性与弊端也日益凸显，创建之初的反对声一直延续，至今依然饱受诟病与质疑。

早在1977年，共通第1次考试推行前夕，就已经出现了各种反对推行统考的声音，不少学者都表达了对推行统考的隐忧。基督教独立学园校长铃木弼美提出了尖锐的反对意见，认为文部省以避免命题中的偏题、怪题、难题、错题为理由之一推动共通第1次考试是不妥当的，采用纯粹客观题型模式无疑是将善思者排除在大学之外，而将善于死记硬背者纳入大学，将破坏日本教育，助长应试教育。而且，文部省只是根据80余位国立大学校长的意见就断然推动统考是很可怕的。对此，东京大学教授、日本教育学会高校招生考试制度研究委员会委员大田尧也认为国立大学协会并未清楚阐述统考实施的意义、在教育改革中的价值等问题。虽然统考改革赢得了国立大学校长的认可，但是，并未充分征求高校教师、高中教师、国民的意见。大田尧还认为，大学入学考试中心作为统管与实施统考的机构应该避免成为单一的管理机构，要推动考试研究，吸收大学教师、高中教师融入该机构。甲南女子大学校长、京都大学名誉教授鲹坂二夫认为，国、公立大学一致同意推动统考是一种不可思议的奇迹。统考的受惠者是大学，有了国家级的学力考试保障教授会不必再为命题、评卷苦恼，大学单独招生考试也可以轻松很多，但是，考生的竞争不会因此变得较弱，因为大家依然会集中涌向东京大学、京都大学。解决问题的根本密钥是以东京大学、京都大学为代表的国立大学自身的变革，要改变学历社会的本质。高中教师福田胜司认为共通第1次考试定性不清，考试结果的利用由各大学自行决定无疑无法检测高中教育达成度，因此，应该明确将共通第1次考试定性为参加第二次考试的基本资格。除此之外，还有不少人担心国家之手对大学入学考试的一元统制会产生很多问题，基于客观主义的答题卡模式是一种知识断片的罗列，会从根本上改变年轻人的思维模式，统考将带来大学序列化排名、高校招生考试被偏差值牵着鼻子走、社会上的考试产业的兴盛等问题，各种忧思不一而足。①

回溯1979年至今的日本统考制度改革，我们不得不承认，当初反对者的忧思不是空穴来风，现实与理想的摩擦中，统考制度的局限性与弊端渐渐浮出水面，统考制度确实陷入两难境地，面临严峻的危机与挑战。

一、统考制度的局限性

（一）纯粹客观选择题型与考测能力、性格、潜质之矛盾

统考改变了原来惯用的记述题型，而采用纯粹的客观选择题型，其优点是答案的唯一性、确定性，而记述题则带有较强的主观性，答案相对灵活，改卷者理解有所差异，因此，不仅改卷费时而且因为评卷者个人的主观感情的影响容易衍生不公平现象。共通第1次考试采用客观选择题型无疑带有明显的、在应考人数剧增现状下为了节约改卷时间、追求纯粹的分数公平的意愿。客观选择题型意味着评卷模式的革命——学生在固定的答题卡上填写答案，计算机评卷、统计、储存。计算机评卷不仅错误率极低，而且统计高效，不需要人工再录入成绩，因此，无论是评卷过程还是评卷结果的录入都让“人”获得体力与脑力的共同解放。

日本统考纯粹客观题型的命题模式源自私立大学的启示。1966年战后第一批婴儿潮中出生的人到了接受高等教育的年龄，高校招生规模的急剧扩大刺激了考试题型与评价方式从主观向客观的转变。1969年，立教大学文学部首次使用机改答题卡模式，这种简便高效的答题模式有效缓解了评卷压力，被共通第1次考试采用并沿用至今。机改考试模式被国家级考试引用不是偶然，诚如高校招生考试研究专家刘海峰所言，“考测知识主要采用标准化的客观试题，考查能力偏重使用主观试题”②。日本统考是全国性的大规模学力型考试，是偏向知识基础考测的考试，采用纯粹的客观选择题型有其现实必然。不可否认，这种模式可以客观考测学生的知识基础，避免改卷者的主观意识，避免不公平现象，也是一种节约型的考试模式，但是，客观题型的问题与答案往往相距甚近，因为文字陈述过少，间距过小，思考的时间

① 西村徹ら．共通一次を撃つ［M］．東京：第三文明社，1979：4-5.

② 刘海峰．高校招生考试改革论［M］．杭州：浙江教育出版社，2013：4.

也极其有限，抑制了人的思考域，容易养成碎片式思考模式，不利于培养系统思考的能力。况且，客观题型偏向关注考生面对一道题马上开始遵循一定的游戏规则解出唯一正确答案的能力，这是一种被规训的能力，无法有效考查学生的个性、品行、兴趣等因素。对学生而言，在长期的应考培训中，渐渐成为被考试规训的动物，缺失了人作为高级动物本应该具有的主动探知的欲望，学习主体内省性的性格会逐渐被外在的考试成绩、物质收获等因素湮没。换言之，考什么学什么注定导致人格遗失、精神迷失，人虽然经历了层层递进的教育，但是最终却依然是一个残缺的人，缺乏自主性、创造性。关于偏差值影响下的大学学力考试调研结果显示，认为学生缺乏高中程度的知识、能力的教师并非很多，但是认为学生缺乏求知欲与好奇心的教师占了多数。

（二）科目组合的弹性选择与统考成绩可比性之矛盾

统考多样化的科目设计确实拓宽了学生自主选择的范畴，体现了尊重个性、富有弹性的特点，但是，从表 3-7 中，我们也可以基本判断，多样化的科目设置确实削弱了考试成绩的可比性。

表 3-7　2013 年中心考试考生报考教科、科目分布情况与平均分

教科	科目	实际考生数（人）	平均分（百分制）
国语 200 分	国语	516 153	50.52
地理历史 100 分	世界史 A	1 491	46.67
	世界史 B	90 071	62.43
	日本史 A	2 651	41.64
	日本史 B	159 582	62.13
	地理 A	2 253	50.09
	地理 B	143 233	61.88
公民 100 分	现代社会	83 471	60.45
	伦理	36 151	58.83
	政治经济	51 888	55.46
	伦理政治经济	43 295	60.68

续 表

教科		科目	实际考生数（人）	平均分（百分制）
数学	数学① 100分	数学Ⅰ	8 135	40.83
		数学Ⅰ数学A	398 447	51.20
	数学② 100分	数学Ⅱ	6 970	26.19
		数学Ⅱ数学B	359 486	55.64
		工业数理基础	25	33.40
		簿记会计	1 208	38.39
		信息关系基础	608	57.32
理科 100分		理科综合A	12 805	44.75
		理科综合B	17 310	54.41
		物理Ⅰ	159 644	62.70
		化学Ⅰ	231 945	63.67
		生物Ⅰ	195 815	61.31
		地学Ⅰ	17 853	68.68
外语	笔试 200分	英语	535 835	59.57
		德语	123	75.77
		法语	151	75.29
		中国语	445	79.63
		韩语	180	70.14
	听力 50分	英语	529 440	62.90

数据来源：文部科学省．平成25年度入学者選抜実施状況の概要[EB/OL]．http://search.yahoo.co.jp/search;_ylt=A2RA0DwU07hUk38AEh.JBtF7?p=%EF%BC%92%EF%BC%94%E5%B9%B4%E5%BA%A6%E5%85%A5%E5%AD%A6%E8%80%85%E9%81%B8%E6%8A%9C%E5%AE%9F%E6%96%BD%E7%8A%B6%E6%B3%81%E3%81%AE%E6%A6%82%E8%A6%81&search.x=1&fr=top_ga1_sa&tid=top_ga1_sa&ei=UTF-8&aq=&oq=&afs=.

从上表可知，中心考试科目高达31门导致难以确保每个科目的考卷的出题质量和难易程度的均衡，其结果是虽然考试中心命题人员一直致力于使各个科目的平均分基本在60分上下浮动，但是，事实上各个科目之间的平均分差距依然在所难免。2013年，中心考试共有543 038名实际考生，以同一教科内不同科目的平均分为基准进行比较，最高平均分与最低平均分差距最大的三教科按照从高往低排列，分别是数学31.13分、理科23.93分、地理历史20.79分。这就不可避免带来考生以考试难易度、历年考试成绩的高低倾向决定所选科目，消解了根据个性特征自主选择考试科目的初衷。我们可以清晰地看到，考生数多的科目其对应的平均分也较高。如“数学Ⅰ数学A”科目考生数为398 447人，平均分51.2，“数学Ⅰ”考生数8 135人，平均分只有40.83，比前者低了近10分。总之，中心考试科目设计过于细化带来的平均分差距损害了考试公平，也在一定程度上消解了统考成绩的可比性，消噬着考试公平。

（三）多样化科目组合与统考简便易行之矛盾

高校招生考试研究专家刘海峰曾提到高校招生考试改革的八对矛盾，其一便是“灵活多样与简便易行的矛盾”。根据日本高校招生考试的命题原则，中心考试的科目设置和命题范围均以文部科学省制定的高中学习指导要领为准，重在考查考生对高中阶段各门课程基础知识与技能掌握的程度，以促使学生重视高中阶段基础知识的掌握。既要不超纲又要不重复、不出怪偏题，既要考查基本水平又要尊重个性多元，对同一教科下的科目难易度既要有所区隔又要把控度，而且不允许重复命题即历年出过的题目不允许再次出现。显然，单一题型的考查内容和角度都很有限，无法承载如此多美好的愿望，这种难以两全的要求让命题者倍感压力。另外，灵活多样、个性化的考试组合必然提高高校招生考试安排的难度，给高校招生考试时间与空间的安排增添了繁复的工作，稍有不慎便出或大或小的失误、错误。按照惯例，现代文、数学、英语三科是绝大部分学生都会选择的，2013年，这三科的考生数也都超过了50万，但是，地学Ⅰ、数学Ⅱ、世界史A、地理A等科目的选考生则非常少，这种悬殊的考生数量区别极大增加了考试时间与考场的安排难度，让考试前、中、后期的工作更为纷繁复杂，给考试中心与各高校带来诸多不便。2013年考试中，“数学②”教科中的“工业数理基础”只有25名考生，这就意味着该科目在全国的考场布置零散且繁复，有些考场只有数名考生，甚至即使只有1名考生，也不得不特别设置一个单独考场，安排一位监考教师。

二、统考制度的弊端

(一) 统考引导基础教育功能的偏轨

统考制度创建伊始，其主旨是基于高中学习指导要领的基本内容实施命题，检测高中毕业生的基础教育达成度，高中学习指导要领是统考命题范围的法律规约。学习指导要领的制定始于1947年，是文部省制定的教育课程最低标准，是日本学校教育政策传递的主要媒介。文部科学省每隔10年左右修订一次，以适应时代变化，现在使用的是2009年修订的第九版学习指导要领。高等教育进入大众化阶段以来，学习指导要领中规定的普通高中毕业所需学分逐年减少。1956年，高中毕业所需学分为85，其中必修课学分为45～61；1978年，高中毕业所需学分减为80，必修课学分也减至32；1999年，再分别减至74、31学分。宽松教育背景下，学习指导要领保障高校生源质量的功能明显弱化，而统考制度以学习指导要领为指针，不得不跟着其宽松化、多样化取向而调整统考命题，除了难易度的降低之外，还提供了更为丰富多元的科目供考生自主选择。

中心考试在日本教育中的重要性伴随利用高校数量的增加而日益提高，中心考试成绩被广泛运用于高校招录并成为核心参考材料。中心考试基本成了高中教育的主导，高中教育逐渐扭曲了教育人的本质，陷入应试教育的漩涡，形成了以中心考试的政策改革为风向标的习惯，中心考试的任何或大或小的变更都可能带来高中与高校一段时期的大骚动。诚如日本金泽大学附属高中化学老师樫田豪利结合自身教育教学体验所感叹的，“现在的学生最关注的是如何确保考试分数，如何通过大学入学考试，如何进入自己心仪的大学。决定授课内容的不是学习指导要领而是中心考试的出题方针，换言之，基于中心考试的出题方针而编订的问题集决定着高中授课内容”①。2006年日本发生了“未履修问题”，即某个公立高中并未按照学习指导要领的规定教授必修科目，有些学生并未履修全部必修科目，却依然可以顺利毕业。该问题曝光后迅速弥漫全国，暴露了全国各地高中都不同程度地存在有意无意漠视学习指导要领的现象，不以培育学生为目标，却争相宣扬本校有多少名

---

① 東北大学高等教育開発推進センター. 高等学校学習指導要領 VS 大学入試[M]. 東京：東北大学出版会，2012：41-42.

学生考取了东京大学、京都大学、庆应义塾大学、早稻田大学，有多少名考取了国立大学等，并以此作为本校招生考试宣传的重要资本。内外因素的共同作用下，中心考试逐渐弱化了考查高中教育达成度、引导基础教育的功能，而为大学选拔“高分学生”的功能却日益强化。

（二）偏差值教育下的排名序列化

统考不仅是便于政府统筹管理教育的制度，也便于高校之间的比较与竞争。统考尝试时期，基本以国立和公立大学为制定设计对象，国立和公立大学数量有限，私立大学占据绝大多数，而且国立、公立、私立大学均可以自行决定利用与否，因此，虽然统一考试提供了一定的比较平台，但是，因为利用该考试的大学数量有限，并未形成根据偏差值给大学排序的普遍现象。再加上国立和公立大学在学费、设施、水平、师资等方面均远远优于私立大学，因此，考生选报大学基本遵循国、公立大学优先原则，报考私立大学往往是迫不得已的选择，对于考生而言，他们并不需要专门的高校排行榜来指导自己的报考。变化始于1979年共通第1次考试的推行。共通第1次考试规定，所有的国、公立大学都必须利用该考试，考试科目也硬性规定为5教科7科目。统一的考试科目为国、公立大学的横向比较提供了可能，基于统考结果核算出来的偏差值给国、公立大学排序的现象开始抬头。偏差值排序甚嚣尘上始于1990年推行中心考试以来，数量庞大的私立大学的利用提高了中心考试的权威性，也让私立大学与国、公立大学有了一个相对客观的比较平台。根据偏差值高低实施的大学排序激化了考试竞争，所谓“好大学”的评价也偏离了教育、师资等内在标准，偏重招收了多少高偏差值的学生，而“好高中”、“好初中”的评价标准也偏向有多少学生升入了高偏差值的上一级学校，“好学习塾”的评价标准是帮助多少考生考入了名门大学，偏差值教育就此愈演愈烈。

偏差值的核算机构主要是三大著名大型民间教育考试机构——代代木、河合塾与骏台。大学偏差值排名一般以学部、学科为划分单位，如法学部的国、公、私立大学偏差值排序，还有以培养精英多寡为基准的排名、考试难易度的排名等。有学者研究表明，国立大学的偏差值排名与中心考试得分率高低呈现明显的正相关。偏差值较高的大学其中心考试得分率也较高，反之较低。偏差值44以下的下位大学对中心考试几乎不做要求，更倾向于学校单独举办的多样化招生考试。偏差值不仅影响着高校招生考试，也影响着高中教育，各高中每年考取名校名学部的人数等也有相关的排名。在偏差值主导下，整个教育体系从教育到考试形成了以偏差值为核心的运转模式。加上教育考试机构的市场化经营的负面影响，教育消费意识成为民众普遍意识，教育本质、考试本质都被严重扭曲，畸形发展的教育体制无法阻遏随之而来的众多教育病理。针对日本的偏差值教育，天野郁夫一言以蔽之，精辟点出，“新生选拔中对‘学力’考查的力度往往受到该校在高等教育体系中的排名（偏差值排名）的影响，排名越前的高校考查力度与难度越高，反之则低。而国、公立大学与私立大学之间的差异也比较显著”①。

（三）民间教育考试产业甚嚣尘上

日本教育考试产业的兴盛与统考制度不无关系。1979年统考制度出现之前，虽然也有一些从事应试培训的民间机构，但是，这些机构更多是从事针对名门大学的考试培训。1990年推行中心考试制度以来，大学入学考试中心独享所有考生的考试成绩数据，而大学与考生只有提交了相应费用后才能收到来自考试中心的相应考生的成绩通知单。受影响的不仅有大学，还有高中。统考成绩不对外公布，高中失去了总体与部分分析考试结果的依据，高中对学生的未来人生规划的指导作用也相应削弱。民间教育考试机构乘虚而入，通过自行举办的模拟考试与考试中心公布的统考基本概况进行统计分析，积累数据，制定各类偏差值排序，并提供给高中，成了学生报考大学的基本参照资料。在考生成绩封闭化的情状下，高中指导学生未来规划的老师根据偏差值排名引导学生决定报考哪所大学、是升学还是就业等。在各式各样绵密细致的偏差值排名的影响下，高中教育与教育考试机构产生了紧密联系，学生在课外进入该机构上补习课，接受应试培训，根据自己的考试结果的偏差值排位选择大学或者学部。因此，“能够进入怎样的大学”替代了“自己想要进入怎样的大学”而成为考生选择大学的主要倾向，个人的兴趣爱好被各种琳琅满目的偏差值数字指标埋没。这种遗失了学生主体性与兴趣的入学选择，为进入高校后的教育埋下隐患。

---

① 天野郁夫．高等教育的日本模式［M］．陈武元，译．北京：教育科学出版社，2006：210-211.

第四章　日本多样化高校招生考试制度的改革轨迹与反思

多样化考试是与统考相对而言的概念，但并非对立关系，而是一种相辅相成的互补关系。大学入学考试中心明确指出："中心考试旨在考查高中阶段基础学习的达成度，助益各大学根据自身判断适切利用统考成绩以推动各大学对接受高等教育所需的能力、适性等做出的多元评价。"换言之，统考制度设计不仅为了考查高中学习，也是为了推动以各大学为主体的多元评价、综合录取模式的深入发展。统考为确保高等教育入学机会公平提供了最佳的制度保障，但是，统考具有显著的学力考试性质，以科目为中心的考试组织模式很难适应高等教育大众化进程。伴随"少子化"危机的深入，除了部分精英型高等教育机构，大部分大众型的高等教育机构的招生考试都要从选拔性转向适应性与教育性，适应多样化生源需求，适应社会人接受高等教育的需求，并谋求高等教育的阶段性特征，让高等教育成为终身教育的一环，而非终止性的教育。该如何有效弥缝统考制度的局限性？多样化考试改革成了解决问题的密钥。

第一节　日本多样化高校招生考试制度的改革背景与实践

统分结合的日本高校招生考试制度中，统考是学力型考试，第二次的各校单独考试既有学力考试也有非学力型的多样化考试，在私立大学中，非学力型的多样化考试占据主位。高等教育大众化意味着教育个性化、多样化需求的扩展，可是，国、公立高校招生考试体系容易固守陈规，考试方式单一，基本依赖于统一的学力考试。私立大学因为要自谋生路，与生俱来就具有对市场人才需求的高度敏感，对消费者意愿的高度敏锐，因此，天生就有着改革创新的基因，多样化考试在私立大学中首先获得了发展空间，这是日本高等教育大众化的必然选择，也是时势所需。

一、日本多样化高校招生考试制度改革动因与政策

（一）日本多样化高校招生考试改革动因

1963 年，日本高等教育入学率达到 15.3%，标志着日本高等教育迈入大众化阶段，大众化意味着教育个性化、多样化的必然发展。1976 年，在《关于小学、初中与高中的教育课程基准的改善》的咨询报告中，文部省提出了“宽松教育”理念，与此相配套，从基础教育到高等教育，“多样化”成了改革的主题词。伴随短大、高专、专门学校等新机构的出现与地位的巩固，单一的统考模式难以适应机构类型变化带来的多元评价需求。统考作为重视集体利益的统一性机制与追求个性、尊重自由的理念格格不入，在普及化与多样化的双重外压下，高校招生考试制度无法依然维持旧态，必须适应时代要求，寻求对接点才能发挥效用。普及化意味着高等教育入学机会的充分选择与自由定夺，多样化意味着入学方式的个性化。

国、公立大学在倾斜性政策优待下往往容易墨守成规，故步自封，私立高校天赋的市场敏感度决定了其有可能承担改革先锋的角色，特别是随着私立高校机构数量与在校生数的逐年提升，私立高校水到渠成地成了多样化考试改革的主力军。1875 年，私立高等教育机构在校生数为 4 014 人，占全国总数的 47%；1890 年增至 8 329 人，占 54%；1920 年为 45 041 人，占 56.3%；1940 年为 150 463 人，比例增至 61.4%。①2001 年，日本大学共 669 所，其中国立、公立、私立分别是 99、74、496 所，在校生总数 2 765 705 人，国立、公立、私立分别是 622 679 人（占 23%）、112 523 人（占 4%）、2 030 503 人（占 73%）。近年来，私立高校无论是机构数量还是在校生数都占了总数的约八成。私立高校占绝对数量优势意味着日本高校招生考试多样化改革有其内在需求，私立高校作为

① 市川昭午. 大学大衆化の構造［M］. 東京：玉川大学出版部，1995：24.

大众型教育机构必然不能完全遵循国、公立大学精英选拔型的招生考试模式，而要更多基于多样化生源带来的多元需求提供不同视角的评价机制，因此，多样化考试改革的推动不单纯是外在的“少子化”带来的冲击，也有机构类型与生源多样化的内在要因。

（二）日本多样化高校招生考试制度改革政策

日本高等教育进入大众化阶段以来，推荐入学制度是多样化考试改革的首个试点。推荐入学制度是基于高中校长的推荐信，免除学力考试，以高中调查书为核心材料，实施评价录取的考试制度。1965 年，文部省围绕是否要推行推荐入学制度这一问题，以 600 名公开招聘的教育评论员为对象实施问卷调查，结果赞成者与反对者的比例为 1∶2，反对的基本理由是，推荐入学依赖于高中调查书，但高中调查书带有较强的主观性，无法公平考查学生，考查结果的可信度让人质疑。但是，1967 年，文部省还是在《大学入学者选拔实施要项》中正式确定引入推荐入学制度，虽然本意是缓解考试的恶性竞争，但是，其实也暗合了高等教育规模扩张的需求，而且学界的研究结果也表明，与一次性的统考成绩相比，高中调查书上标明的学生学业成长记录更能准确、客观地预测学生大学的学习成绩，即高中成绩与大学学业成绩之间的相关性更强，因此，文部省力推推荐入学考试制度。

1984 年，中曾根康弘首相创建了首相直属的审议机构——临时教育审议会，以推动全局性的教育改革。1985 年，临时教育审议会提议，为避免高校招生考试过于依赖学力考试的客观性与公正性，需推进选拔方法的多样化与评价基准的多元化；为了纠正偏差值教育带来的考试竞争，大学需推进自由、个性化的选拔制度改革。这标志着多样化成为政府推动高校招生考试改革的基本方针。同年，临时教育审议会在《关于教育改革的第 1 次咨询》中特别提到高校招生考试改革，鼓励推行重视特定教科与特定领域的少科目高校招生考试方式，推行多元评价。1987 年，文部省公布关于《大学教育研究的高度化、个性化与活性化的具体方策》，开启了日本高等教育多样化改革的序幕。1991 年文部省制定“大学设置基准大纲化”政策：废止教养教育与专门教育在学分、科目等方面的严格划分，允许大学自行决定具体的课程设置；规定毕业所需最低学分为 124；允许大学兼职教师数量超过总数的一半；引入科目登录制、课程登录制、昼夜开讲制等弹性设计，吸引无法脱产学习的社会人根据自身条件与需要获得合适的学习机会。“大纲化”本质是为大学松绑，希望大学可以根据自身的特点与优势制定四年一贯的独特的人才培养方案，推动教育课程多样化发展，适应社会对多样化人才的需求，但同时也要求“各大学应努力对教育研究活动等状况实施自我检查与自我评价”①。1997年，中央教育审议会承袭临时教育审议会的多样化考试改革精神，在咨询报告《展望21世纪的我国教育》中，明确了改革基本方向：同一大学、同一学部学科中引入多元选拔基准，在学力考试中扩大教科、科目选择范围，完善AO入学等，以实现高校招生考试的多样化进程。1998年，在《21世纪的大学像》报告中，提出为了推动高等教育适应社会的多样化需求，大学、短大、高专、专门学校等不仅要承担各自的职责，也要根据自身的教育理念与目标实现个性化、多样化发展。这是一种职能分化基础上的个性化与多样化政策导向，与前者的考试多样化改革不谋而合。2004年，文部科学省颁布《大学入学者选拔实施要项》，就选拔方法规定如下：根据高中调查书、学力考试、面试＋小论文以及其他与考查能力、大学适应性相关的成绩，还有大学认为合适的资料等，给出综合性的合理评判；同时，希望能够将体育、文化活动、志愿者活动也纳入评价体系。2009年文部科学省修订学习指导要领，提出要增加课时牢固学生的基础知识技能，同时为培养学生的生存能力，要关注基础学力之外的思考力、判断力、表现力。此后，“三力”考测也成了高校招生考试制度改革的着力点，在日本高校招生考试制度改革新案——“达成度考试”中，“三力”成了核心词汇。

二、日本多样化高校招生考试类型与形式

20世纪80年代以来兴起的多样化高校招生考试制度改革以推荐入学为首，此后陆续诞生了AO入学、专门高中、综合高中毕业生入学、社会人入学、编入学等丰富多彩的考试制度，极大拓展了日本高校招生评价的基准与尺度。

① 高等教育研究会．大学の多様な発展を目指してⅠ・大学審議会答申集［R］．ぎょうせい，1991：13.

（一）日本多样化高校招生考试类型（见表 4-1）

表 4-1　日本多样化高校招生考试类型代表

序号	形　态	特　点
1	推荐入学	基于高中校长的推荐，原则上免除学力考查，以高中调查书为主判定学生的能力与接受高等教育的适性。分为指定校推荐、公募推荐、自我推荐三类
2	AO 入学	通过详细的资料审查与细致的面试等方式，综合判定学生的能力与接受高等教育的适性、学习意愿与目的等
3	专门高中、综合高中毕业生入学	设置了商学、工学、农学、水产学、家政学、护理学等学科专业的大学，以实施职业教育的职业高中和综合学科毕业生为对象，实施不同于一般考生的、关注专业能力的考试选拔模式
4	社会人入学	旨在吸引社会人继续接受高等教育的弹性制度设计
5	编入学	旨在为在高校学习了一年或两年并修满一定学分的学生提供的转入别的大学的机会，分为二年级编入与三年级编入两类

1. 推荐入学制度

推荐入学与 AO 入学是日本多样化高校招生考试的代表性形态。20 世纪 90 年代之前，以推荐入学为主模式，此后，AO 入学日益盛行，形成两大阵营。推荐入学的雏形是 1966 年文部省推行的 A 推荐入学制度，即高中调查书中成绩记录分为 A、B、C、D、E，一共 5 段，成绩在 A 段且特别优秀的学生可以获得高中校长的推荐，免试入学，但需在文部省备案。

20 世纪 60 年代末，考试竞争日益激烈，能研考试废止后高校招生考试制度需要寻找新的出路，为避免高校招生考试问题过于社会化，1967 年，文部省正式引入推荐入学制度。当时，日本三大报纸——《读卖新闻》、《朝日新闻》与《每日新闻》也从正面大力宣传，这让民众普遍认为推荐入学制度的引入确实可以缓解考试地狱等各种问题。当年就有 4 所国立、1 所公立与 33 所私立大学开始实施推荐入学制度。引入初期，部分大学的推荐入学有三个特点：实施早，举办与大学一般考试相同程度的学力考试，推荐入学学生数占招生总数过半以上。显然，推荐入学的利用具有早期确保生源的倾向，鉴于这种现状，大学审议会提出了推荐入学制度的三项改革举措：彻底免除学力考试，实施时间置于 11 月之后，4 年制大学的推荐入学学生数不得高于三成、短大不得高于五成。

目前，推荐入学分为三类——指定校推荐、公募推荐、自我推荐。就考试选拔程度的高低而言，公募制最严格，指定校次之，自我推荐最弱。公募推荐面向全国招生，只要符合规定条件均可报考，录取方面有单纯依据考试成绩录取的大学，也有大学优先录取体育艺术方面的特长生。指定校推荐是大学与高中之间的协作，大学每年固定从缔结了指定校关系的高中招收学生，这是基于一种信任基础上的长期协作机制。录取一般根据高中校长推荐信、高中调查书、面试、小论文的综合成绩。这类推荐虽然看似有一定门槛，但是，所谓的面试只是一些简单的常识性的问题考查，而小论文也近乎一种形式，因此几乎都是只要高中推荐了就可以顺利上大学。况且“少子化”日益严峻，各大学为确保生源甚至免除了面试、小论文等考查。自我推荐则不需要高中校长推荐信，学生只需要自己推荐即可，这是“少子化”危机下私立高校衍生的招徂学生的便捷手段，几乎是有报考就必上。

根据文部省学校基本调查的相关数据，1998 年，采用推荐入学制度入学的学生数超过了学生总数的四分之一，而且该数据并未将私立大学附属校推荐入学、归国子女推荐入学、社会人特别选拔推荐入学计算在内。2012 年，利用推荐入学的国立、公立、私立大学分别增至 76、78、573 所。现在每年大约有 30％的新生通过该制度入学。①

2. AO 入学制度

1990 年，庆应义塾大学首次引入美国的 AO 入学制度，该制度迥异于偏重学力的传统模式，是一种非学力型的考试模式。AO 入学招生考试制度的基本特征是不一定要有高中校长的推荐，基本为自我推荐；高中调查书的成绩不被纳入考查范围的大学也不少；选拔历时较长；有凭书面材料入学的大学，也有在书面材料审查之后进行面试或者论文考试的大学；学生提出申请大多在 7～8 月，前后分为申请、考查、合格通知三步骤。AO 入学考查一般细分为第一阶段与第二阶段，第一阶段主要是入学申请书、推荐书与高

---

① 文部科学省. 平成 24 年度入学者選抜実施状況の概要［EB/OL］. http://search. yahoo. co. jp/search;_ylt＝A2RA0DwU07hUk38AEh. JBtF7? p＝％EF％BC％92％EF％BC％94％E5％B9％B4％E5％BA％A6％E5％85％A5％E5％AD％A6％E8％80％85％E9％81％B8％E6％8A％9C％E5％AE％9F％E6％96％BD％E7％8A％B6％E6％B3％81％E3％81％AE％E6％A6％82％E8％A6％81&search. x＝1&fr＝top_ga1_sa&tid＝top_ga1_sa&ei＝UTF-8&aq＝&oq＝&afs＝.

中调查书等材料的审查，第二阶段主要是面试或者小论文考查，除此之外，还有课题报告、模拟授课、阅读指定书籍、共同学习、共同生活等各种各样的考查方式。这些方式无疑是一种综合能力的考查，从发现问题的能力到思考能力，从表达能力与沟通能力到团队合作，都可能得到充分考核。庆应义塾大学引入该制度的初衷正在于此，希望通过详细的资料审查和面试，综合考查考生的能力、学术性向、学习目标与意愿等，以通过个性化的考测方式招徂真正适合本校的优秀学生。2000 年国立东北大学、筑波大学、九州大学也开始利用 AO 入学制度；次年利用该制度的大学增至 207 所；2012 年，增至 530 所，其中，国立、公立、私立分别为 47、23、460 所。①现在，每年约有 10%的新生通过该制度入学。图 4-1、4-2 分别图示了 2000 年—2012 年，日本各大学通过推荐入学与 AO 入学招收的学生数。

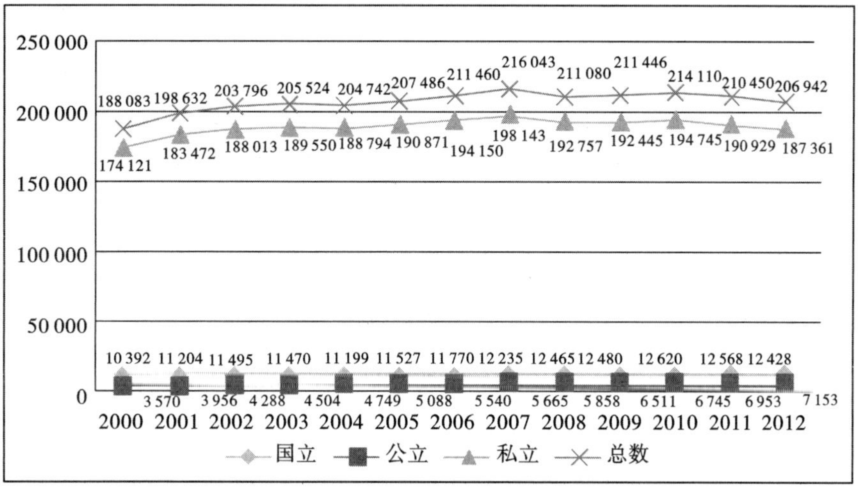

图 4-1 2000 年—2012 年各大学推荐入学的实际招生数变迁（单位：人）

① 文部科学省. 平成 24 年度入学者選抜実施状況の概要 [EB/OL]. http://search.yahoo.co.jp/search;_ylt=A2RA0DwU07hUk38AEh.JBtF7?p=%EF%BC%92%EF%BC%94%E5%B9%B4%E5%BA%A6%E5%85%A5%E5%AD%A6%E8%80%85%E9%81%B8%E6%8A%9C%E5%AE%9F%E6%96%BD%E7%8A%B6%E6%B3%81%E3%81%AE%E6%A6%82%E8%A6%81&search.x=1&fr=top_ga1_sa&tid=top_ga1_sa&ei=UTF-8&aq=&oq=&afs=.

数据来源：文部科学省. 平成 24 年度入学者選抜実施状況の概要［EB/OL］. http://search.yahoo.co.jp/search;_ylt=A2RA0DwU07hUk38AEh.JBtF7?p=%EF%BC%92%EF%BC%94%E5%B9%B4%E5%BA%A6%E5%85%A5%E5%AD%A6%E8%80%85%E9%81%B8%E6%8A%9C%E5%AE%9F%E6%96%BD%E7%8A%B6%E6%B3%81%E3%81%AE%E6%A6%82%E8%A6%81&search.x=1&fr=top_ga1_sa&tid=top_ga1_sa&ei=UTF-8&aq=&oq=&afs=.

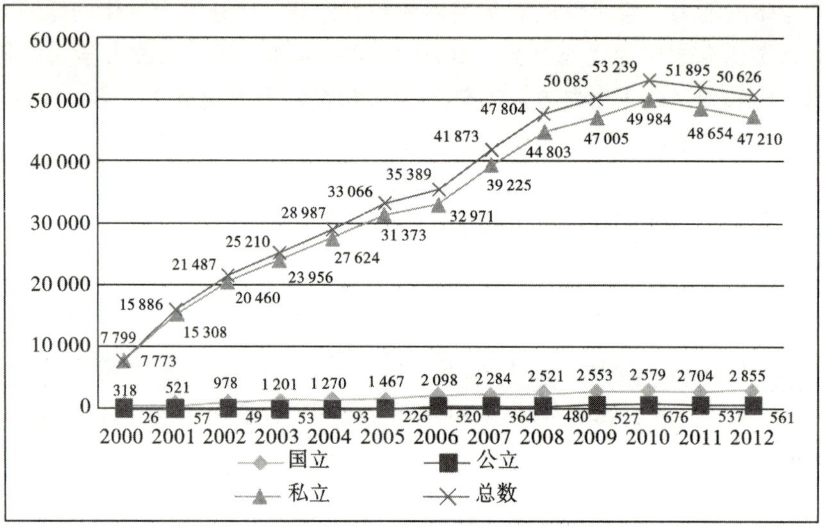

图 4-2　2000 年—2012 年各大学 AO 入学的实际招生数变迁（单位：人）

数据来源：文部科学省. 平成 24 年度入学者選抜実施状況の概要［EB/OL］. http://search.yahoo.co.jp/search;_ylt=A2RA0DwU07hUk38AEh.JBtF7?p=%EF%BC%92%EF%BC%94%E5%B9%B4%E5%BA%A6%E5%85%A5%E5%AD%A6%E8%80%85%E9%81%B8%E6%8A%9C%E5%AE%9F%E6%96%BD%E7%8A%B6%E6%B3%81%E3%81%AE%E6%A6%82%E8%A6%81&search.x=1&fr=top_ga1_sa&tid=top_ga1_sa&ei=UTF-8&aq=&oq=&afs=.

通过以上两图，我们可以清晰地看到，无论是推荐入学还是 AO 入学，国、公立大学的实际招生数都呈稳定发展趋势，无大升大降。私立大学的推荐入学稳定上升，AO 入学则呈现显著的大升大降趋势，而且两者都与非学力考试的实际招生总数保持基本相同的发展曲线，意味着非学力考试招生数量的提升主要依赖于私立大学。2013 年度文部科学省“国立、公立、私立大学入学选拔实施状况调查”结果显示：2013 年春季全国大学招生数为 604 648 人，国立、公立、私立大学的招生数分别是 99 825 人、29 836 人、474 987 人。通过各大学举办的学力型考试入学的学生比例，国立：公立：

私立＝84.4％∶73.3％∶48.9％。[①]以此推算，以非学力型招生考试模式进入大学者总计 338 391 人，占总招生数的 66.96％，其中国立 84 252 人（占 24.90％），公立 21 870 人（占 6.46％），私立 232 269 人（占 68.64％），私立大学有将近七成的学生都是通过非学力型考试轻松入学的。

3. 其他各类多样化高校招生考试类型

（1）社会人入学制度

社会人入学制度是扩大高校招生考试生源的有效途径。早在 1969 年，中央教育审议会就在咨询报告《高等教育改革的基本构想》中明确提出，高等教育应该为全体国民提供随时可以就学的机会，不再局限于适龄者，但凡有意愿接受高等教育者均可以获得入学机会。通过传统正规学制之外的履修制允许社会人修习个人所需的高校课程，获得一定学分者即可以获得相应的资格认可。1983 年，国、公立大学开始实施社会人特别选拔制度，通过入学考试资格的弹性化、开设夜间部、推行昼夜开讲制、实施网络课程、推行长期履修生制、科目履修制、履修证明制等灵活的设计吸引了大量社会人继续求学。1991 年，实施社会人入学制度的大学达到 23.1％，[②]但是，总体而言，日本大学招生总数中的社会人比例依然持低。2009 年日本大学招生总数中社会人所占比例约为 2％，而 OECD（经济合作与发展组织，Organization for Economic Co-operation and Development，OECD）的平均水平为 21％。[③]

夜间部的设置是吸引社会人入学的重要举措，通过夜间授课为社会人边工边读提供方便。文部科学省学校基本调查的结果显示，1994 年，国立、公立、私立大学夜间部的在籍学生数达到 24 698 人。[④] 该制度能够成功吸收大

① 教育ニュース. 削減できない私大の推薦・AO 入学者——3 年ぶり割合増加［EB/OL］. http://benesse.jp/blog/20131114/p2.html, 2013-11-14.

② 大学入試センター. 大学入試フォーラム15 号［J］. 東京：大学入試管理部庶務課，1992：34.

③ 中央教育審議会. 新たな未来を築くための大学教育の質的転換に向けて～生涯学び続け、主体的に考える力を育成する大学へ～［R］. 東京：文部科学省，2012：8.

④ 平成 7 年度学校基本調査報告書（高等教育機関編）正誤表［EB/OL］. http://www/mext.go.jp/b_menu/toukei/chousa01/kihon/seigo/se_detail/_icsFiles/afieldfile/2013/10/07/1340196_1.pdf#search＝'％E5％B9％B3％E6％88％90％EF％BC％97％E5％B9％B4％E5％BA％A6＋＋％E5％AD％A6％E6％A0％A1％E5％9F％BA％E6％9C％AC％E8％AA％BF％E6％9F％BB'.

量社会人入学与其社会适应性有关，夜间部教育集中在人文、外语、法律、社会、经济、教育、理科、工学领域，设置区域集中在大都市圈，设置主体以私立大学为主，因此，具有高度的市场需求敏感性，为私立大学夜间部的创新发展提供可能。但是，伴随高等教育入学率的提高，夜间部的魅力逐渐减弱，招生数也逐渐减少。2002 年，全国私立大学夜间部计划招收 16 208 名社会人，其中首都圈私立大学 11 352 名，占总比例的 70.04%，同年，首都圈的国、公立大学夜间部计划招生数只有 570 人。2013 年，国立、公立、私立大学夜间部计划招生总数减至 5 307 人，其中，私立大学夜间部计划招生 3 865 人，首都圈 2 845 人，占 73.61%，国立和公立大学夜间部计划招生 1 442 人，首都圈 182 人，其中前期·后期日程招收 576 名，占 40%，推荐入学与 AO 入学招收 366 名，占 26%。虽然全国大学的社会人招生总数逐渐减少，但是，向首都圈集中、私立主导的特点依然显著，未曾减弱。总体言之，国、公立大学还设置了一定程度的学力测试，而私立大学在总体环境影响下，其面向社会人的招生带有更强烈的开放式招生特点，一般是考生上半年开始自己收集相关高校与学部、学科信息，确立要报考的对象，然后建立与该校的“入学咨询会”的联系，在获取深入资讯的同时，在教授的指导帮助下，结合自身实践经验和工作需求撰写研究计划，并适当接受应试策略指导，当年 12 月一直到来年 2 月提交申请并参加考试，来年 4 月入学。

在剖析社会人招生考试制度时，专门学校是不得绕过的重要分析对象，因为专门学校是日本高等教育入学率逐年提高的重要动力源。2014 年日本高等教育入学率为 80%，2013 年为 77.9%，2012 年为 79.3%。但是，如果以大学入学率计算，2014 年—2012 年分别为 56.7%、55.1%、56.2%。2014 年专门学校在校生数达到 58.9 万人，2013 年为 58.7 万人，2012 年为 57.8 万人，2011 年为 57.4 万人，连续四年处于持续上升趋势。通过表 4-2 我们可以看到 2004 年—2011 年专门学校社会人招生的基本情况。

表 4-2　2004 年—2011 年各高校社会人招生数变迁（单位：人）

年度	2004	2005	2006	2007	2008	2009	2010	2011
社会人招生总数（人）	59 007	56 812	51 364	77 250	75 943	81 816	101 362	107 854
其中专门学校的社会人招生数（人）	31 947	28 663	25 716	42 402	43 980	51 024	58 661	60 509
所占比例	54.1%	50.5%	50.1%	54.9%	58%	62.4%	57.9%	56.1%

数据来源：世界の高等教育機関の学生数と大学進学率の増加［EB/OL］. http://www.mext.go.jp/component/b_menu/shingi/toushin/__icsFiles/afieldfile/2012/10/04/1325048_6.pdf#search='%EF%BC%92%EF%BC%90%EF%BC%91%EF%BC%91++%E9%AB%98%E7%AD%89%E6%95%99%E8%82%B2%E9%80%B2%E5%AD%A6%E7%8E%87'.

（2）专门高中、综合高中毕业生入学

日本高中的多样化发展也是推动高校招生考试多样化发展的要因之一。1982年开始实施的日本高中学习指导要领规定，普通高中和职业高中在共同必修学科上无区别，在选修科上，前者为国语、社会、数学、理科、艺术、外语等学科，而后者为家政、农业、工业、商业、水产、看护、理数、体育、音乐、美术、外语等学科。1991年，中央教育审议会针对当时大学收容力有限无法满足社会需求的现实，提出并非所有的高中毕业生都要上大学，应该在高中教育已经普及化的情况下推动高中教育的多样化发展，不仅要有普通科高中，也要设立专门高中，让高中毕业生可以拥有多样化的发展路径，既可以继续接受普通高等教育也可以接受高等职业教育。高中教育课程的弹力化成为推动高中教育多样化的根本手段。1996年，文部省开始实行针对职业高中与综合学科毕业生的考试选拔政策，规定设置了商学、工学、农学、水产学、家政学、护理学等学科专业的大学、学部，以实施职业教育的职业高中和综合学科毕业生为对象，实施不同于一般考生的、关注专业能力的考试选拔模式。该政策践行终身教育理念，为接受职业教育的毕业生提供继续学习的机会，鼓励职业高中学生的升学热情，平衡普通高中和职业高中的关系。

（3）编入学制度

编入学制度分为二年级编入与三年级编入两种，学生在学习了一年修满了30学分或者两年后修满了62学分后，如果想要转学编入更好的大学，可以参加该校的编入考试，一般是外语＋专业考试＋面试，合格后即可编入新大学，原来学校所修习的学分依然可以计入毕业所需学分。

（二）日本多样化高校招生考试形式

多样化招生考试程序分三步走：第一步为书面资料审查，第二步为小论文，第三步为面试。在国立、公立、私立大学之间，三步程序根据高校实力强弱有所区隔，有的只走第一步，有的三步都走完，也有只走第一、第二步的，形式多样，不一而足。但是，考生必然要共同经历第一步的书面资料审查，考生提交的资料一般包括入学志愿书、推荐信与高中调查书。入学志愿书主要是个人信息、报考动机等的阐述。以下简单介绍多样化考试中最常用的小论文、面试形式。

1. 小论文形式

在“小论文”形式出现之前，各大学原来采用“作文”方式考查考生，学习指导要领中也一直都采用“作文”一说。1960 年开始，学习指导要领将“作文”改为了“写作”，与固定题目如“母亲”、“梦想”等作文方式相比，写作体现出了内容与题材方面的灵活性、多样化。小论文形式的开创者是庆应义塾大学，1950 年，庆应义塾大学招生考试命题中首次出现小论文题型，字数控制在 100 字左右，此后，字数要求有所提升。1963 年，庆应义塾大学经济学部的小论文考试题目为“现代日本社会的缺陷与破除方法”，考试时间为 1 小时，字数要求 800 字。①东京大学、一桥大学也先后引入了小论文形式。1981 年，国、公立大学中，采用小论文形式的大学从 33.3％升至 88.1％。②但是，东京大学即使到了 2000 年，以小论文为主考查的比例也不过 10％，可见笔试仍被认可为比较妥当的选拔标准。③文部省正式提出将小论文作为高校招生考试的考查方式之一是在 1985 年。现在，小论文一般是给出一篇长阅读文，根据该文自己选定论点展开论述。小论文是一种主观性较强的评价模式，为了避免小论文评价过程中主观因素的过多渗透，提高评卷可信度，有些大学甚至采用“三步走”形式，即第一步评卷者先通阅所有小论文，对考生总体水平有个大致了解；第二步才动手评卷；第三步再检查确认。

2. 面试形式

面试主要针对学生提交的各类资料与小论文提出各种问题，以确认学生所提交书面资料的真实度，同时也可以比较全面地考查学生的素质、个性、潜质等内在的因素。面试一般由学院或学科的 5～7 位教授组成的考试委员会主持，分为个人面试、集体面试（各人依次答同一道题）、集体讨论（同一主题，集体讨论）三种。人文社科类的招生考试多用集体讨论方式。提问

① 鈴木義里．大学入試の「国語」［M］．東京：三元社，2011：165．

② 大学入試センター．大学入試フォーラム15 号［J］．東京：大学入試管理部庶務課，1992：33-34．

③ 佐藤俊树．不平等的日本［M］．王奕红，译．南京：南京大学出版社，2008：93．

内容一般分为一般性提问、常识性提问和专门知识提问三类。成绩给定分为百分制和等级制——A、B、C、D四等类似于优、良、及格和不及格。1978年，国、公立大学中，只有35%的大学设置了面试，到了1981年高达87.3%。[①] 1985年，临时教育审议会第一次咨询报告提出，为推动高校招生考试多样化改革，各大学设置招生考试办公室，扩大考试形式多样化。以此为契机，文体活动、社会服务、实技、课题研究、小组调研报告、集团讨论、寄宿生活等各种形式多样的考查办法也渐次丰富，形成了以小论文、面试为主，各类报告、实技、调研形式为辅的多样化评价体系。

第二节　日本多样化高校招生考试制度的特点

日本高校招生考试多样化改革是避免学力考试一元评价的积弊、促进人才评价多元化的重要举措。以国、公立大学为设计对象的统考制度创建伊始漠视了私立大学的存在，虽然经过后期的弹性改造而吸引了大量私立大学利用，但是本质上依然带有强烈的国、公立情结。数量庞大的私立大学依据自身敏锐的市场需求感知度成了多样化考试改革的主导力量，创新多样化考试改革，并逐渐延展到国、公立大学，为国、公立大学走出学力一元评价提供了有利借鉴，从而推动了日本高校招生考试制度整体的多样化改革。回溯日本多样化高校招生考试制度改革历程，我们可以从中梳理出日本多样化考试改革的三大特点。

一、“二元双轨”高校招生考试模式的形成与巩固

天野郁夫曾就日本高等教育机构提出“二元双层”概念，认为日本高等教育呈现出明晰的日本特殊性，“二元”是国、公立与私立的并行，“双层”是国、公立与部分私立名门居上位，大量私立沉于底座的等级结构。正是受这种特殊结构潜移默化的影响，日本高校招生考试制度在多样化考试如火如荼的行进中，也渐渐形成了“二元双轨”的日本式模式。“二元”同样指向国、公立与私立的并举模式，“双轨”则意在国、公立大学偏爱学力型统考，而私立大学偏向非学力型多样化考试。统考与多样化考试是日本高校招生考

① 大学入試センター．大学入試フォーラム15号［J］．東京：大学入試管理部庶務課，1992：33-34.

试制度的双轮，是推动日本高等教育大众化不可或缺的两条根本途径，缺一不可。

二、私立大学主导多样化高校招生考试制度改革

无论战前战后，日本国立高校都在满足国家建设需求的政治目标下前行，因此，无法满足社会职业教育的需求，这就为私立高校推动职业教育的兴盛提供了生存发展的现实土壤与实际空间。1970 年政府正式决定开始资助私立高校之前，对私立高校在政策上基本是既不资助也不控制，所以，私立高校拥有考试改革的完全自主权。当然，私立高校也在一种自生自灭的情境中形成了对外界变化的快速反应与敏锐应对，也自然积淀了“经营优先”理念，这是私立高校与国立高校求生存与求发展进程中的本质区别。“二战”后，国立大学的招生人数受到国家的严格限制，升格后的私立大学成了推动日本高等教育民主化进程的重要载体。在课程设置上，私立大学依然保持原来的多样化特色——通过设置法学、文学、商学、经济学等成本低廉的文科门类招徂学生，同时，通过夜间制课程、大学课程、大学预科课程、专门部课程的多元创设提供多层次、多样化的教育模式，这些弹性设计是私立大学成为日本多样化高校招生考试制度改革主导力量的直接原因。

在国、公立高校招生数量有限的情状下，有着强烈的高等教育入学愿望的学生选择了私立大学，特别是大城市中的私立大学，学生选择的转向为从战前发展而来的私立巨型大学提供了两类主要新增生源：一类是逐渐认识到接受高等教育不再是特权，而是权利与义务后在无意识中选择了上大学的学生；另一类是因为要打工而无法全日待在大学学习的社会人学生。①为求生存与发展，适应新生源需求，私立大学必然推动招生考试的创新性改革，以确保生源数量的最大化。以战前最主要的 8 所私立高校庆应义塾大学、早稻田大学、明治大学、日本大学、中央大学、法政大学、关西大学、立命馆大学为例，从 1905 年→1915 年→1925 年→1935 年→1955 年，这 8 所私立名门大学在校生数逐年快速递增，依上述时间顺序排列，依次为 14 599 人→31 777 人→75 223 人→132 862 人→279 500 人，1915 年、1925 年、1935 年、1955 年的增长率分别是 118%、137%、77%、110%。1970 年，8 所高

① 濱中淳子．大衆化する大学——学生の多様化をどう見るか［M］．東京：岩波書店，2013：6.

校的在校生数分别达到 2.4 万、4 万、3.2 万、7.3 万、3.3 万、2.9 万、2.4 万、2.1 万人。[①]招生人数逐年扩充助益学费收入最大化，这批战前的私立高校成为战后的私立名门，借助家庭教育投资，逐渐具备与国、公立大学同台竞争的一定实力。

三、高校拥有多样化高校招生考试的完全自主权

虽然国立、公立、私立高校的招生名额受控于文部科学省，文部科学省对各高校多样化考试招生数所占比例也有一定的规定，但是，无论是多样化考试的命题还是招录工作，大学都拥有完全的自主权。文部科学省将多样化考试改革的自主权下放高校，助益高校基于自身的客观需求，谋求自主性改革，避免了国家行政权力对多样化改革的桎梏。我们可以借京都大学与东京大学最新的多样化考试改革方案管窥一斑。

京都大学校长兼国立大学协会会长松本纮认为："高校招生考试制度改革事关日本教育质量的提升……是决定日本能否培养出国际通用人才的关键因素。"[②]在此思想下，京都大学决定于 2016 年开始在 10 个学部实施"特色招生考试"政策。该政策的特点在于扩大了各个学部的自主招生权，体现了学校招生权力的下放。由各学部根据学校的基本政策自行制定相应的人才选拔标准和教育方针，考测旨在考查学生的学习能力和学习意愿、对于未来学习的设计和志趣等，最后结合中心考试成绩和高中学业活动报告书挑选适合的学生并实施录取。京都大学此次的改革并非迫于外力仓促而为之。2011 年 5 月京都大学就开始了关于多样化入学考试的探讨，2012 年 6 月推进到特色入学考试的探讨阶段，同年 11 月设置了入学改革专门机构，2013 年 3 月发表了特色入学考试的基本内容，2014 年 3 月之前公布特色入学考试的招生简章，同年 4 月开始陆续公布特色入学考试的基本模式和题例。2016 年正式开始执行特色入学考试制度。

东京大学也面临优质生源危机，为了招揽优秀潜质学生，也决定于 2016 年开始以推荐入学考试制度取代原来的后期日程，拟招收 100 名学生。该制度将推荐权赋予高中，大学主要负责面试考查。为了提供一

① 天野郁夫．高等教育的日本模式［M］．陈武元，译．北京：教育科学出版社，2006：145.

② 天野郁夫．大学入試——私的意見［N］．日本経済新聞，2013-12-1（1）.

个有利于学生发挥专长、优势的平台，通过考查者可以根据自身需求与能力，修习一定的研究生课程。这是旨在吸收顶尖学生的多样化考试设计，关于此项改革的基本情况，在第五章的案例解析中还将详述，此处不再赘言。

第三节　日本多样化高校招生考试制度的反思

天野郁夫认为：“日本选拔方式的‘多样性’甚至可以说是世界之首。”①确实，日本多样化高校招生考试制度改革以其弹性化、多样化契合了高校确保生源的需求，迎合了社会缓解高校招生考试竞争的需求，暗合了政府维持高等教育规模经济的需求，多样化考试改革所向披靡，影响深且巨，其局限性与弊端也在高等教育大众化向普及化阶段深入进程中暴露无遗。

一、高校招生考试教育功能的弱化

高校招生考试是一种教育考试制度，承上启下的教育功能是其主体功能，“启下”即对基础教育的正导向作用。伴随 18 岁适龄人口的减少、大学的增加和高等教育国际化浪潮的来袭，考生群体渐渐改变了原来在高等教育中的被动处境，成为具有自主选择权的买方市场。高校单独招生考试迫于生源压力，强化了非学力考试，淡化了学力考试性质，特别是偏差值处于下位的私立高校基本是无门槛入学，纵使设置了各种面试、小论文考查等形式，本质上也是形同虚设。这在无形中削弱了考试的教育评价功能，弱化了考试的选拔价值。这种淡化了选拔竞争意识的低门槛入学方式无形之中形成了社会理解的误区：即使不努力也可以轻松上大学；入学后即使不努力学习也可以获得学分，也可以顺利毕业；在大学学历贬值的背景下，即使获得了大学学历也未必可以像从前一样获得相应的薪资、地位、权力等物质待遇。在这些观念的影响下，学生主动学习动力衰微，学习欲望低下，缺乏自主学习意愿与能力，考试不再是学生学习的动力，学生不再一心向学，这是高中教育学风懈怠的主要诱因，以考固学、以考促学的教育功能的弱化已经在所难免。

---

① 天野郁夫. 大学入学者選抜論［J］. IDE 現代の高等教育，1992：8.

二、高校招生考试选拔功能的式微

日本“少子化”危机在20世纪90年代以来日益凸显，并逐渐成为社会焦点问题。以1992年为界点，日本高校报考人数开始剧减，生源问题凸显。生源匮乏的现状使高中与大学的关系发生了根本性的转变，以前是高中求大学，现在是大学求高中，特别是各私立大学纷纷涌向高中谋求生源。东京都立高中长期担任学生升学就业指导的老师说：“纵使将所有的高三学生推荐出去也满足不了这些来要人的高校的需求。”① 2000年，471所大学中133所（占28.24%）、453所短大中265所（占58.5%）都生源未满。2012年日本私立大学45.8%都面临生源不足问题。2013年，共有782所大学（含大学院大学），359所短期大学，文部科学省的调查数据显示，新设大学（含短大）中有51所生源不足，77所大学的95个学部、学科，实际招生数与计划招生数相差三成以上。根据政府的私立大学补助金政策，招生未满总数50%的私立大学无法获得政府补助金，自然，私立大学不约而同地降低了高校招生考试选拔性，以确保生源为首重。2012年，各大学一般入试、推荐入学、AO入学的比例分别为56.2%、34.8%、8.5%，较之2000年，学力考试降低了9.6%，非学力考试提高了10.2%。如果单独考查国、公、私立大学，国立大学三类考试的比例分别是84.1%、12.4%、2.9%，公立大学分别是73.3%、24.0%、1.9%，私立大学分别是49.1%、40.3%、10.2%。②由此观之，国、公立大学依然是以学力考试为主、非学力考试为辅的考试模式，而私立大学则是非学力考试逐渐增加，2012年增至50.5%，2013年再增至51.1%。③全国高中校长协会2008年实施的问卷调查结果显示：99%的高中校长认为私立大学的推荐入学与AO入学问题很多，最核心

① 斉藤亨治. 大学は変わるか［N］. 日本経済新聞，2013-6-16（2）.

② 文部科学省. 平成24年度入学者選抜実施状況の概要［EB/OL］. http://search.yahoo.co.jp/search;_ylt=A2RA0DwU07hUk38AEh.JBtF7?p=%EF%BC%92%EF%BC%94%E5%B9%B4%E5%BA%A6%E5%85%A5%E5%AD%A6%E8%80%85%E9%81%B8%E6%8A%9C%E5%AE%9F%E6%96%BD%E7%8A%B6%E6%B3%81%E3%81%AE%E6%A6%82%E8%A6%81&search.x=1&fr=top_ga1_sa&tid=top_ga1_sa&ei=UTF-8&aq=&oq=&afs=.

③ 教育ニュース. 削減できない私大の推薦・AO入学者——3年ぶり割合増加［EB/OL］. http://benesse.jp/blog/20131114/p2.html.

的问题是因为多样化招生考试在统考之前，因此，难免沾染了提前确保生源的嫌疑；超过六成的高中校长认为推荐入学与 AO 入学也应该设置一定的学力考测。①

确实，多元评价模式对于中小规模的大学而言还是可能量力而行的，可是，如果是万人大学，要执行多元评价，无疑要增加大量人力、物力、财力。况且招生考试一般是各学部或学科自行决定，又该如何确保多元评价的客观公正性？另外，多元评价是否确实为大学带来了多样化生源？关于国立大学的 AO 入学制度，有研究结果表明，偏差值在 55 以上的大学虽然一定程度上实现了提高大学知名度、吸收外地考生、增加考生数的目标，但是，也增加了大学组织“补习教育”的压力，由此给教师带来诸多额外负担，甚至也带来了大学信誉的下降。偏差值在 45 以上的一般大学虽然在引入之初在一定程度上达到了增加外地考生，吸收学习欲望强烈的考生，招徂个性多元的考生的效果，但一段时间后就失效了，而偏差值在 45 以下的大学一直没能达到当初招生的预期效果。②

总体而言，非学力的多样化考试弱化了高校招生考试的选拔功能，不可避免地带来了大学教育的现实困境。面对大量学力参差不齐的大一新生，大学教育难以顺利实施，不得不实施“补习教育”与“初年次教育”。补习教育面向高中教育，是为大学新生填补高中知识；初年次教育面向高中教育与大学教育的衔接，是以大一新生为对象制定实施的综合教育项目，教育内容包括小报告与论文写作、口头发表技法、田野调查与实验方法、信息收集与整理方法、时间管理与学习习惯等大学基础性课程。2009 年，有 274 所大学实施补习教育，617 所大学实施初年次教育。③额外的工作负担让大学不堪重负，也引起了社会对大学教育本质的质疑，随之而来的还有退学率的攀升。无门槛入学让大量基础薄弱的高中毕业生得以入学，但是，他们入学后却无法适应大学教育，学习欲望低下，成为退学率攀升的一大要因。2006 年，

① 柴田洋三郎．大学全入時代における高校教育の質保証［J］．大学入試研究動向 28 号，2011：15-16.

② デメジャン・アドレット．国立大学におけるAO 入試の全体的特徴について［J］．Journal of Quality Education，Vol. 3，2010：47-48.

③ 文部科学省．大学における教育内容等の改革状況について［EB/OL］．http://www.mext.go.jp/b_menu/houdou/21/03/1259150.html.

日本私立学校振兴共济事业团以 550 所私立大学的退学者为对象实施调查，总计有 55 000 名退学者，占学生总数的 3.3%。退学率超过 5%的大学 117 所，低于 3%的大学 293 所。[①] 2013 年，私立大学退学率升至 9.4%，2014 年，升至 9.5%。[②]

三、高等教育入学率停滞不前的危机

退学率的攀升降低了大学教育价值、大学学历价值，成为高等教育入学率停滞不前的要因之一，其负面影响首先体现在短大招生中。1997 年，短大的招生计划总额为 191 325 人，实际入学者达到 207 546 人；10 年后的 2007 年，计划招生总额减至 92 342 人，只有 1997 年计划招生数的 48.3%，但是，实际入学者只有 84 596 人，还差 7 746 人的缺口；2013 年，短大计划招生数 70 000 人，实际入学者只有 65 000 人。另外，我们也可以就高中应届毕业生的升学率管窥高等教育入学率停滞不前的危机。1990 年，日本应届高中毕业生的高等教育入学率就达到了 30.5%，2010 年达到 52.2%，2011 年为 51.7%，2012 年为 51.2%，2013 年为 50.8%。[③]连续三年呈现逐年降低态势，大学魅力日渐消隐。面对纷繁复杂的教育、考试问题，国立大学重新检视招生考试的多样化改革。2010 年，九州大学终止了 AO 入学制度，筑波大学和一桥大学也取消了部分学科专业的 AO 入学考试模式。[④]

第四节　日本外国留学生招生考试制度改革

日本是一个善学的民族，国际化从来都是日本高等教育的基本政策之一，历史上数次“开国”为日本紧跟世界发展潮流，为日本在比较中确立自我提供了宝贵机会。外国留学生招生考试制度是推动日本高等教育国际化的

① 船戸高樹．深刻化する退学者問題——全学的な取組みが求められる［J］．アルカディア学報，2007：288.

② 朝日新聞．2014 年度調査実施について．退学率は8.1%［EB/OL］．http://www.asahi.com/edu/hiraku/article11.html.

③ 三宅貴也．夜間主・二部学部の現状と課題①［J］．日本入試研究ジャーナ24，2014：219-224.

④ 胡永红．日本高校招生考试制度研究述评［J］．中国考试，2014（6）：49.

重要载体，也是研究日本高校招生考试制度改革不可或缺的部分。因此，本节以日本外国留学生招生考试制度为核心，进行概括性的分析。

一、日本外国留学生招生考试政策

日本吸收外国留学生赴日研读始于 1954 年文部省创立的国费外国留学生制度，该制度以奖学金方式吸引世界各国学生赴日留学。第一期仅有 23 人，1964 年达到 200 人，1986 年达到 1 800 人，1954 年—1986 年，总计招收 1.3 万名留学生，其中亚洲学生占了 80%。截至 1987 年 5 月，在日本大学（含短大）的留学生共 2.2 万人。①

20 世纪六七十年代的经济奇迹确立了日本经济大国的地位，谋求政治大国、文化大国的日本开始扩大外国留学生招收数量。1983 年，中曾根首相时期提出要加快吸收留学生，提高日本的国际知名度，为此，制定了“招收 10 万外国留学生计划”，拟定 21 世纪之前实现该目标。但是，直到 2000 年，日本外国留学生总数依然只有 6.4 万，远未达到 10 万的目标。2003 年，日本外国留学生总数终于达到 11 万人。虽然外国留学生人数有所上扬，但是，上升速度有限。2008 年，外国留学生在校生数达 12.4 万，但是只占全国高等教育机构在校生总数的 3.5%。②根据 OEEC（欧洲经济合作组织，Organization for European Economic Cooperation，OEEC）的调查，2008 年全世界的留学生数高达 330 万，2009 年增至 370 万。日本的外国留学生虽然从 2005 年的 12 万增至 2009 年的 13 万，但是，占全世界留学生数的比例却从 4.1%降至 3.6%。③因此，提高日本高等教育的国际竞争力，吸收更多留学生赴日留学成为政府的核心议题之一。

2008 年 7 月，中央教育审议会就时任首相福田康夫提出的“30 万外国留学生计划”制定了基本政策，文部科学省、外务省、法务省、厚生劳动省、经济产业省、国土交通省共同探讨制定了具体方策，包括留学生招生考试、留学生奖学金、留学生就业支援等问题的应对策略。关于留学生招生考

① 岩男寿美子，萩原滋．日本で学ぶ留学生［M］．東京：勁草書房，1988：3-8.

② 文部科学省．「留学生三〇万人計画」と大学の国際化［R］．特集平成 21 年度高等教育行政の展望，2009：9.

③ 中央教育審議会．新たな未来を築くための大学教育の質的転換に向けて～生涯学び続け、主体的に考える力を育成する大学へ～［R］．東京：文部科学省，2012：8.

试的相应举措为：通过活用日本留学考试、TOEFL、日语能力考试等允许留学生在赴日之前获得入学许可并办理相应入学住宿等手续；选定 30 所知名国立、公立、私立大学为招收留学生的试点校，2009 年初选了 13 所知名大学——东北大学、筑波大学、东京大学、名古屋大学、京都大学、大阪大学、九州大学、庆应义塾大学、上智大学、明治大学、早稻田大学、同志社大学、立命馆大学为推行留学生新政策的首批试点校，开始推行全球化视野下的留学生招生考试改革。2010 年《面向 21 世纪复活日本的 21 项国家战略》提出，要扩大日本大学与国外大学的学分互认制度、为留学生在日企就职提供平台，以吸引更多高端人才赴日留学。为此，2010 年，文部科学省投入 2.5 亿日元用于充实日本留学考试。2011 年，法务省投入 28.9 亿日元用于充实与强化扩大赴日留学生的审查体制，文部科学省投入 2.7 亿日元用于推动日本留学考试。

二、日本外国留学生招生考试类型

留学生考试一般分为统一考试与高校单独考试两大类，统一考试由学生支援机构统一实施，包括日本留学考试与日语能力考试两小类。

（一）日本留学考试

日本留学考试是政府委托独立行政法人——日本学生支援机构举办，以希望进入日本大学学习的外国人为对象，旨在评价其基础学力的考试。报考资格为符合以下条件之一者：（1）在国外接受了 12 年学校教育或相当于同等学力者。（2）经文部大臣认定接受了高中教育或相当于高中教育者。（3）大学单独入学考试认定与高中毕业生具有同等学力且达到 18 岁者。通过该考试的留学生，可以不赴日就在本国办理入学许可等相关手续。每年 6 月、11 月各考一次，在日本国内 15 个城市，国外 13 个国家、16 个城市设置考点。考试科目，文科为日语、综合科目与数学，理科为日语、理科（从物理、化学、生物中选 2 科）、数学，出题采用日语与英语两种方式，题型以选择题为主，但是，日语考试设部分小论述题，一般是二选一答题。评卷采用标准分方式，考试成绩 2 年内有效，成绩优秀者可获得提前预约奖学金的机会。2009 年，共有 64 所 4 年制大学、7 所短期大学、1 所高等专门学校允许通过日本留学考试后的留学生提前办理相关入学事宜；共有 557 所高校利用了该考试，共 7 345 名应考者中有 245 名合格者在本国完成入学手续。

(二) 日语能力考试

日语能力考试是学生自行参加的社会化考试，由日语国际教育支援协会主办，每年 7 月与 12 月各举办一次。分为 5～1 五个层级，最高级为 1 级，考试题型都是客观选择题，含有听力考试。部分大学会根据学生能力考试或留学考试成绩免除大学单独考试。大部分大学采用文理分科模式实施考试，文科考试科目一般为日语、小论文、面试＋外语，理科为日语、数学、地理、化学、生物＋英语。

无论是日本留学考试还是日语能力考试，都是可以不赴日本就参加的权威性考试。这种为留学生提供当地就考机会的考试模式，不仅节约了考生的考试成本，也扩大了宣传范围，这是日本大学提高国际竞争力，争夺国际生源的有力手段。

三、日本外国留学生招生考试制度的特点

日本外国留学生招生考试制度具有三个显著特点：(1) 私立大学是扩大日本招收外国留学生规模，推动日本高等教育国际化进程的主力军；(2) 中国留学生在外国留学生总数中占绝对数量；(3) 日本为外国留学生赴日留学提供了完备的接受大学预备教育的体系。

(一) 私立大学成为招收外国留学生的主体

1. 大学国际化水平评估指标

日本大学评价体系设立了专门的国际化指标考核项目，涵盖外国留学生所占比例、国际交流校、英语授课等基本指标，以此评定大学的国际化水平与程度。以 2010 年为例，见表 4-3：

表 4-3　2010 年日本大学国际化程度的评定指标

	评定指标	国立	公立	私立	全体
大学国际化数值	外国留学生所占比例	11.4%	9.8%	22.7%	19.8%
	国际交流校	7.4%	8.5%	7.9%	7.9%
	英语授课	5.0%	7.0%	9.9%	9.0%

资料来源：日本学生支援機構. 大学国際化と留学生政策[EB/OL]. http://www.jasso.go.jp/eju/index.html.

2010 年，日本全国共有 70 所 4 年制大学、短大与高专招收留学生，全国共有 72 665 名在籍留学生，其中国立、公立、私立的在籍学生数分别如

下：国立 10 828 人、公立 1 486 人、私立 60 351 人。①国立、公立、私立大学所占比例分别是 14.9%、2%、83.1%，私立大学所招收的外国留学生是国立和公立大学的 4 倍，是名副其实的主力军。

表 4-4　2010 年日本全国大学中外国留学生数量中位居前 5 的大学

大学	性质	人数（人）
早稻田大学	私立	3 568
立命馆亚洲太平洋大学	私立	2 921
东京大学	国立	2 772
日本经济大学	私立	2 388
九州大学	国立	1 713

注：该表根据“日本学生支援機構．留学生受入れ数の多い大学 [EB/OL]．http://www.jasso.go.jp/statistics/intl_student/ref10_02.html.”制作而成。

从表 4-3、4-4 中我们可以看到，私立大学的各项指标都达到甚至超越了总平均值，以外国留学生所占比例看，国立为 11.4%，公立为 9.8%，而私立达到了 22.7%，远远超过了国、公立比例。英文授课的比例也是私立大学最高，为 9.9%。而在外国留学生在校生数量比较中，位居前 5 的大学中，3 所为私立大学，共有 8 877 名在校生；2 所为国立大学，外国留学生共 4 485 名。概言之，无论哪一项指标都凸显了私立高校的主体地位。

2. 日本高校利用“日本留学考试”的基本情况

2015 年，共有 188 所国、公立高校利用日本留学考试，其中国立大学 80 所、国立高专 51 所、公立大学 48 所、公立短大 7 所、公立专门学校 2 所；私立高校利用日本留学考试的数量达到 473 所，分别是私立大学 289 所、私立专门学校 110 所、私立短大 74 所。②私立高校利用日本留学考试的机构数量远远高于国、公立高校，成了推动留学生招收的主要载体。

---

① 日本学生支援機構．平成 22 年度外国人留学生在籍状況調査結果 [EB/OL]．http://www.jasso.go.jp/statistics/intl_student/data10.html.

② 日本学生支援機構．日本留学試験利用校 [EB/OL]．http://www.jasso.go.jp/eju/use.html.

3. 日本高校“协定校”关系缔结的情况

所谓“协定校”是指日本高校与海外高校之间缔结的姐妹校关系，通过学分互认机制促进高校人才培养的国际化进程。2008 年，与国外大学通过交流校项目制定学分互认制度的日本大学共有 246 所，其中国立、公立、私立大学分别是 55、22、169 所，私立占了 68.7%，足见私立大学在与海外大学缔结“协定校”关系方面更为活跃主动。

（二）亚洲留学生所占比重庞大

2004 年，日本共接收了 117 302 名留学生，其中，中国留学生 77 713 名，占了 66%。① 2005 年，共有 121 812 名外国留学生，其中，中国留学生 80 592 名，占总数的 66.2%。2010 年，外国留学生数增至 14.2 万人，其中，中国留学生最多，高达 8.6 万人。②以中国、韩国为首的亚洲学生是日本外国留学生的主体，就这点而言，留学生生源的相对单一性稀释了日本高等教育国际化的性质。导致这种结果的根源在于，日本留学生招生考试是入口管理型改革，在过程跟进与出口管理中有所缺失，如纯英文课程不足、学分管理过硬、留学生就业环境不佳等，导致留学生招生规模的扩大相对有限。2006 年，日本全国大学中只有 5 所大学的 6 个学部开设了仅凭英语就可以获得学位的课程，这就极大束缚了英语系国家学生赴日留学的热情。

（三）为外国留学生赴日留学提供完备的大学预备教育体系

日本拥有丰富完备的留学生预科教育，实施教育的机构分为三类：第一，大学下设别科。截至 2009 年 4 月，共有 59 所 4 年制大学、7 所短期大学设置了别科；第二，国立日语教育机构；第三，民间日语教育机构。

为了帮助留学生适应日本考试，文部科学省在东京外国语大学、大阪外国语大学、日本学生支援机构、拓殖大学、东京国际大学等 19 个高等教育机构设置了日语教育中心，下设专门的大学入门准备课程，不仅为学生提供日语教育，也为学生的大学报考等提供指导服务。除此之外，还有

---

① 沢谷敏行．大学事務職員のための日中留学交流の手引き［M］．兵庫：関西学院大学出版会，2005：3.

② 高等教育局学生支援課［EB/OL］．http://www.mext.go.jp/a_menu/koutou/gakuseishien/1269672.htm.

大量民间教育机构提供相应的入学教育服务。截至 2009 年 3 月，通过了财团法人日本教育振兴协会认定的日语教育机构一共有 426 个，在读学生数 42 651 人。2010 年，共有 2 140 名外国留学生在大学入学考试准备课程中学习。①各类大学预备教育机构与民间教育机构的存在为推动外国留学生赴日留学事业的发展铺垫了基石，是大学吸引外国留学生的重要衔接点。在政府大力推动的国际化目标下，民间教育机构也因其发挥的作用而受到重视。2000 年开始，文部科学省将获得政府认可的日语教育机构纳入政府奖学金发放体系，每年为部分优秀学生提供一定奖学金，如 2010 年为 700 名打算继续升学的留学生发放每月 48 000 日元奖学金。②

① 日本学生支援機構．平成 22 年度外国人留学生在籍状況調査結果 [EB/OL]. http://www.jasso.go.jp/statistics/intl_student/data10.html.

② 文部科学省．日本留学生制度概況 2010[EB/OL]. http://www.mext.go.jp/component/a_menu/education/detail/_icsFiles/afieldfile/2011/12/14/1286521_6.pdf.

第五章　日本高校招生考试制度的实例分析

日本高等教育体系多元丰富，既有国立和公立大学也有私立大学，既有巨型大学也有微型大学，既有精英型大学也有大众型高校，既有研究型大学也有教学型大学，既有综合性大学也有单科大学，还有专门的女子大学。全国万人以上的巨型大学总计 40 所左右，私立占绝大多数。2013 年，在校生数位居前 10 的大学从高往低排列，分别是日本大学 66 866 人、早稻田大学 43 555 人、立命馆大学 32 280 人、近畿大学 30 549 人、明治大学 29 902 人、庆应义塾大学 28 975 人、东海大学 28 946 人、关西大学 28 321 人、法政大学 27 115 人、同志社大学 26 071 人。私立大学除了巨型大学外，不少都是千人学校，微型大学更多，如：宝塚医疗大学只有 342 人，神户海星女子学院大学仅有 288 人；国立大学中旧制帝国大学都超过万人，如：东京大学 14 013 人、京都大学 13 421 人、九州大学 11 791 人。总体而言，国立大学多数为五六千人，也有筑波技术大学这样只有 365 名在校生、鸣门教育大学这样只有 455 名在校生的微型大学；公立大学多数为一两千人，少数为三五千人，也有不少几百人的大学，如：山形县立保健医疗大学只有 395 人，新潟县立护理大学仅有 371 人，等等。

关于日本高校的分类法有各种标准，最普遍的是国立、公立、私立三分法。因为国、公立大学的高校招生考试制度基本一致，本研究将国立和公立高校放在同一论述平台。根据偏差值基准、大学类型、考试竞争程度的区别，选择了 2 所 4 年制国立大学与 1 所公立大学，2 所 4 年制私立大学，并选择了 1 所 2 年制短期大学与 1 所 2～4 年制专门学校，从微观层面展开具体分析。根据各校特点，日本高校招生考试权或在各高校，或在各学部学科，呈现百花齐放、异彩纷呈的状态，本研究只能就每所案例高校的高校招生考试概观与相对比较有特点的招生考试方式进行重点介绍，而无法采用叙述逻辑完全一致的方式进行逐个剖析，希冀借此方式凸显日本高校招生考试统一中富有多样性的根本特质。本研究样本选择的基准如表 5-1 所示：

表 5-1　本章案例选择的基准

高校样本	高校类型	考试竞争程度
东京大学	国立 巨型（在校生 14 013） 综合性	非常激烈
东京外国语大学	国立 小型（在校生 3 816）	比较激烈
大阪市立大学	公立 中等规模（在校生 6 523） 多科性	一般激烈
早稻田大学	私立 巨型（在校生 43 582） 综合性	非常激烈
冈山理科大学	私立 中等规模（在校生 6 144）	一般激烈
长崎短期大学	私立短期大学 高等职业教育	近乎开放式入学
大原簿记信息专门学校	私立专门学校 高等职业教育	近乎开放式入学

注：在日本高等教育体系中，万人以上大学一般统称为“巨型大学”，据此，本研究将在校生 5 000 人左右的大学界定为“中等规模大学”，因为日本还有众多的数百名到两三千名在校生的小型大学。

第一节　国、公立大学（4 年制）

日本国、公立大学招生考试都重视中心考试成绩，同时会举办本校的单独考试，也是学力型考试，称为“一般考试”，除此之外，还有推荐入学、AO 入学、外国留学生考试、归国子女考试、编入学等弹性灵活的考试方法。国立大学无论是检定费（报考费）还是授课费、入学费都是统一规定，入学费为 28.2 万日元，授课费为 53.58 万日元，而且没有学部的区别，都是统一收费。本节选取东京大学与东京外国语大学为剖析对象，对东京大学招生考试制度的分析重点在中心考试的利用与一般考试、推荐入学与编入学，对东京外国语大学招生考试制度的分析重点在一般考试，同时剖析了其为吸引生源而推行的各项人性化举措，希望从不同的层面透视国立高校招生考试制度的基本规律与特点。

一、东京大学

东京大学诞生于1877年，承载着明治政府确立日本高等教育的世界权威的宏愿，效仿德国大学模式创建而成，是日本第一所国立大学。1886年更名为帝国大学，也是日本第一所帝国大学。1947年正式定名为东京大学，作为综合性研究型国立大学，在日本高等教育体系中有着独特的地位。东京大学在日本及亚洲地区的学府中名列前茅，2015泰晤士世界大学排行榜中，东京大学位居23，在亚洲大学中位居首位。东京大学在日本高等教育历史上有着举足轻重的地位，培养了1名菲尔兹奖得主、6名沃尔夫奖得主、8名诺贝尔奖得主、16位日本首相，还有一大批学术大家、工商业巨子。东京大学不仅是日本最高学术殿堂，也是日本重要的政界商界要地。

东京大学设有10个学部，包括法学部、文学部、医学部、药学部、理学部、工学部、农学部、教养学部、经济学部、教育学部。学部教育分为前期课程与后期课程，前期课程为第1、2学年，集中在教养学院，为后期课程即第3、4学年的专业教育奠定通识教育基石。东京大学现有在校生14 013人，其中男生11 429人，女生2 584人。东京大学作为日本高等教育体系中处于云端的顶尖大学，自创建以来考试竞争的激烈程度就可以用“惨烈”来形容，无论是对中心考试的要求，还是本校单独考试的要求都高于其他高校，也因此成为全体国民顶礼膜拜的对象。

（一）招生考试基本原则与目标①

东京大学招生考试简章明确提出，东京大学致力于培养深刻理解本国历史、文化，拥有广阔的国际视野、高度专业的知识底盘，具备发现与解决问题的意愿与能力，敢于担当社会责任，能够发挥坚韧的开拓者精神，自主思考并行动的人才。东京大学的学部教育分为两段，第1、2学年围绕教养教

---

① 关于东京大学的招生考试制度的相关材料均来自“東京大学．入学·進学をご希望の方へ［EB/OL］．http://www.u-tokyo.ac.jp/index/k00_j.html.”，为叙述方便，容下文不再赘提出处。

育即通识教育，引导学生掌握无论在哪个专业领域都必须具备的基础知识与学术性方法，通过广泛的涉猎为第 3、4 学年的专业学习提供深入思考的契机，引导学生基于更广阔的视野看待专业教育，避免井底之蛙式的专业学习。为此，东京大学期待招收的学生不仅要有着强烈的实现东京大学优渥的教育研究环境价值的最大化的意愿，也要心怀通过自主学习，成长为具有深刻洞察力的各领域的创造性人才的意志。为了选拔适合的学生，东京大学制定了招生考试制度的三个基本方针：(1) 命题内容旨在检测高中教育的达成度；(2) 为推动入学后的教养教育，文科命题兼顾理科基础，理科命题兼顾文科基础，要求考生兼备扎实的文理科知识体系，并具备基本的外语能力；(3) 相较于知识的灌输与拷贝，更关注考查运用所学解决问题的能力之高低。对此，东京大学还明确了不同教科的招生考试的基本能力要求（见表 5-2）。

表 5-2　东京大学招生考试制度对各教科的基本能力要求

教科	考查点	命题方式
国语	深入阅读文章的能力 用明确的日语表达思想的能力	记述题
地理历史公民	综合知识体系 综合分析、思考的能力 富有逻辑的表现力	论述题
数学	以数学思维捕捉问题本质的能力 数学思维指导下的表现力 综合的数学运用能力	
理科	洞穿自然现象与本质的能力 基于原理富有逻辑与弹性的思考能力 对自然现象的综合理解与表现能力	
外语	用英语吸收信息的能力 用英语发出信息的能力 批判性的思考能力	①考生可以从英语、德语、法语、汉语中任选 1 科目 ②阅读、听力、作文

概而言之，东京大学是文部省大学设置基准大纲化以来，依然坚守教养教育的为数不多的国立大学。在日本全国高校的教养教育日益衰微的现实下，东京大学始终坚持教养教育的理念，为学生进入专业领域学习奠定扎实而广泛的基石谋求更高更远的发展提供可贵的积淀。这种重视教养教育的信念也渗透在东京大学的招生考试制度中，从上述表格我们可以读出东京大学招生考试制度传递出的一个基本理念——东京大学的选拔考试并没有超越高

中学习指导要领，但是，这是一种突破了知识记忆局限，偏重综合素质与能力的考查，因此希望考生在高中阶段尽量主动、深入、广泛地学习，避免应试性的被动学习。

（二）中心考试的利用与一般考试

东京大学的招生考试从来都是白热化竞争的焦点，早在战前，东京大学无论考试难度还是招生数就都已经是全国之首。中心考试是获得东京大学报考资格的首要关卡，当报考考生数达到计划招生数的 3 倍左右时，大学将根据中心考试成绩的高低进行第一轮的筛选，因此，能够通过第一关的筛查顺利进入第二关大学单独考试的考生都是学力基础非常厚实的优秀学生。各学部对考生的中心考试的教科、科目与得分均有严格规定：法学部、经济学部、文学部均要求选报中心考试 5 教科 8 科目或者 6 教科 8 科目；工学部、理学部、农学部、药学部、医学部均要求 5 教科 7 科目；教育学部、教养学部允许任意采用前两种方法中之一种。考试得分要求高于中心考试总分的 80%，即假如某考生选报了 5 教科 8 科目，总分是 900 分，则得分必须在 720 分以上才能通过第一关的选拔，进入第二关。第一关闯关成功者将接受大学单独举办的一般考试。

一般考试分为前期日程与后期日程，但招生重心都在前期日程。东京大学每年 3 000 余名招生计划中，只有约 100 名是后期日程入学者。考试分为文科类与理科类，文科类包括文科Ⅰ（法学部）、文科Ⅱ（经济学部）、文科Ⅲ（文学部、教育学部），理科类也分为理科Ⅰ（工学部、理学部、药学部、农学部）、理科Ⅱ（农学部、理学部、药学部、医学部、工学部）、理科Ⅲ（医学部医学科）。因为后期日程招生数有限，因此，志愿倍率远远高于前期日程，几乎是前期日程的 10 倍。下面，我们以教育学部综合教育科学科为例，透视东京大学对中心考试以及一般考试教科、科目的基本要求。

(1) 中心考试教科、科目（5～6 教科 8 科目）

【必考】国语：国语。

【必考】地理历史：世界史 B、日本史 B、地理 B 中任选 1 科目。

【必考】公民：伦理政治经济。

【选考】数学：数ⅠA、数ⅡB、工业数理基础、簿记会计、信息关系基础中任选 2 科目。

【选考】理科：物理基础、化学基础、生物基础、地学基础中任选 2 科目。

【选考】外语：英语、德语、法语、汉语、韩语中任选 1 科目（英语只需笔试）。

（2）一般考试前期日程的教科、科目（4 教科 5 科目）

【必考】国语：国语综合、国语表现Ⅰ、现代文、古典（综合命题）。

【必考】地理历史：世界史 B、日本史 B、地理 B 中任选 2 科目。

【必考】数学：数Ⅰ、数Ⅱ、数学 A、数学 B（综合命题）。

【必考】外语：英语Ⅰ、英语Ⅱ、德语、法语、汉语中任选 1 科目（英语含听力）。

我们可以清晰地看到东京大学的中心考试与一般考试都带有明显的学力考测特质，中心考试要求 5～6 教科 8 科目，而一般考试要求 4 教科 5 科目。但是，两者在考试内容的设计上有所错开，如国语教科，中心考试科目为国语，而一般考试则侧重国语综合、国语表现Ⅰ、现代文、古典的综合命题；数学教科，中心考试科目为数ⅠA、数ⅡB、工业数理基础、簿记会计、信息关系基础中任选 2 科目，一般考试为数Ⅰ、数Ⅱ、数学 A、数学 B 的综合命题。

（三）招生考试各项指标的人数变迁

东京大学每年的招生数基本稳定，维持在 3 000 人左右。图 5-1 说明了 2003 年—2015 年东京大学招生考试各项指标人数变迁情况。

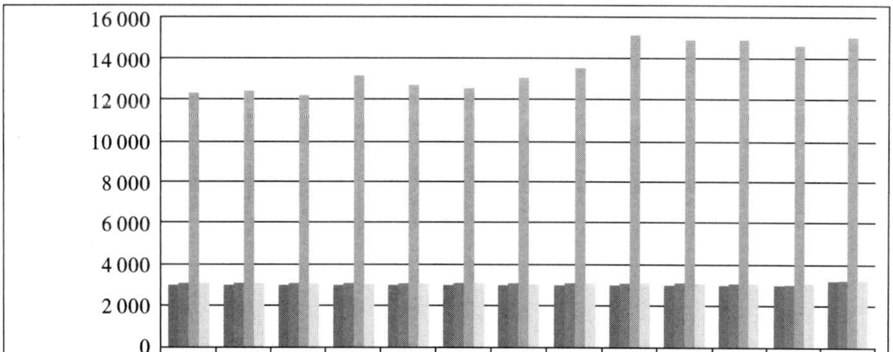

	2015	2014	2013	2012	2011	2010	2009	2008	2007	2006	2005	2004	2003
计划招生	3 063	3 063	3 063	3 063	3 063	3 063	3 061	3 053	3 053	3 053	3 053	3 053	3 243
实际入学考生	3 095	3 099	3 095	3 095	3 095	3 094	3 090	3 087	3 084	3 082	3 092	3 066	3 257
报考考生	12 384	12 462	12 237	13 215	12 746	12 576	13 043	13 568	15 184	14 951	14 954	14 631	15 120
合格考生	3 108	3 109	3 109	3 108	3 111	3 109	3 107	3 100	3 097	3 100	3 100	3 088	3 270

图 5-1　2003 年—2015 年东京大学招生考试各项指标的人数变迁（单位：人）

2015 年，东京大学共招收了 3 063 名学生，其中前期日程招生数为 2 963 人，后期日程只招收了 100 人。细分到各学部按照招生数由高至低排列如下：工学部 938 人、法学部 400 人、文学部 350 人、经济学部 340 人、农学部 290 人、理学部 280 人、医学部 150 人、教育学部 95 人、药学部 80 人。按照文科与理科区分，东京大学显然更倾向于理工科教育，文科招生共 1 323 人，理工科招生共 1 740 人。

（四）推荐入学制度

在偏差值主导日本高校招生考试导致高校招生考试带有明显的“选取高分者”的倾向时，不少学者开始质疑这样的选拔制度是否可以为高校选出适合的优秀人才，甚至有学者认为，正是因为偏差值主导了招生考试，导致真正优秀的人才都与精英大学擦肩而过，而精英大学招收的更多的是基本处于同一个成绩段的善于考取高分的学生，这样的模式不利于培养创新型人才。在这样的忧思下，东京大学启动了多样化考试的深入改革，专门设置了推荐入学考试办公室，旨在招收拥有潜质的优秀人才的推荐入学考试制度，于 2015 年 11 月正式开始实施。关于推荐入学制度的具体规定如下：

1. 前提条件

（1）考生对各学部的学问领域、对在东京大学就学，有着强烈且积极的意愿；（2）一旦被录取可以保证入学；（3）必须提供高中校长的推荐信；（4）已经接受了各学部指定的中心考试教科、科目考试，并且得分在总分的 80%以上者。

2. 基本方针

为促进生源多样化以提高学部教育的活性化；重视高中学习与大学教育的衔接，关注学生潜质的挖掘；期待通过推荐入学入校的学生能够活跃于东京大学乃至全球舞台，成为其活力的源泉。

3. 报考资格

（1）高中或中等教育学校毕业生或预定 2016 年 3 月毕业者；（2）接受了 12 年学校教育者或到 2016 年 3 月预定满 12 年者；（3）在经文科大臣认定具备高中同等水平的课程中接受教育并修了者或预定于 2016 年 3 月修了者。

4. 实施日程（见表 5-3）

表 5-3 东京大学推荐入学制度的实施日程

日　程	项　目
• 2015 年 11 月 2 日—6 日	• 接受报名
• 2015 年 12 月 1 日	• 公布第 1 次选拔结果，同日以挂号邮件通知高中校长与考生选拔结果，同时给通过第 1 次选拔的考生寄送第 2 次选拔的准考证
• 2015 年 12 月 19 日—20 日	• 各学部自行面试
• 2016 年 1 月 16 日—17 日	• 中心考试实施
• 2016 年 2 月 10 日	• 公布第 2 次选拔结果，同日以挂号邮件将“合格通知书”寄送给高中校长与考生
• 2016 年 2 月 11 日—17 日	• 办理入学手续

5. 选拔方法

以提交的书面材料为中心实施第 1 次选拔，对第 1 次选拔合格者各学部分别实施面试，面试时间集中在 2016 年 1 月 19 日、20 日两天。评价合格的基准一般根据提交的书面材料、面试结果、中心考试成绩，综合评价决定录取结果。

6. 各学部推荐入学考试具体事宜（见表 5-4）

表 5-4 东京大学各学部推荐入学具体事宜

学部	招生数（人）	教育方针	推荐条件	所需书面材料	面试方法
法学部	10	允许推荐入学的学生在前期课程修习专业科目，允许后期课程学生修习研究生科目，为学生的学习提供指定指导教师	成绩位列前 5% 的优异学生；善于发现问题本质，有设计独创性课题能力者；善于与具有异文化背景与价值观的人沟通交流者	虽然各学部有所侧重，但是基本围绕以下几方面： ①自主撰写的证明拥有探究学习的实绩与能力的论文、课题报告；	集体讨论、个别面试
经济学部	10	为学生的前期课程配备指定指导教师	成绩位列前 10% 的优异学生；善于沟通者；高中的英语、数学、地理历史公民 3 教科中有 2 教科成绩都很优异者		个别面试（30～60 分钟，可能会给定一个课题考查课题执行力）

续 表

学部	招生数（人）	教育方针	推荐条件	所需书面材料	面试方法
文学部	10	允许在前期课程修习专业科目	学习成绩优异者；在人文社科领域有实绩者；在课外活动或志愿者活动中有突出贡献者	②致力社会服务活动的表彰、新闻报道等第三者证明；③证明有留学经验并参与了国际交流活动的第三者推荐信；④证明成绩显著的材料，如数学奥林匹克、TOEFL、英检、日本学生科学奖等成绩证明；⑤在体育、艺术、文化等领域获得显著成绩的证明	第1天撰写小论文；第2天面试（学生围绕自己的学习研究、社会服务、学习计划等做10分钟的报告，面试官根据学生提交的论文与报考理由书综合提问）
教育学部	5	允许在前期课程优先修习专业课程，并配置专门的指导教师	具备本学部修读指南所规定的教科基础学力		个别面试（报告与课题设计）
教养学部	5	鼓励并支援第一学年出国研修；允许前期课程中在教师的引导下修习后期课程的科目；为学生配备指导教师	具备自主发现并探究课题能力者；在2个以上科目中拥有突出能力者；有国际项目与活动经验，外语能力优异者		小论文 面试
工学部	30	配置专门的指导教师；允许提前修习后期课程与研究生课程的科目	可以自设问题并弹性思考者；关注用科学方式解决多样化问题者；基于问题意识自主自律接触多学科知识者；拥有良好的外语能力、善于与异文化背景者沟通者		面试

续　表

学部	招生数（人）	教育方针	推荐条件	所需书面材料	面试方法
理学部	10	配备专门教师指导学生尽早进入专业学习与研究；前期课程设置“研究室实习制度”，创造接触最新研究的机会；允许第2学年参与学部的国际项目；后期课程中拥有参与国际派遣项目的优先权，奖励国际体验			个别面试
农学部	10	前期课程提供早期实践项目；后期课程允许修习研究生课程的科目；配置专门指导教师对前后期课程实施一贯性指导	学习成绩优异者；在生物学或农学中有值得特别推荐的事由；高中修习过“生物”科目者		面试（偏重生物学能力考测）
药学部	5	前期课程利用暑假研究生实习1个月；第4学年，允许修习研究生课程的科目			个别面试
医学部	5	前期课程利用暑假研究生实习；提供参加科研项目的机会；提供海外短期留学所需的外语训练			面试（学生报告，面试官提问）
总计	100				

各学部推荐入学带有显著的精英选拔特质，其精英特质体现在：(1) 中心考试成绩必不可少，且要求分数都较高，必须在总分的 80%以上，如医学部直接规定 780 分以上。作为考查学生学力高低的根本要素，中心考试是决定招录结果的关键要素之一；(2) 都是学力优异者；(3) 都是具有较强科研潜质者；(4) 都是具备优异的异质文化沟通交流能力者；(5) 都是综合素质很高者，在各种高级别比赛中有过傲人的成绩。

(五) 编入学

东京大学 2007 年—2010 年编入学学生共 65 人，学士入学者即已经获得学士学位者的入学者共 144 人。2016 年东京大学工学部编入学招生考试简章规定如下：

- 考试科目：根据各学科不同的要求，考试分为 2 科与 3 科两种，2 科为英语与数学，3 科为英语、数学与物理。
- 招生名额：不限。
- 报考资格：高等专门学校毕业生或 2016 年 3 月预定毕业者。
- 检定费：30 000 日元。
- 合格判定基准：笔试、口试与高中调查书综合评价录取。
- 毕业资格：编入学学生在高等专门学校所取得的学分可以计入毕业所需学分，但是，最多可以计入 62 学分。编入学学生必须在工学部学习 3 年，继续修满毕业所需学分，并通过毕业论文考试方可毕业。

二、东京外国语大学

东京外国语大学是日本最古老的大学之一，也是日本外语教育最著名的大学，还是公认的最难考的外国语大学。东京外国语大学的前身是 1857 年创建的蕃书调所，后来，蕃书调所成为东京大学所属外国语学部，1949 年更名为东京外国语大学。学部教育包括语言文化学部与国际社会学部。现有在校生 4 286 人，其中外国留学生占 14.91%。下面将以 2015 年东京外国语大学的招生考试制度为例阐析东京外国语大学招生考试的基本特点。

（一）招生考试基本方针①

东京外国语大学“2015 年语言文化学部招生简章”对招生考试基本方针陈述如下：语言文化学部通过聚焦世界各地的语言文化教育，培养精通世界语言文化，拥有丰富教养与想象力，具有解决问题的能力，具备优秀职业能力，能够活跃于世界各舞台，在教育、新闻媒体、口译、企业、政府部门、学术研究等领域的国际教养人。为此，语言文化学部热忱欢迎在高中等教育中奠定了扎实的外语、国语、社会、数学、理科等教科的基础知识，想在国际社会中活用高度的外语能力的学生成为我们的一员。招生考试方式包括一般入学考试、推荐入学。“国际社会学部招生简章”对招生考试基本方针表述如下：国际社会学部通过聚焦国际政治、经济、文化的教育，通过互动式的授课活用所学的语言与专业知识，培养对国际社会具有较强理解力，能够立足国际社会的多样化，通过良好的沟通能力活跃于世界舞台的国际人。为此，国际社会学部热忱期待具备扎实的高中教育基础，自身希望积极参与课堂讨论，希望培养自主思考能力与学以致用能力的学生成为我们的一员。

（二）报考资格

符合以下 8 项中的一项且已经报考了本校指定的 2015 年中心考试教科、科目者均有资格报考东京外国语大学。

1. 报考者资格

（1）高中、中等教育学校毕业生或预定 2015 年 3 月毕业者。

（2）已经修习了 12 年学校教育者或 2015 年 3 月预定修满 12 年学校教育者。

（3）在国外已经修习了 12 年学校教育者或 2015 年 3 月预定修满 12 年学校教育者，或者通过文科大臣认定者。

（4）在国外经过文科大臣认可的、具备了高中教育程度课程的教育机构

---

① 关于东京外国语大学的招生考试制度的相关材料均来自“東京外国語大学. 入試情報［EB/OL］. http://www.tufs.ac.jp/admission/ug/information/goukakujoukyou.html.”，为叙述方便，容下文不再赘提出处。

中修了者或 2015 年 3 月预定修了者。

(5) 专修学校的高等课程修了者或 2015 年 3 月预定修了者。

(6) 文科大臣指定者。

(7) 高中毕业程度认定考试合格者或 2015 年 3 月预定合格、满 18 周岁者。

(8) 经东京外国语大学的个别入学审查认定具备高中毕业生同等学力、满 18 周岁者。

2. 大学指定的中心考试教科、科目

- 语言文化学部【前期日程】5 教科 5 科目或 5 教科 6 科目。
- 国际社会学部【前期日程】5 教科 5 科目或 5 教科 6 科目。
- 国际社会学部【后期日程】3 教科 3 科目。

东京外国语大学语言文化学部的招生考试只有前期日程，指定的中心考试教科、科目数为 5 教科 5～6 科目；国际社会学部的招生考试则分为前期日程与后期日程，前者指定的中心考试教科、科目数也是 5 教科 5～6 科目，但是，后期日程只需要 3 教科 3 科目，相对宽松。

（三）报考程序

1. 考生入学资格认定

考生自行从东京外国语大学官网下载“入学资格认定申请书”并填写，与可以证明考生已经接受了相当于高中教育的证明，再加上一个贴了 372 日元的信封（用于通知考生入学资格审查结果），必须于 2015 年 1 月 9 日之前，以挂号信方式寄送东京外国语大学。

2. 通过入学资格认定考生将收到学校寄来的相应报考材料

考生填写完毕后，将所有材料，包括考生入学志愿书、照片、考试检定费 1.7 万日元的打款证明（如图 5-2 所示）、密封的高中调查书或其他表明接受了高中水平教育的证明、考试合格通知、已经贴上了 372 日元邮票的用于寄送准考证的信封（如图 5-3 所示），一并用挂号信寄送，截止日期为 2015 年 2 月 4 日。填写东京外国语大学报考材料的注意事项见表 5-5。

已打款证明

东京外国语大学

<table>
<tr><td colspan="3">年　　月　　日
日元</td></tr>
<tr><td colspan="2">金　额</td><td></td></tr>
<tr><td colspan="2">指定存款银行</td><td>三井住友银行东京第一分店</td></tr>
<tr><td rowspan="2">收款人</td><td>存款种类</td><td>普通存款　账户号码　9796040</td></tr>
<tr><td colspan="2">名字
国立大学法人东京外国语大学　收</td></tr>
<tr><td></td><td colspan="2">打款截取日期　2015年2月4日</td></tr>
<tr><td>报考者</td><td>名字</td><td>（名字对应假名）
11　（先生、女士）</td></tr>
<tr><td>考试划分</td><td colspan="2">一般入学考试</td></tr>
</table>

已往上述户头打款。

（受理店）＿＿＿＿＿＿银行

＿＿＿＿＿＿店　　　收纳印

图 5-2　考生已经打款的银行证明

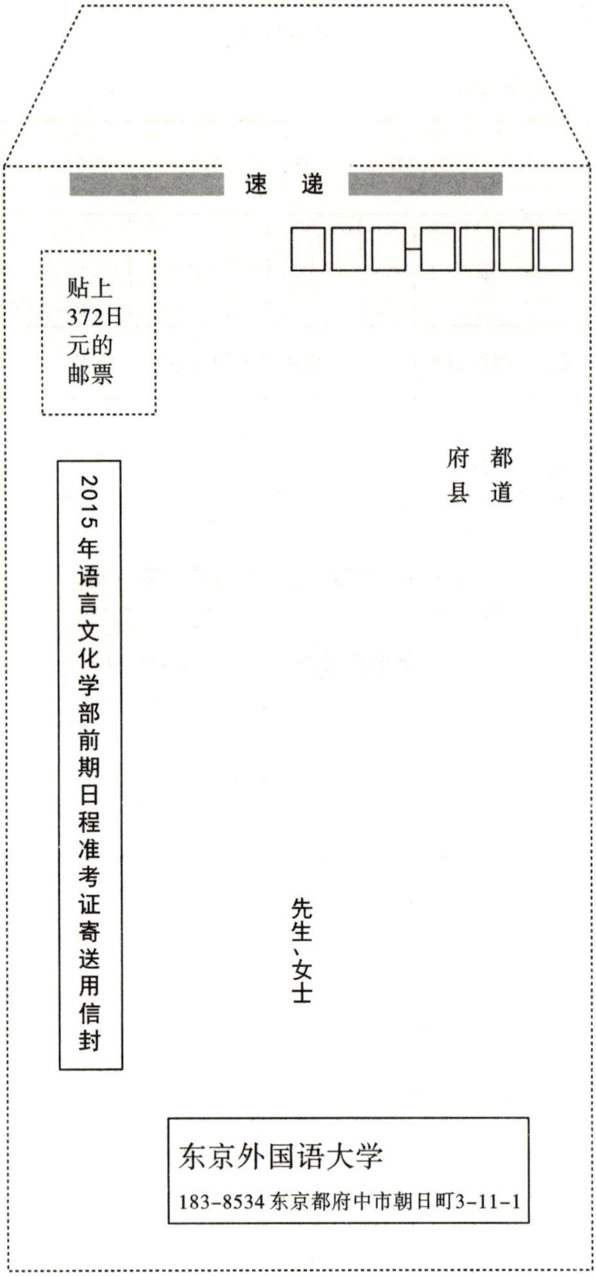

图 5-3　考生需要自备的寄送准考证的信封

表 5-5　填写东京外国语大学报考材料的注意事项

填写相关材料的 5 个注意事项
(1) 报考了本校语言文化学部或国际社会学部前期日程的考生，除了国际教养大学与新潟县立大学外，不可以再报考其他国、公立大学、学部的前期日程。另外，报考了本校国际社会学部后期日程的考生不可以再报考其他国、公立大学、学部的后期日程
(2) 允许同时报考本校语言文化学部前期日程、国际社会学部前期日程与后期日程
(3) 通过本校或其他国、公立大学前期日程考试并办理入学手续的考生，即使通过了本校的后期日程考试也不可以视为考试合格者
(4) 已经通过本校或其他国、公立大学、学部的推荐入学、AO 入学并办理入学手续的考生，除非办理了相应退学手续，否则，即使通过了本校或其他国、公立大学、学部的前期日程与后期日程考试，也不可以视为考试合格者
(5) 入学志愿票上所选考的学部、语言类别、地域、学力考试的教科与科目，一旦选定就不可以变更

上文提及的所需提交材料如图 5-4 所示：

2015 年东京外国语大学语言文化学部入学申请书

【前期日程用】

<table>
<tr><td>①2015 年中心考试成绩通知单
贴于此处
前　国、公立前期日程用</td></tr>
</table>

<table>
<tr><td>※</td><td></td><td></td></tr>
</table>

<table>
<tr><td>※准考证号</td><td>前 G</td></tr>
</table>

<table>
<tr><td>名字对应假名</td><td></td><td rowspan="2">③
性别</td><td rowspan="2">□ 男
□ 女</td><td rowspan="2">④
出生年月</td><td rowspan="2">出生年月　　年　月　日
（实岁）</td></tr>
<tr><td>②姓　　名</td><td></td></tr>
<tr><td rowspan="2">⑤
联系地址</td><td colspan="5">〒</td></tr>
<tr><td colspan="5">电话　（　　）—（　　）—（　　）
手机　（　　）—（　　）—（　　）</td></tr>
</table>

<table>
<tr><td>⑥选报语种，入学后的语种分配地域（选报一个语种，将其■涂黑）
［选报英语、西班牙语、葡萄牙语的考生，选择一个分配地域并将其■涂黑
　选报俄语的考生，请给其分配地域“俄罗斯”与“中亚”标注优先顺序］</td></tr>
</table>

语言		配属地域
01□	英 语	西北欧 □
		北美 □
		大洋洲 □
02□	德语	中欧
03□	波兰语	
04□	捷克语	
05□	法语	西南欧
06□	德语	
07□	西班牙语	西南欧
		拉丁美洲
08□	葡萄牙语	西南欧
		拉丁美洲
09□	俄语	俄罗斯
		中亚
10□	蒙语	中亚
11□	日本语	日本

语言		配属地域
12□	汉语	东亚
13□	朝鲜语	
14□	印尼语	东南亚
15□	马来西亚语	
16□	菲律宾语	
17□	泰语	
18□	老挝语	
19□	越南语	
20□	柬埔寨语	
21□	缅甸语	
22□	乌拉圭语	南亚
23□	印地语	
24□	贝尔葛语	
25□	阿拉伯语	西亚、北非
26□	波斯语	
27□	土耳其语	

⑦本学部学力考试选择科目 〔从外语、地理历史教科中各选 1 科目，将其■涂黑〕	
外语科目	□英语 □德语 □法语 □西班牙语 □汉语 □朝鲜语
地理历史科目	□日本史 □世界史

⑧ 检定费已经打款证明 贴于此处

⑨ 报考资格	都道府县 公 学校 高等学校代码 □□□□□□ 全日制 普通科 商业科 工业科 定时制 通信制 农业科 理数科 其他（ ） 年 月 毕业 高专 3 年修了 高中毕业认定考试 合格 可能合格 预定毕业 高专 3 年预订修了 个别认定

<table>
<tr><td rowspan="5">⑩
兼报其他学校（国立、公立、私立大学）</td><td colspan="2">大学名</td><td>学部名</td><td>学科名（课程名）</td></tr>
<tr><td colspan="2"></td><td></td><td></td></tr>
<tr><td colspan="2"></td><td></td><td></td></tr>
<tr><td colspan="2"></td><td></td><td></td></tr>
<tr><td colspan="2"></td><td></td><td></td></tr>
<tr><td rowspan="3">⑪
兼报本校考试情况</td><td>后期日程</td><td colspan="3">东京外国语大学 国际社会学部　　地域　　语</td></tr>
<tr><td>推荐入试</td><td colspan="3">东京外国语大学 语言文化学部　　语　　地域</td></tr>
<tr><td colspan="4">归国生等　东京外国语大学 国际社会学部　　地域　　语</td></tr>
<tr><td rowspan="6">⑫
高中毕业后的经历</td><td colspan="4">年　　月</td></tr>
<tr><td colspan="4">年　　月</td></tr>
<tr><td colspan="4">年　　月</td></tr>
<tr><td colspan="4">年　　月</td></tr>
<tr><td colspan="4">年　　月</td></tr>
<tr><td colspan="4">年　　月</td></tr>
<tr><td>⑬
外语学习方式</td><td colspan="4">* 本校学力检查（外国语）选“英语”科目以外的考生才需要填写。
出生校、留学、自学、讲习会、预备校及其他（　　　　）</td></tr>
</table>

图 5-4　报考东京外国语大学所需提交材料

3. 大学于 2015 年 2 月 12 日之前，向考生寄送准考证与“考生须知”，考生按照规定的考点到场应考

4. 合格发表

2015 年 3 月 6 日上午 10 点，在学校宣传栏张贴合格者名单，并在校网同步公示合格考生的准考证号。当天将合格通知单（如图 5-5 所示）、入学手续相关材料等以挂号信寄送考生。

5. 办理入学手续

2015 年 4 月 14 日、15 日两天办理入学手续。入学时所需缴交费用为入学费 28.2 万日元。授课费总计 53.58 万日元，分两次缴纳，第一次为 4 月份，第二次为 10 月份，分别收取 26.79 万日元。

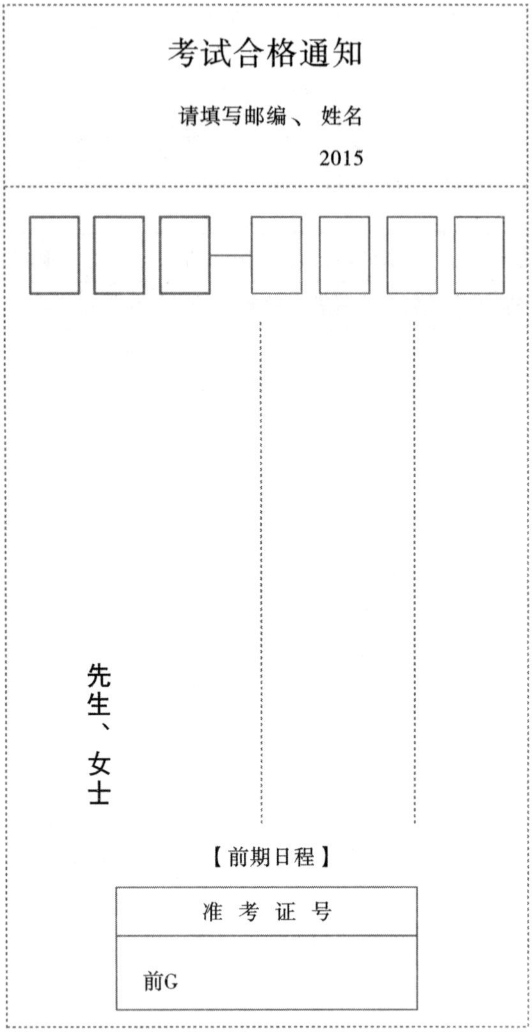

图 5-5　学生考试合格通知单

（四）选拔方法

1. 语言文化学部

语言文化学部的选拔方法共有四种，分别是前期日程、推荐入学、归国子女入学、私费外国留学生入学，对应的计划招生数分别是 343 人、12 人、若干人、若干人。

在利用中心考试成绩的基础上还有大学一般考试，共 2 教科 2 科目，分别是外语与地理历史教科（见表 5-6）。命题方针：外语是以阅读能力、听力、写作能力为中心考查学以致用能力；地理历史是考查基础知识以及基于历史的观点理解现代国际社会的能力。

表 5-6 语言文化学部的一般考试

教科	各科目分数	考试时间
外语	300 分	10:00～12:30
地理历史	100 分	14:00～15:00

表 5-7 语言文化学部中心考试与一般考试的分数划分

考试区分	教科						合计
	国语	数学	外语	地理历史	公民	理科	
中心考试	100 分	50 分	200 分	100 分（2 科目 50 分×2）			450 分
大学一般考试			300 分	100 分			400 分
总计	100 分	50 分	500 分	200 分			850 分

从表 5-7 中可知，东京外国语大学的一般考试以外语教科为重，占了 300 分，而地理历史教科仅占 100 分。在中心考试利用方面，也偏重外语成绩，5 教科 5～6 科目总计 450 分中，外语就占了 200 分。再看中心考试与一般考试在招录中的权重，总计 850 分中，中心考试 450 分，占 52.94%，一般考试 400 分，占 47.06%。可见，中心考试成绩在学生合格评价中占有重要位置。当然，最后的招录结果依据中心考试成绩、大学一般考试成绩以及高中调查书做出全面评价，综合判定考生是否合格。

2. 国际社会学部

国际社会学部的选拔方法共有五种，分别是前期日程、后期日程、归国生等特别推荐入学、归国子女入学、私费外国留学生入学，对应的计划招生数分别是 256 人、104 人、若干人、若干人、若干人。因为国际社会学部的前期日程考试教科、科目与语言文化学部完全相同，因此，这里不再赘述，而只聚焦后期日程。

国际社会学部同样重视中心考试成绩，后期日程对中心考试教科、科目的要求有所调整，免去了数学，国语增加为 200 分，总计 500 分（见表 5-8）。后期日程的一般考试也更为简单，相较于前期日程的 2 教科 2 科目，只设外语 1 教科 1 科目，共 200 分。命题方针为阅读有关文化与社会方面的相关外语文章，借此考查考生的阅读能力、逻辑思考能力、日语文章表现力等。判定招录结果根据中心考试成绩、一般考试成绩与高中调查书综合评价决定合格与否。总分 700 分，其中中心考试成绩为 500 分，占 71.43%，一般考试成绩为 200 分，仅占 28.57%。可见，后期日程中，中心考试成绩在学生合格评价中的比例远远高于前期日程。

表 5-8　国际社会学部后期日程中心考试与一般考试的分数划分

考试区分	教科					合计
	国语	数学	地理历史	公民	外国语	
中心考试	200 分	100 分			200 分	500 分
大学一般考试					200 分	200 分
总计	200 分	100 分			400 分	700 分

东京外国语大学作为国立大学，作为外语教育的专门性大学，生源一直较为稳定，其志愿倍率与合格率基本保持稳定，如表 5-9 所示。

表 5-9　2015 年一般入学考试总体选拔情况

学部	计划招生数（人）	报考考生数（人）	志愿倍率（报考考生数/计划招生数）	实际考生数（人）	合格考生数（人）	合格率（合格考生数/实际考生数）	实际入学考生数（人）
语言文化学部（前期日程）	343	1 397	4.10	1 323	402	0.30	362
国际社会学部（前期日程）	256	902	3.50	848	310	0.36	265
国际社会学部（后期日程）	104	2 417	23.20	1 123	154	0.14	119
总计	703	4 716	6.71	3 294	866	0.26	746

虽然东京外国语大学暂时没有生源危机，但是，相较东京大学 95%～99%的报到率，东京外国语大学的报到率是比较低的。2015 年，虽然实际合格的考生有 866 名，但是，最后入学考生只有 746 名，报到率只有 86.14%，这意味着有 120 名合格考生选择了别的大学。

（五）“以生为本”的丰富举措

1. 两次校园开放日

东京外国语大学每年都举办两次校园开放日，分别是 7 月与 11 月，借此吸引大量考生与家长到校参观。不仅如此，大学还允许高中、中等教育学校、预备校等教育机构在平时也集体组织学生入校参观。开放日当天，还有专门的课程体验，让考生与家长可以亲临课堂体验大学教育的特色。具体安排如表 5-10：

表 5-10 校园开放日安排

• 第一次校园开放日 • 日期：2015 年 7 月 12 日（周日） • 地点：东京外国语大学府中校区 • 内容：总体说明会、个别商谈会（入学考试、就业、留学、在校生交流等）、授课体验、特别企划（参观校园等）	• 第二次校园开放日 • 日期：2015 年 11 月 21 日（周六） • 地点：东京外国语大学府中校区 • 内容：总体说明会、各学部说明会、个别商谈会（入学考试、培养方案、在校生交流等）、其他
授课体验的课程安排	
• 语言文化学部 • 藤绳康弘老师 语言与文化——从“ヒト”到人 • 谷口龙子老师 现在，日本的此处最有趣 • 八木久美子老师 从思想与艺术看异文化	• 国际社会学部 • 篠原琢老师 旅途中的文化 • 岩崎稔老师 何谓国际化——在东京外国语大学成为大学生 • 渡边启贵老师 国际社会的现在与未来——外交到了文化时代

2. 到全国各地举办面向高中生的体验课程

东京外国语大学每年都会安排数名教师到全国各地面向高中在校生授课，吸引有意向、感兴趣的高中生与家长参加课程，但是，该课程需要事先网络申请。2015 年的体验课程安排如表 5-11：

表 5-11 2015 年面向高中生举办的各地大学体验课程

日期	会场	课程内容	申请期限
6 月 15 日（周一） 13:00～17:00	东京外国语大学府中校区	• 篠田英朗：纷争解决论导 • 匹田刚：“语言学习”的两种意思	6 月 11 日 （周四）17:00
6 月 21 日（周日） 13:00～17:00	名古屋花园城市名古屋新干线口	• 铃木义一：冷战后期时代的民族与地域纷争 • 内藤稔：现代日本多文化共生中口译的职责	6 月 11 日 （周四）17:00

续 表

日期	会场	课程内容	申请期限
6 月 28 日（周一）13:00～17:00	札幌车站会议中心	•金井光太郎：从 KING 牧师纪念日看历史的记忆与忘却 •森田耕司：透过波兰语看日本	6 月 25 日（周四）17:00
7 月 5 日（周日）13:00～17:00	福冈会议博多	•浦田和幸：英语单词的世界 •丹羽泉：知晓语言就看到世界	7 月 2 日（周四）17:00
8 月 19 日（周三）13:00～17:00	东京外国语大学府中校区	亚洲地域	待定
8 月 21 日（周五）13:00～17:00	东京外国语大学府中校区	欧洲地域	待定
8 月 24 日（周一）13:00～17:00	东京外国语大学府中校区	国际社会学部	待定
8 月 25 日（周二）13:00～17:00	东京外国语大学府中校区	语言文化学部	待定
10 月 1 日（周四）13:00～17:00	东京外国语大学府中校区	待定	待定

三、大阪市立大学

公立高等教育虽然介于国立与私立之间，但是，本质上同于私立高等教育，也是一种“从下”的高等教育，即基于地方主体的教育。公立大学由地方政府出资兴办，因此，并无独立的运营管理权，而受制于地方政府。1950 年日本公立大学共 35 所，到了 20 世纪 80 年代后期达到 53 所。大阪市立大学创建于 1949 年，创校当日，时任大阪市长的关博一在致辞中明确了大阪市立大学的办学方向，大阪市立大学不可以只是国立大学的拷贝，大学与都市同在、都市与大学同在，这成为大阪市立大学不变的办学理念。大阪市立大学的前身——1928 年创设的大阪商科大学是日本全国首个市立大学，1949 年作为新制大学开启征程的大阪市立大学共有 5 个学部，分别是商、经济、法律文学、理工和家政，在校生数在公立大学中一直位居前列，2011 年在校生数位居公立大学之首。现共有 8 个学部，总计在校本科生

6 577 人。2015 年，大阪市立大学计划招生 1 375 人，报考考生 5 901 人，志愿倍率为 4.3，实际考生 4 999 人，合格者 1 524 人，实际入学者 1 428 人。

（一）招生考试基本原则与目标①

大阪市立大学招生的基本原则是招录来自全球各地的人性丰富，对科学、城市产业、文化、生活、循环等有广泛兴趣，有强烈求知欲，富有潜质的学生。旨在大阪市立大学自由且具有前瞻性的学术氛围中，培养可独立思考、有责任心、善于探索未知领域的、具有灵活性的人才。招生考试包括一般考试、推荐入学、专门高中、综合高中毕业生入学、社会人入学、编入学等，每个学部、学科的招生考试方式都有所区隔。如表 5-12 所示：

表 5-12 各学部、学科的招生考试方式

招生考试方式	对应学部、学科
一般考试（前期日程、后期日程）	商、经济、法、文、理、工、生活科学、医学部医学科、医学部护理学科
推荐入学	商、理、工、生活科学、医学部护理学科
专门高中、综合高中毕业生入学	商
社会人入学	经济、医学部护理学科
编入学	法、文、理
归国学生入学	文
外国留学生入学	商、经济、法、文、理、工、生活科学

大阪市立大学的检定费是 1.7 万日元，但是，入学所需费用根据考生户籍有所区分。如果是大阪市民子弟，入学费为 22.2 万日元，而非大阪市民子弟则需要缴纳 34.2 万日元，但是，授课费都一样，为一学年 53.58 万日元。学生可以享有的奖学金主要是日本政府（文部科学省）奖学金，月度金额为 12 万日元；自费留学生的荣誉奖学金，月度金额为 4.8 万日元。

---

① 关于大阪市立大学的招生考试制度的相关材料均来自“大阪市立大学. 入試情報［EB/OL］. http://www.osaka-cu.ac.jp/ja/admissions.”，为叙述方便，容下文不再赘提出处。

（二）一般考试与中心考试的综合评价

在公立大学，大学单独举办的一般考试都对中心考试有相应要求，中心考试成绩可以视为一般考试的资格审查。倘若考生没有按照大学的要求参加所指定的中心考试科目的考试，就等于自动放弃了一般考试资格。下面以商学部、工学部的部分学科为例，阐析中心考试与一般考试的教科、科目要求及其分数分配事宜。

1. 中心考试与一般考试的教科、科目要求（见表 5-13）

表 5-13　中心考试与一般考试的教科、科目要求

学部、学科	考试方式	中心考试教科、科目	一般考试教科、科目
商学部	前期日程	•日语 •地理历史公民 从世界史 B、日本史 B、地理 B、现代社会、伦理政治经济中选择 2 科，其中 1 科必须是世界史 B、日本史 B、地理 B 中的 1 科，允许同时选择世界史 B、日本史 B •数学 从数学Ⅰ数学 A、数学Ⅱ数学 B 中选择 1 科；从工业数理基础、簿记会计、信息关系基础中选择 1 科 •理科 从物理基础、化学基础、生物基础、地学基础中选择 2 科或者从物理、化学、生物、地学中选择 1 科 •外语 从英语、德语、法语、汉语、韩语中选择 1 科 【5 教科 7 科目或 5 教科 8 科目】	•日语 现代文 •数学 以数学Ⅰ、数学Ⅱ、数学 A、数学 B 为命题范围 •外语 英语必考，部分题目可以从英语、德语、法语、汉语、韩语中选择 1 科
	后期日程	•日语 •数学 •外语 从英语、德语、法语、汉语、韩语中选择 1 科 【3 教科 4 科目】	

续　表

学部、学科		考试方式	中心考试教科、科目	一般考试教科、科目
工学部	机械工学科	前期日程	• 日语 • 地理历史公民 从世界史 A、世界史 B、日本史 A、日本史 B、地理 A、地理 B 中选择 1 科；从现代社会、伦理政治经济、伦理政治经济中选择 1 科；从数学Ⅰ数学 A、数学Ⅱ数学 B 中选择 1 科；从工业数理基础、簿记会计、信息关系基础中选择 2 科 • 外语 从英语、德语、法语、汉语、韩语中选择 1 科 【5 教科 7 科目】	• 数学 以数学Ⅰ、数学Ⅱ、数学 A、数学 B 为命题范围 • 理科 以物理基础、物理、化学基础、化学为命题范围 • 外语 英语必考，部分题目可以从英语、德语、法语、汉语、韩语中选择 1 科
		后期日程	• 理科 物理、化学 • 外语 从英语、德语、法语、汉语、韩语中选择 1 科 【2 教科 3 科目】	以数学Ⅰ、数学Ⅱ、数学Ⅲ、数学 A、数学 B 为命题范围
	化学生物学科	前期日程	• 日语 • 地理历史公民 从世界史 A、世界史 B、日本史 A、日本史 B、地理 A、地理 B 中选择 1 科；从现代社会、伦理、政治经济、伦理政治经济中选择 1 科；从数学Ⅰ数学 A、数学Ⅱ数学 B 中选择 1 科；从工业数理基础、簿记会计、信息关系基础中选择 2 科 • 外语 从英语、德语、法语、汉语、韩语中选择 1 科 【5 教科 7 科目】	• 数学 以数学Ⅰ、数学Ⅱ、数学 A、数学 B 为命题范围 • 理科 以物理基础、物理、化学基础、化学为命题范围 • 外语 英语必考，部分题目可以从英语、德语、法语、汉语、韩语中选择 1 科

续 表

学部、学科		考试方式	中心考试教科、科目	一般考试教科、科目
工学部		后期日程	• 数学 数学Ⅰ数学 A、数学Ⅱ数学 B • 理科 从工业数理基础、簿记会计、信息关系基础中选择 1 科；从物理、生物中选择 1 科 • 外语 从英语、德语、法语、汉语、韩语中选择 1 科 【3 教科 5 科目】	• 论文 考查化学与生物的相关素养与论述能力 • 口语考试 考查学习化学与生物所必需的适性与能力
工学部	都市学科	前期日程	• 日语 • 地理历史公民 从世界史 A、世界史 B、日本史 A、日本史 B、地理 A、地理 B 中选择 1 科；从现代社会、伦理政治经济、伦理政治经济中选择 1 科；从数学Ⅰ数学 A、数学Ⅱ数学 B 中选择 1 科；从工业数理基础、簿记会计、信息关系基础中选择 2 科 • 外语 从英语、德语、法语、汉语、韩语中选择 1 科 【5 教科 7 科目】	• 数学 以数学Ⅰ、数学Ⅱ、数Ⅲ、数学 A、数学 B 为命题范围 • 理科 以化学基础、化学为命题范围 • 外语 英语必考，部分题目可以从英语、德语、法语、汉语、韩语中选择 1 科
工学部	都市学科	后期日程	• 理科 物理、化学 • 外语 从英语、德语、法语、汉语、韩语中选择 1 科 【2 教科 3 科目】	• 数学 以数学Ⅰ、数学Ⅱ、数Ⅲ、数学 A、数学 B 为命题范围

从上表中我们推出以下几个基本特点：(1) 考生必须按照各学部、学科制定的教科、科目参加中心考试，这是获得大学一般考试资格的前提。(2) 各学部、学科的一般考试都分为前期日程与后期日程。前期日程为主，后期日程为辅。前期日程对中心考试的教科、科目要求较高，均为 5 教科 7 科目或者 5 教科 8 科目，而后期日程要求明显较低，有 2 教科 3 科目、3 教科 4 科目、3 教科 5 科目等方式。(3) 一般考试中，前期日程的考测范围与难易度也显著高于后期日程，后期日程中既有商学部这样不再举办考

试，仅凭中心考试成绩评价者，也有化学、生物学科这样采用论文与口语考试的灵活考查方式；一般考试的命题与中心考试的学科型模式不同，具有显著的综合命题取向，如数学教科统一以“数学Ⅰ、数学Ⅱ、数Ⅲ、数学A、数学B”为命题范围，理科教科以“物理基础、物理、化学基础、化学”为命题范围等。而外语考试也不同于中心考试的单一外语学科的性质，而是在同一份试卷中设定部分英语必考题，另外还设定部分德语、法语、汉语、韩语考题，允许学生任选一种语言题目，扩大学生的外语选考权。

2. 中心考试与一般考试不同教科、科目分数分配情况（见表5-14）

表5-14　中心考试与一般考试不同教科、科目的分数分配

学部、学科			考试类型	日语（分）	地理历史公民（分）	数学（分）	理科（分）	外语（分）	论文（分）	口语考试（分）	分数总计（分）
商学部		前期日程	中心考试	100	100	100	50	150			500
			一般考试	160		170		170			500
			小计	260	100	270	50	320			1 000
		后期日程	中心考试	200		200		200			600
			一般考试								
			小计	200		200		200			600
工学部	机械工学科	前期日程	中心考试	100	40	80	80	100			400
			一般考试			250	200	150			600
			小计	100	40	330	280	250			1 000
		后期日程	中心考试				100	100			200
			一般考试			200					200
			小计			200	100	100			400
	化学生物学科	前期日程	中心考试	100	40	80	80	100			400
			一般考试			250	200	150			600
			小计	100	40	330	280	250			1 000
		后期日程	中心考试			100	100	100			300
			一般考试						100	100	200
			小计			100	100	100	100	100	500
	都市学科	前期日程	中心考试	100	40	80	80	100			400
			一般考试			250	200	150			600
			小计	100	40	330	280	250			1 000
		后期日程	中心考试				100	100			200
			一般考试			200					200
			小计			200	100	100			400

从上表中，我们可以分析如下。(1) 中心考试与一般考试的分数在录取中的比重完全由各学部、学科自定，如商学部前期日程为各占 50%，后期日程为仅凭中心考试成绩入学；工学部机械工学科前期日程为 40%与 60%，后期日程为各占 50%。(2) 在同一科目中，我们可以看到分数根据学部、学科的区别而有所区隔，原因有二，一是中心考试同一教科下有多项科目可供选择，而一般考试也是各学部、学科自行命题；二是该成绩在录取中的权重各学部、学科自定，因此，同一教科的分数标识有所区分。如数学教科，商学部前期日程中心考试为 100 分，工学部前期日程中心考试均为 80 分，商学部后期日程中心考试为 200 分，工学部后期日程中心考试不需要数学教科成绩，形式各异、各取所需。

(三) 多样化高校招生考试

大阪市立大学有着丰富多样的高校招生考试方式，本研究主要介绍外国留学生考试、编入学、社会人入学、夜间履修特别制度。

1. 外国留学生招生考试

外国学生报考大阪市立大学需要同时满足以下三个条件。(1) 非日本国籍持有者。(2) 在国外接受了 12 年学校教育，课程修了或预定修了者；经文科大臣认定具有相应学力者；经本校认定具有相应学力者，满足三者之一者均可以。(3) 参加了日本学生支援机构的“日本留学考试”且成绩达到各学部得分要求者。

表 5-15　外国留学生招生考试

学部、学科	日本留学考试 科目　分数(分)	一般考试 教科(科目)　分数(分)	总计(分)
商学部	日语　450 理科 2 科目或综合科目　200 数学　200 小计　850(68%)	外语(英语)　400 口语考试 小计　400(32%)	1 250 (100%)
经济学部	日语　200 综合科目　100 数学　100 小计　400(50%)	数学　100 外语(英语必考,部分题目可以从英语、德语、法语中任选 1 科)　200 作文(仅限日语)　100 口语考试(融入录取评价) 小计　400(50%)	800 (100%)

续　表

学部、学科		日本留学考试 科目　分数	一般考试 教科(科目)　分数(分)	总计(分)
文学部		日语　200 综合科目　100 数学　100 小计　400(40%)	国语　200 外语(英语必考,部分题目可以从英语、德语、法语、汉语、韩语中任选 1 科)　200 作文(仅限日语)　100 口语考试　100 小计　600(60%)	1 000 (100%)
理学部		日语　450 理科　200 数学　200 小计　850(51.5%)	数学 200 理科　200 外语(英语)　200 口语考试　200 小计　800(48.5%)	1 650 (100%)
工学部		日语　200 理科　100 数学　100 小计　400(36.4%)	数学　250 理科　200 外语(英语必考,部分题目可以从英语、德语、法语、汉语、韩语中任选 1 科)　150 口语考试　100 小计　700(63.6%)	1 100 (100%)
生活科学学部	食品营养学科	日语　100 理科 2 科目　150 数学　100 小计　350(43.8%)	数学　150 理科　150 外语(英语)　150 小计　450(56.2%)	800 (100%)
	居住环境学科	日语　100 理科 2 科目或综合科目　50 数学　200 小计　350(53.8%)	数学　150 外语(英语)　150 口语考试 小计　300(46.2%)	650 (100%)
	人类福祉学科	日语　100 理科 2 科目或综合科目　50 数学　50 小计　200(40%)	外语(英语)　150 国语或数学　150 口语考试 小计　300(60%)	500 (100%)

从表 5-15 中，我们看出以下几个弹性特点。(1) 每个学部、学科各有自己的考试评价标准。无论是日本留学考试还是一般考试，其科目与分数要求都不尽相同，因此，最后综合评价中的总分也各不相同。如商学部对日本

留学考试的科目要求是日语（450分）、理科2科目或综合科目（200分）、数学（200分），一般考试的科目要求是外语（400分）、口语考试不计分，但是，融入录取评价中，最后总分是1 250分。经济学部最后总分是800，日本留学考试科目为日语（200分）、综合科目（100分）、数学（100分），一般考试科目是数学（100分）、外语（200分）、作文（100分）、口语考试。(2) 日本留学考试与一般考试在录取中所占比重均由各学部、学科自行决定，如经济学部两类考试比重是各占50%，而工学部分别为36.4%、63.6%。甚至同一学部不同学科所定比重都有所区别，如生活科学学部下设三个学科，食品营养学科比重为43.8%、56.2%，居住环境学科比重为53.8%、46.2%，人类福祉学科比重为40%、60%。

在录取中，各学部对各科目考试得分有一定规约，如商学部要求日语科目得分270分以上，综合科目与数学或理科与数学科目得分270分以上；理学部要求日语科目得分225分以上，理科与数学科目得分240分以上；经济学部却没有任何得分限制。学生一旦入学就可以享受大学设置的免费为外国留学生补习日语的课程，授课时间为每周星期一，每年28节课，以帮助留学生快速适应异域大学生活。

2. 编入学（法学部）

大阪市立大学的编入学制度根据学部有所不同，此处只以法学部为实例管窥一斑。法学部编入学制度对考生资格有如下规定：(1) 在本大学或其他4年制大学学习2年以上，已经获得54学分（含外语8学分）者或预定2016年3月将获得上述学分者；(2) 本大学或其他4年制大学毕业生或预定2016年3月将毕业者；(3) 短大、高专毕业生或预定2016年3月将毕业者；(4) 专门学校的专门课程修了者（修业年限2年以上，总计时数达到1 700小时以上，获得62学分以上）或预定2016年3月将修了者；(5) 获得学位授予机构或大学学位授予机构所授予的学士学位或预定2016年3月将被授予学士学位者。希望招收的学生如下：(1) 勇于探求新问题、拥有强烈求知欲者；(2) 拥有丰富想象力与丰富人性者；(3) 能够正确理解对方意见并富有逻辑组织与表达自我意见者；(4) 拥有掌握法学、政治学的专业知识所必需的基本素质者。

编入学录取结果依据一般考试与书面材料综合评价。一般考试包括论文与外语，论文考查学生的法学综合能力，共200分；外语允许从英语、德语、法语中任选1种，共100分。因此，一般考试总计300分。入学检定费为3万日元，入学费与授课费同于其他各种考试方法的收费。

3. 社会人入学（医学部护理学科）

此处以医学部护理学科为例阐析大阪市立大学社会人入学的基本概况。医学部护理学科的报考资格如下：(1) 具备参加高校招生考试资格者（①高中毕业生、②修习了12年学校教育课程者、③经文科大臣或本大学认定具有与②同等学力者）且截至2016年3月底具有4年以上工作经验者；(2) 大学毕业生或预定2016年3月大学毕业者；(3) 已经获得学士学位者或者预定2016年3月将获得学士学位者；(4) 本大学毕业后，志愿作为护理师服务于大阪府内的保健、医疗、福祉事业者；(5) 未持有护理师、准护理师、保健师、助产师等资格证书者。希望招收的学生是已经获得学士学位且有工作经验、对护理学有满腔热忱且适合学习者，具体表现在以下四方面：(1) 高度关注人类及人类生活者；(2) 拥有广泛扎实的学力且学习目的明确积极上进者；(3) 富有团队精神且善于与人共同行动者；(4) 志愿通过护理实践为提高保健、医疗、福祉水平做贡献者。

社会人入学的录取结果依据一般考试、口语考试与书面材料综合评价录取。一般考试包括3教科3科目，分别是国语、外语与数学，各150分，总计450分；口语考试每人15分钟左右，占50分。

4. 夜间履修特别制度

2010年开始，大阪市立大学在商、经济、法、文学部推行“夜间特别履修制度”，其对象为家庭经济较为困难的学生。如果在减免学费与提供相应奖学金的基础上仍然无法正常维持学业，不得不通过白天打工来维系学业所需费用者，可以申请利用该制度，申请晚上听课，完成学业。该制度只适用于通过一般考试（前期日程、后期日程）入学者，不适用于通过推荐入学、归国学生入学、专门高中、综合高中毕业生入学、编入学制度入学者。申请资格为以下三类学生：(1) 仅凭家庭收入确实难以维系学业，不得不白天打工晚上学习者；(2) 有正规工作，希望通过该制度完成学业并毕业者；(3) 一周工作30小时以上者。

第二节 私立大学（4年制）

私立大学是日本高等教育体系中不可或缺的部分，因为其机构总数与在校生数均约占总数的80%。私立大学不仅是推动统考制度确立的有力支撑者，也是推动日本高校招生考试多样化改革的核心动力。私立高校以高度敏感的社会感知力与市场适应力不断完善与改进招生考试制度，丰富了国、公立高校招生考试制度改革，也丰实了日本高校招生考试制度改革。通过各种锐意创新的改革发展，私立高校中部分名门大学日益凸显，从战前发展而来的早稻田大学、庆应义塾大学、明治大学、法政大学、中央大学、日本大学等，成为私立高等教育的引领者，为国家培养了大量优秀人才。2012 年底，文部科学省召开全国国立大学教育学部长会议，提出了深刻的质疑："国家为培养教育学人才投入大量财政，可是，为何只有一半的毕业生从事教育事业？为何国立大学教育学科的毕业生在录用考试中会不如私立大学的毕业生？"①该质疑折射出私立名门大学已经在日本高等教育体系中站稳了脚跟，在一定程度上已经具备了与国、公立大学同台竞争的实力。本节以招生考试竞争激烈的私立巨型大学——早稻田大学、考试竞争一般的私立中等规模大学——冈山理科大学为剖析对象，力图以此为代表透视日本私立大学招生考试的基本特点。

一、早稻田大学

早稻田大学与庆应义塾大学被誉为日本"私立双雄"。早稻田大学的前身是 1882 年大隈重信创办的东京专门学校。大隈重信以推动"独立的学问、知识的实际应用"为办学方针，倡导学术自由、独创钻研的精神，旨在培养具有实际应用知识并在国际事务中具有广泛活动能力的"模范国民"。1901 年，更名为"早稻田大学"后逐渐增设学部，现共有 13 个学部，分别是政治经济学部、法学部、商学部、社会科学部、教育学部、文学部、文化构想学部、基干理工学部、创造理工学部、先进理工学部、人类科学部、运动科学部、国际教养学部。现有在校生 43 555 人，其中，男生 27 910 人，女生 15 645 人。100 多年来，早稻田大学培养了众多政界、经济界和文化界的著名人士，毕业生在企业中的满意度常年雄踞日本第一。政界如前首相野田佳彦等共 7 位首相毕业于早稻田大学，文学界中已有 30 名校友成为日本文学最高奖——芥川奖得主，居日本之首，著名文学家坪内逍遥、北原白秋、村上春树也是该校毕业生。

---

① 丸井淳史. 大学は変われるか［N］. 日本経済新聞，2013-6-17（3）.

(一) 招生考试方式与招生数情况[①]

2014 年，早稻田大学各学部招生考试分为学力考试与非学力考查两种，前者包括一般考试与利用中心考试两种，后者包括 AO 入学与自我推荐入学两种。如下表：

表 5-16　2014 年度各学部招生考试

考试方式 学部	学力考试		非学力考查		学部计划招生总数（人）
	一般考试（人）	利用中心考试（人）	AO 入学（人）	自我推荐入学（人）	
政治经济学部	计划招生数 450 报考考生数 6 647 志愿倍率 14.77	75 2 747 36.63	150 181 1.21		675
法学部	计划招生数 350 报考考生数 4 848 志愿倍率 13.85	100 2 109 21.09			450
教育学部	计划招生数 1 105 报考考生数 16 465 志愿倍率 14.9			600 2 136 3.56	1 705
商学部	计划招生数 455 报考考生数 12 252 志愿倍率 26.93	80 1 572 19.65			535
社会科学部	计划招生数 450 报考考生数 11 961 志愿倍率 25.58	50 1 628 32.56		50 264 5.28	550
人类科学部	计划招生数 680 报考考生数 11 266 志愿倍率 16.57	90 1 616 17.96			770
国际教养学部	计划招生数 150 报考考生数 2 717 志愿倍率 18.11	50 997 19.94	125 496 3.97		325
文学部	计划招生数 440 报考考生数 7 706 志愿倍率 17.51	50 1 205 24.1			490

① 关于早稻田大学的招生考试制度的相关材料均来自“リクナビ進学. 早稲田大学の入試情報 [EB/OL]. http://shingakunet.com/gakko/SC000371/nyushi/bairitsu/#0000000000137945.”，为叙述方便，容下文不再赘提出处。

续 表

学部＼考试方式	学力考试		非学力考查		学部计划招生总数（人）
	一般考试（人）	利用中心考试（人）	AO入学（人）	自我推荐入学（人）	
文化构想学部	计划招生数 500 报考考生数 8 626 志愿倍率 17.25	70 1 425 20.36			570
运动科学部	计划招生数 100 报考考生数 1 587 志愿倍率 15.87	150 2 109 14.06	若干 14	40 245 6.13	
基干理工学部	计划招生数 315 报考考生数 4 932 志愿倍率 15.66		若干 42		
创造理工学部	计划招生数 315 报考考生数 4 059 志愿倍率 12.89		若干 115		
先进理工学部	计划招生数 300 报考考生数 5 377 志愿倍率 17.92		若干 108		

表 5-17 2014 年度各学部利用中心考试教科、科目情况

学 部	教科、科目
政治经济学部	5 教科 6～7 科目
法学部	5～6 教科 6～7 科目
商学部	5 教科 6～7 科目
社会科学部	5～6 教科 6～7 科目
人类科学部	5 教科 6～7 科目
国际教养学部	5 教科 6～7 科目

综合表 5-16、5-17，我们可以清晰地看出：(1) 各学部招生考试以学力考试为主，非学力考查只是其中一小部分，从招生数角度而言，学力考试（一般考试、利用中心考试）招生数大约占了总招生数的 85%，而非学力考查招生数约占 15%，并且，从志愿倍率也可以看出各学部招生考试的竞争程度很激烈，一般考试中，商学部志愿倍率最高为 26.93，社会科学部为 25.58，最低为创造理工学部，但是也高达 12.89；(2) 凡是要求利用中心考试成绩的学部，其对考试教科、科目的要求均基本同于国立大学，为 5 教

科 6～7 科目或 5～6 教科 6～7 科目，具有较高的学力要求，而利用中心考试的招生考试情况，志愿倍率最高为政治经济学部 36.63，社会科学部以 32.56 次之，最低者为运动科学部，仅为 14.06。

早稻田大学作为私立名门，招生考试偏向学力型考试的特征还体现在一般考试的教科、科目设定中，政治经济学部、法学部、商学部、社会科学学部、人类科学学部、国际教养学部均为 3 教科 3 科目。除了运动科学部为 2 教科 2 科目，基干理工学部、创造理工学部、先进理工学部均为 3 教科 4 科目。因此，总体而言，早稻田大学的一般考试与普通私立高校的 2 教科 2 科目甚至 1 教科 1 科目的一般考试形式大不相同。

（二）各学部的特色招生考试方式（见表 5-18）

表 5-18　各学部的特色招生考试

学　部	特色招生考试方式
政治经济学部	全球入学考试（AO 入学） 英语学位项目（English-based Degree Studies September Admission Program）（AO 入学） 社会人全球入学考试 科目履修生制度
法学部	科目履修生制度（一般、教职）
文学部	科目履修生制度（考古调查士）
文化构想学部	科目履修生制度（学艺员、教职）
教育学部	自我推荐入学考试 科目履修生制度
商学部	科目履修生制度
创造理工学部	建筑学科入学考试（AO 入学）
基干理工学部	特别选拔入学考试（AO 入学） 国际课程入学考试（AO 入学） 科目履修生制度
先进理工学部	特别选拔入学考试（AO 入学） 国际课程入学考试（AO 入学） 科目履修生制度
社会科学部	自我推荐入学考试 现代日本学项目 科目履修生制度
人类科学学部	科目履修生制度

续 表

学　部	特色招生考试方式
运动科学部	自我推荐入学考试 科目履修生制度 AO入学考试
国际教养学部	AO入学考试（4月入学）国内选考 AO入学考试（4月入学）国外选考 AO入学考试（9月入学）

1. AO入学

早稻田大学共有6个学部实行AO入学制度，分别是政治经济学部、运动科学部、国际教养学部、基干理工学部、创造理工学部、先进理工学部。AO入学包括各种方式，如数学奥林匹克入学、生物学奥林匹克入学、信息奥林匹克入学、高中生科学技术挑战入学、日本学生科学奖入学、物理挑战入学等各种形式。以下以基干理工学部为阐析实例，见表5-19。

表5-19　基干理工学部的AO入学

基干理工学部	AO入学相关事宜
数学奥林匹克入学	• 面向应届与非应届高中毕业生 • 第一志愿报考本专业且以前没有报考经历者 • 在“日本数学奥林匹克”竞赛中获得A等者 • 修习过数学Ⅰ、数学Ⅱ、数学Ⅲ、数学A、数学B；在“物理基础＋物理、化学基础＋化学、生物基础＋生物”3组科目中修习过2组4科目者 • 招生考试程序：考生申请→书面材料审查→公布书面材料审查合格者→面试→公布面试合格者→办理入学手续 • 检定费 第1次考查——1万日元 第2次考测——2.5万日元
高中生科学技术挑战入学	• 面向应届与非应届高中毕业生 • 第一志愿报考本专业且以前没有报考经历者 • 在“高中生科学技术挑战”竞赛中获得以下个人奖者：文部科学大臣奖、科学技术政策担当大臣奖、最优奖、一等奖、科学技术振兴机构奖 • 修习过数学Ⅰ、数学Ⅱ、数学Ⅲ、数学A、数学B；在“物理基础＋物理、化学基础＋化学、生物基础＋生物”3组科目中修习过2组4科目者 • 招生考试程序：考生申请→书面材料审查→公布书面材料审查合格者→面试（包括考生做报告）→公布面试合格者→办理入学手续 • 检定费 第1次考查——1万日元 第2次考测——2.5万日元

早稻田大学的 AO 入学带有显著的选拔精英的价值取向，因为只有在国家级的各种高端竞赛中获得奖项者才能获得报考资格。这也是为什么早稻田大学 AO 入学没有限定招生人数，却只有寥寥两三百人报考，且最终通关成功者也不过百号人的根本原因。如 2014 年，报考基干、创造、先进理工学部的考生为 265 人，而合格者仅有 112 人。

2. 自我推荐入学

早稻田大学共有 3 个学部实行自我推荐入学，分别是教育学部、社会科学部、运动科学部。因为各学部的招生考试评价基准与程序基本相似，故只以教育学部为实例展开分析，见表 5-20。

表 5-20　教育学部的自我推荐入学

学　部	自我推荐入学相关事宜
教育学部	• 只面向应届高中毕业生 • 高中学业成绩评价都在 4.0 以上 • 高中期间“未到课日子”在 30 天以内 • 高中期间在各类活动中表现出众者（符合以下一项即可） ①在俱乐部或其他各种课外活动中，取得优异成绩者并获得外界好评 ②在都道府县级别的体育比赛中获得优异成绩者 ③担任学生会会长或副会长，文化祭、体育祭等活动的实行委员会委员长或副委员长 • 第 1 次考查——书面材料选考 第 2 次考测——小论文、作文＋面试 • 检定费 第 1 次考查——1 万日元 第 2 次考测——2.5 万日元

注：日本高中学业成绩评价采用 GPA 制度，根据点数分为 5 等。4.3～5.0 为 A 等，分数在 90 分～100 分；3.5～4.2 为 B 等，分数在 80 分～89 分；2.7～3.4 为 C 等，分数在 70 分～79 分；1.9～2.6 为 D 等，分数在 60 分～69 分；最后一等为 1.8 以下，代表不及格。小论文形式：一般是给定一篇纯文字阅读文或带图示的阅读文，然后提出问题，限定字数让学生阐述观点。

3. 学士入学

“学士入学”是以已经获得学士学位者或预定将获得学士学位者为对象的考试制度。“编入学考试”是以已经在高校修读了 2 年或预定将修满 2 年并获得了规定学分者为对象的考试制度。2015 年，早稻田大学实施“学士入学”考试制度的学部共 11 个（见表 5-21），分别是政治经济学部、法学部、文学部、教育学部、商学部、基干理工学部、创造理工学部、先进理工学部、社会科学部、人类科学部、运动科学部。实施“编入学”考试制度的学部为商学部、基干理工学部、先进理工学部、社会科学部。“学士入学”与“编入学”两种考试制度的招生数都没有限制。入学检定费除了法学部为 3 万日元外，其他学部均为 3.5 万日元。

表 5-21　不同学部的学士入学考试方式

学　部	考试形式
政治经济学部	第 1 次考试：2 科目，共两题 第 2 次面试
法学部	第 1 次书面材料审查 第 2 次面试
文学部	第 1 次考试：1 科目 第 2 次面试
教育学部	小论文＋面试（半天完成）
商学部	第 1 次考试：1 科目 第 2 次面试
基干理工学部	第 1 次考试：3 科目（英语必考） 第 2 次面试
创造理工学部	第 1 次考试：2～3 科目（英语、数学必考） 第 2 次面试
先进理工学部	第 1 次考试：3～4 科目（英语、数学必考） 第 2 次面试
社会科学部	第 1 次考试：外语 第 2 次小论文 第 3 次面试
人类科学部	第 1 次小论文 第 2 次面试
运动科学部	第 1 次考试：2 科目 第 2 次面试

4. 编入学

编入学是 4 年制大学以短大、高专、专门学校毕业生或预定毕业生、4 年制大学在学两年并修满所学学分者为对象的考试制度。通过编入学制度入学者可以进入 4 年制大学的三年级继续学习。不同学部的编入学考试方式见表 5-22。学士入学、编入学办理入学手续时所需缴纳的费用见表 5-23。

表 5-22 不同学部的编入学考试方式

学 部	考试方式
商学部	第 1 次考试：1 科目 第 2 次面试
基干理工学部	第 1 次考试：3 科目（英语必考） 第 2 次面试
先进理工学部	第 1 次考试：3～4 科目（英语、数学必考） 第 2 次面试
社会科学部	第 1 次考试：外语 第 2 次小论文 第 3 次面试

表 5-23 学士入学、编入学办理入学手续时所需缴纳的费用（单位：万日元）

学部	入学金	授课费	合 计（包括其他费用，如教育环境整备、实验实习、图书）
政治经济学部	均为 20	77.7	116.75
法学部		77.7	116.77
文学部		82.1	120.50
教育学部(文)		77.7	116.10
教育学部(理)		113.4	160.80
商学部		77.7	116.48
社会科学部		77.7	116.28
人类科学部		105.7	160
运动科学部		108.8	163.50
基干理工学部		113.4	根据不同学科有所不同
创造理工学部		113.4	根据不同学科有所不同

注：(1) 入学金只需要第一学年缴交，授课费与其他费用每年都要缴交；(2) 授课费每学年有所调整。

5. 高中生特别听讲制度

早稻田大学每年都推行"高中生特别听讲制度"，欢迎希望提前体验大学课堂并对早稻田大学感兴趣的高中 2、3 年级学生修习大学正规课程。招生分 2 月与 5 月两次，每年招收 100 名左右的高中生，选拔主要依赖于学生提交的书面材料。选拔合格者将与大学生一起上课、考试。授课一周 1 次，1 次课 90 分钟。共设两个学期，前期从 4 月到 7 月，后期从 9 月到来年 1 月。课程结束后接受考试，如果合格就可以获得学分，该学分在学生高中毕业考入早稻田大学后可以计入毕业所需学分。根据大学设置基准，该学分也适用于其他大学，换言之，通过高中生特别听讲制度取得的学分都可以在学生考入大学后计入毕业所需学分。高中生听课免收检定费，但是需缴交授课费，收费根据学分计算，文科科目1学分8千日元，理科则为1万日元。1科目一般为2或4学分。

二、冈山理科大学

冈山理科大学创建于1964年，是“二战”后日本新建的有名的理工科类大学，共有4个学部18个学科，分别为理学部、工学部、综合信息学部、生物地球学部。2016年4月，预定开设教育学部。现在共有5 848名在校生，其中，男生4 747人，女生1 101人。

（一）招生考试原则与目标①

冈山理科大学的招生考试原则与目标有一个显著特点：呈现显著的总分关系，即学部总则之下有学科分则，学科之下又根据AO入学与专门高中、综合高中特别推荐入学方法的不同而有所区分。下面以理学部7个学科为例，分别阐析AO入学与专门高中、综合高中特别推荐入学的具体事宜。如表5-24：

表5-24　理学部各学科招生考试原则与目标

•学部	招生考试原则与目标
理学部	志在培养具有广泛教育与社会常识，具备国际视野与创造性的人才，为此，希望招收对数理科学、自然科学有强烈求知欲的学生
•下设7学科	招生考试原则与目标
应用数学学科	志在培养具备数理科学的基本理论与基本运用能力的人才。具体而言培养初高中的数学、信息科学课的教师。希望招收的学生如下：喜欢数学、积极好学、意志坚韧；大学毕业后希望在初高中教授数学；不仅对数学理论感兴趣，也对信息科学感兴趣
化学科	志在培养技术者、研究者、理科教师。希望招收的学生如下：不仅对化学感兴趣，对自然科学也感兴趣，具备物理、生物等理科基本知识；喜欢实验与研究并会积极主动学习研究；拥有对数计算、微积分的基本知识；对某一问题感兴趣并富有专注力

① 关于冈山理科大学的招生考试制度的相关材料均来自“岡山理科大学．入試情報．[EB/OL]．http://www.ous.ac.jp/page.php?sec＝ctg_6http://shingakunet.com/gakko/SC000371/nyushi/bairitsu/＃00000000000137945．”，为叙述方便，容下文不再赘提出处。

续 表

·学部		招生考试原则与目标
运用物理学科		志在培养具备物理科学与医用工学基础学力并富有学以致用的创造性思维的人才。希望招收的学生如下：喜欢物理科学，对身边的自然现象、科学技术具有强烈兴趣并能积极思考、自主行动；在高中曾经积极参与课题研究；修习过数学Ⅰ、Ⅱ或数学A、B；修习过物理基础或生物基础；修习过国语、地理历史、外语（特别是英语）
基础理学科		志在通过自然科学、数理科学与信息科学的综合学习，培养可以在教育界与产业界学以致用的人才。希望招收的学生如下：对数学、理科、信息等富有兴趣；希望担任小学、初中、高中理科教师；希望攻读研究生，具备自然科学领域的更高能力；高中数学与理科两教科中至少修习过4科目以上；对数形有强烈探知欲，理解自然科学的基本概念、原理与法则
生物化学科		志在通过理学、医学、药学、农学等领域的综合学习、研究，开发个人潜质，为高端生物科学与生物科学技术的发展培养所需人才。希望招收的学生如下：想利用并开发生物科学技术；想通过实验研究生命科学各种问题；想成为生命科学最新研究领域的研究者；想担任初中、高中理科教师；生物、化学、英语基础扎实
临床生命科学科		志在通过基础医学、临床检查医学、饮食科学的学习，培养临床检查医学领域与食品卫生、食品制造管理领域的人才。希望招收的学生如下：对自己专业发展有未来规划；具备积极主动行动力；化学、生物、英语基础扎实
动物学科		志在通过自然科学基础知识与多元的动物基础知识的综合学习，培养拥有科学知识，对社会伦理有自己的判断力，有志于为地球与人类的可持续发展做贡献的人才。希望招收的学生如下：对动物与环境有强烈探究欲，可以负责任地积极主动行动；具备自然科学常识；具备社会伦理判断力；拥有扎实的日语、生物、英语基础
·学科	考试方法	招生考试原则与目标
应用数学学科	AO	志在招收喜欢数学，富有钻研精神，喜欢深入思考并能有持久专注力的学生
	专、综	重视学生的数学学习习惯方式与基础学力，考查学生对数学的想法
化学科	AO	志在招收性格开朗，富有团队精神，凡事都有明确目标并能够积极主动、坚持不懈的学生
	专、综	重视学习欲望、基础学力，也关注发展潜质

续 表

・学科	考试方法	招生考试原则与目标
运用物理学科	AO	在高中生活中，曾经积极参与课题研究，拥有信念，对未来有明确目标的学生
	专、综	考查数学、物理基础学力与交流沟通能力
基础理学科	AO	志在招收具备自然科学基础学力并想学以致用，未来希望继续攻读研究生或担任教师，可以将自己的想法富有逻辑地写出来的学生
	专、综	重视好奇心、积极主动性、行动力的考查，也重视数学与英语的基础学力
生物化学科	AO	对生物学有着强烈兴趣，可以积极主动行动，可以将自己的想法付诸的学生
	专、综	重视考查求知欲、积极主动性、行动力，关注数学与英语基础学力
临床生命科学科	AO	对自己专业发展有未来规划，具备积极主动行动力的学生
	专、综	重视考查求知欲、积极主动性、行动力，关注数学与英语基础学力
动物学科	AO	在该学科领域中凸显高水平的学生（提供相应证明材料）
	专、综	具备扎实的生物学基础，具备对自然科学领域问题的富有逻辑且集中的表述力

注：“AO”即AO入学，“专、综”即专门高中、综合高中特别推荐入学。

各学科入学检定费均为3.5万日元。入学金为22万日元，授课费为84.5万日元，其他实习、实验、设备设施费根据学部、学科有所区别，一学年所要缴纳的费用基本在150万日元左右。

（二）多样化的考试方法

冈山理科大学的入学考试方法多样，涵括了以下13种：AO入学（单一志愿）、专门高中与综合高中特别推荐入学（Ⅰ期 单一志愿）、专门高中与综合高中特别推荐入学（Ⅱ期 单一志愿）、高中普通科特别推荐入学（单一志愿）、推荐入学（多志愿）、推荐入学（特别优待生制度 多志愿）、一般考试前期日程（3科目型）、一般考试前期日程（2科目型）、一般考试前期日程（1科目型）、一般考试后期日程（2科目型）、利用中心考试（4科目型）、利用中心考试（3科目型）、利用中心考试（2科目型）。以理学部的应用数学科为样本，按照2015年招生数从多到少排序，分别如下：高中普通科特别推荐入学（单一志愿）222人、AO入学（单一志愿）62人、专门高中与综合高中特别推荐入学（Ⅰ期 单一志愿）60 人、专门高中与综合高中特别推荐入学（Ⅱ期 单一志愿）60 人、一般考试前期日程（3 科目型）36 人、一般考试前期日程（2 科目型）36 人、一般考试后期日程（2 科目型）32 人、利用中心考试（2 科目型）30 人、推荐入学（多志愿）15 人、推荐入学（特别优待生制度 多志愿）15 人、一般考试前期日程（1 科目型）9 人、利用中心考试（4 科目型）4 人、利用中心考试（3 科目型）4 人。

下面以理学部的 AO 入学和专门高中与综合高中特别推荐入学为例，分析冈山理科大学各学部多样化入学的基本特点。

1. 理学部 AO 入学

AO 入学虽然没有学力考试，但是有课题考查，一共两个课题，一是所有学科都共通的课题，陈述为何选报该学科；二是专业性课题，围绕所选学科的某个专业问题进行阐述，字数各学科自定。如表 5-25：

表 5-25 理学部 AO 入学必须提交的两个课题

共通课题：为何选报该学科的阐述。800～1 200 字		
专业课题	应用数学学科	选择 4 个高中所学数学中的项目，如 2 次方程与 2 次不等式等，根据自身的理解进行阐述。字数不限
	化学科	选取最近关于化学的新闻报道中自己特别感兴趣的事情展开阐述。300～400 字
	运用物理学科	选取一则关于科学技术或医疗器械、技术方面的新闻报道，就其内容等谈谈自己的观点。400 字以内 另外，如果有参与课题经验者，总结一下所参与的课题内容。400 字以内
	基础理学科	从自然现象、社会、教育等领域中选取一个问题，如环境问题、脱离理科问题、欺侮问题等展开阐述。800 字以内
	生物化学科	从以下两项中选择一项展开阐述。1 200 字以内 1. 选取最近关于生物科学与生物科学技术的新闻报道中自己感兴趣的相关事情阐述观点 2. 生物化学科希望招收“积极主动具有行动力的学生”，请谈谈你自己在这方面的情况
	临床生命科学科	选取最近关于医学、医疗、食品等的新闻报道中自己感兴趣的相关事情阐述观点。1 200 字以内
	动物学科	结合自身的学习体验，阐述自己入学后的学习计划，形成一个基本的报告。字数不限

理学部 AO 入学基本流程（9 月 1 日至 11 月 9 日）见图 5-6。

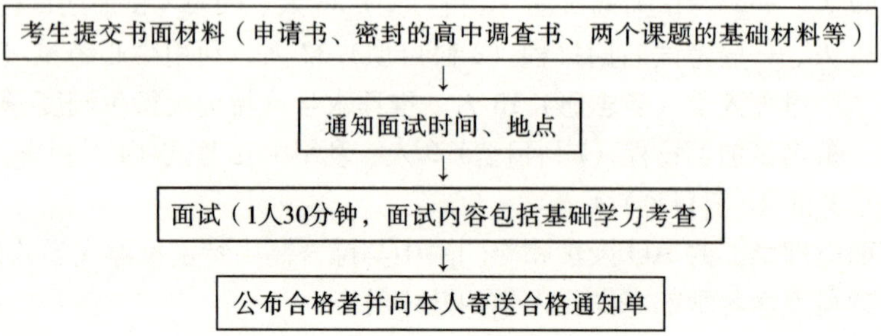

图 5-6　理学部 AO 入学基本流程

2. 理学部专门高中、综合高中特别推荐入学

专门高中、综合高中特别推荐入学分为Ⅰ期与Ⅱ期，Ⅰ期持续期间为 9 月 1 日至 11 月 9 日，Ⅱ期持续期间为 10 月 8 日至 11 月 9 日，虽然起始时间有别，但是终止时间相同。从考查流程看，Ⅱ期显然比Ⅰ期容易。

（1）专门高中、综合高中特别推荐入学Ⅰ期（9 月 1 日至 11 月 9 日）招生考试流程（见图 5-7）。

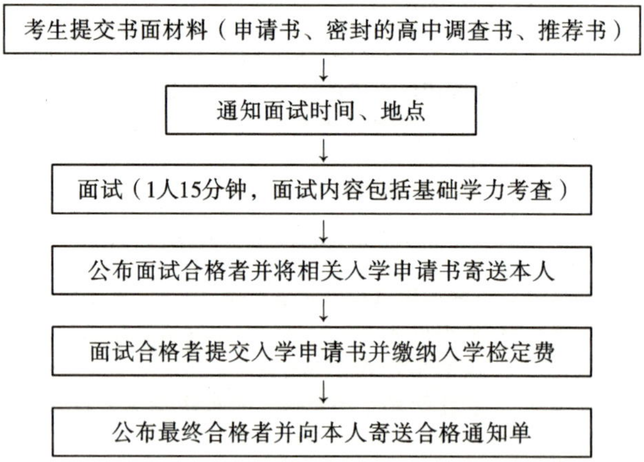

图 5-7　理学部专门高中、综合高中特别推荐入学Ⅰ期招生考试流程

（2）专门高中、综合高中特别推荐入学Ⅱ期（10 月 8 日至 11 月 9 日）招生考试流程（见图 5-8）。

考生提交书面材料（入学申请书、密封的高中调查书、推荐书），缴交入学检定费

↓

小测＋面试

↓

公布合格者并向本人寄送合格通知单

图 5-8　理学部专门高中、综合高中特别推荐入学Ⅱ期招生考试流程

（三）偏重非学力考查的招生考试方式

从学力考试的角度而言，一般考试与利用中心考试偏重学力考测，而AO入学与推荐入学都偏重非学力考查，由此，我们可以推算出应用数学学科的招生考试带有明显的非学力考查倾向。应用数学学科总招生数为592人，其中通过非学力考查招收的学生为432人，占73.1%，而通过学力考试招收的学生只有160人，仅占26.9%。其中，利用中心考试的教科数在3教科以下，科目分为4科目型、3科目型、2科目型，招生数分别是4、4、30人。一般考试3科目型的考生也只有36人，2科目型的87人，还有9人是1科目型。考试科目的多寡表明学力考测的难易度，总体而言，学力型考测难度较低，带有显著的近乎开放性入学的性质。如利用中心考试2科目型的考试，在数学、理科、外语、国语4教科12科目中任选2科应考，这意味着考生基础知识考测必然有所缺失，无法完整考查学生的知识体系，也必然带来大量偏科学生或者基础薄弱学生进入大学，这是大学教育危机日益深重的根源。

以下将以应用数学学科为例分析各学科利用中心考试的教科、科目类型的特点（见表5-26），再以生物化学学科为例，分析各学科一般考试的教科、科目类型的特点（见表5-27）。

表 5-26　应用数学学科利用中心考试教科、科目类型

科目型	教科	科　目	选考方式	招生数（人）
4科目型	数学	数学Ⅰ数学A、数学Ⅱ数学B	2科目均必考	4
	理科	物理基础、化学基础、生物基础、地学基础、物理、化学、生物、地学	基础类选2科目或其他选1科目； 理科目、外语、国语教科目中任选2科目，考3科目以上选高分入评	
	外语	英语（笔试）		
	国语	近代以后的文章		

续 表

科目型	教科	科目	选考方式	招生数（人）
3科目型	数学	数学Ⅰ数学A	必考	4
	数学	数学Ⅱ数学B	选考	
	理科	物理基础、化学基础、生物基础、地学基础、物理、化学、生物、地学	基础类选2科目或其他选1科目； 理科目、外语、国语教科目中任选2教科2科目，考3科目以上选高分入评	
	外语	英语（笔试）		
	国语	近代以后的文章		
2科目型	数学	数学Ⅰ数学A、数学Ⅱ数学B	基础类选2科目或其他选1科目； 数学、理科、外语、国语教科中任选2科目，考3科目以上选高分入评	30
	理科	物理基础、化学基础、生物基础、地学基础、物理、化学、生物、地学		
	外语	英语（笔试）		
	国语	近代以后的文章		

表5-27 生物化学学科一般考试（前期日程、后期日程）教科、科目类型

日程	科目型	教科	科目	选考方式	考场设置	招生数（人）
前期日程	3科目型	理科	物理基础＋物理、化学基础＋化学、生物基础＋生物、地学基础＋地学	任选1科目	本学校、东京、金泽、静冈、名古屋、京都、大阪、神户、姬路、丰冈、鸟取、松江、广岛、福山、山口、德岛、高松、松山、高知、福冈、长崎、熊本、大分、宫崎、鹿儿岛、那霸	22
		外语	英语	必考		
		数学	数学Ⅰ数学Ⅱ数学A数学B	必考		
	2科目型	理科	物理基础＋物理、化学基础＋化学、生物基础＋生物、地学基础＋地学	任选1科目	本学校、东京、名古屋、京都、大阪、神户、姬路、松江、广岛、福山、高松、松山、福冈、那霸	13
		外语	英语	任选1科目		
		数学	数学Ⅰ数学Ⅱ数学A数学B、数学Ⅲ			
	1科目型	理科	物理基础＋物理、化学基础＋化学、生物基础＋生物、地学基础＋地学	任选1科目	本学校、东京、名古屋、京都、大阪、姬路、广岛、福山、德岛、高松、松山、福冈、小仓	5

续　表

日程	科目型	教科	科　目	选考方式	考场设置	招生数(人)
后期日程	2科目型	外语	英语	任选2教科2科目	本学校、铫子、东京、名古屋、大阪、广岛、高松、福冈	4
		数学	数学Ⅰ数学Ⅱ数学A数学B			
		理科	物理基础＋物理、化学基础＋化学、生物基础＋生物			
		国语	国语综合（不考日语古文与汉文）			

从上表中我们看到生物化学学科的一般考试中，前期日程分为3、2、1科目型，后期日程只有2科目型，其中，3科目型招生数22人，前后期的2、1科目型的总计招生也是22人，可见，虽然一般考试的本质是学力考试，但是显然已经通过减少考试科目弱化了学力考测的性质。另外，为方便考生考试，大学在全国各地广设考场，避免了考生的旅途奔波之苦，这也是各私立大学吸引考生的重要方策之一。

（四）毕业时可能获得的各类资格证书、许可状

冈山理科大学的毕业资格与资格证书有着紧密联系，往往只要修满获得某资格证书所要求的学分就可以自然获得该资格证书。以下分别阐述四个学部对应的资格证书，见表5-28。

表5-28　毕业时可能获得的各类资格证书、许可状

学　部	毕业生可能获得的资格证书、许可状	资格认定机构
理学部	初中数学教师许可状 初中信息科学教师许可状 初中理科教师许可状 高中数学教师许可状 高中信息科学教师许可状 高中理科教师许可状 小学教师许可状	各都道府县教育委员会
	博物馆学艺员资格	冈山理科大学
	食品卫生管理者资格 食品卫生监视员资格	厚生劳动省医药食品局

续 表

学 部	毕业生可能获得的资格证书、许可状	资格认定机构
工学部	初中技术科学教师许可状 高中工业教师许可状 高中信息科学教师许可状 初中理科教师许可状 高中理科教师许可状 小学教师许可状	各都道府县教育委员会
	博物馆学艺员资格	冈山理科大学
	JABEE（日本技术者教育认定机构）修了证书	日本技术者教育认定机构
	电力主任技术者	经济产业省
	第 1 级陆地特殊无限技术士 第 2 级海上特殊无限技术士 第 3 级海上特殊无限技术士	总务省综合通信局
综合信息学部	初中数学教师许可状 高中数学教师许可状 初中社会教师许可状 高中公民教师许可状 高中信息科学教师许可状 小学教师许可状	各都道府县教育委员会
	博物馆学艺员资格	冈山理科大学
	信息处理士 高级信息处理士 商务实务士 社会调查助理	全国大学实务教育协会
	社会调查士	社会调查协会
生物地球学部	初中理科教师许可状 高中理科教师许可状 小学教师许可状	各都道府县教育委员会
	博物馆学艺员资格	冈山理科大学
	测量士见习	国土交通省国土地理院
	自然再生士见习	日本绿化中心
	地域调查士	日本地理学会

第三节　短期大学与专门学校（2～4 年制）

2～3 年制短期大学与 2～4 年制专门学校都是日本高等教育体系中不可或缺的构成部分，都偏向高等职业教育，而且私立居多。短期大学是战后日本政府在推行 4 年制大学过程中的产物，是权宜之计，即将暂时没有达到 4 年制大学基准的专门学校定为“短期大学”，这批短期大学以私立为主，在高等教育大众化进程中，不仅成为扩大高等教育入学机会的载体，也成为推动女子高等教育发展的动力源。专门学校聚焦高等职业教育，通过具有针对性的专门教育为学生获得各级各类资格证或掌握某项基本技能提供途径，是平民教育的重要载体。2005 年与 2006 年，东京大学经营、政策研究中心连续两年以高三和高中刚毕业学生为对象实施问卷调查，结果显示：高校选择与双亲收入有着紧密关系。双亲年收入 400 万日元以下家庭子弟选择 4 年制大学的比例为 31.4%，选择专门学校的比例为 23%，选择短期大学的比例为 10.3%，选择复读的比例只有 5.2%；而双亲收入 1 000 万日元以上的家庭子弟选择 4 年制大学的比例高达 62.4%，近乎前者的 2 倍，选择专门学校的比例仅占 11%，选择短期大学的比例只有 6.8%，选择复读的高达 14.1%。①总之，短期大学与专门学校都为社会下层家庭出身的子女提供了经济而有效的学习途径，近乎开放性的短期大学与专门学校的招生考试也是不可忽视的部分。有鉴于此，本节以长崎短期大学和大原簿记信息专门学校为代表性实例，借以管窥日本高等职业教育招生考试制度的基本特点。

一、长崎短期大学

长崎短期大学为私立短大，前身为 1945 年由安部芳雄创办的“九州文化学院”，1966 年更名为“长崎短期大学”。2005 年度与 2012 年度，大学先后两次接受并通过了一般财团法人短期大学基准协会的认证评价。茶道教育

① 高校生の進路と親の年収の関連について [EB/OL]. http://ump.p.u-tokyo.ac.jp/crump/resource/crump090731.pdf # search = '%E6%9D%B1%E4%BA%AC%E5%A4%A7%E5%AD%A6++%E8%AA%BF%E6%9F%BB++%E5%B0%82%E9%96%80%E5%AD%A6%E6%A0%A1'.

是该校的特色，通过教授日本茶道，引导学生走入并体验日本传统文化的曼妙意境，继承文化传统，传播传统精髓，培养日本人引以为豪的独特品格与德行是该校的办学方针。全校共设三个学科，分别是食物学科、保育学科与国际交流学科，学制 2 年。该校的教育特色是小班授课，如保育学科与国际交流学科的研讨课学生数都在 10 名左右；国际交流学科的语言会话课也不超过 12 名学生；食物学科的学生实践课一个班只有 3～4 人。另外，该校还为学生设置了丰富多样的奖学金制度，这些要素都是长崎短期大学可以持续吸引生源的重要动因。

（一）招生考试原则与目标①

长崎短期大学志在培养富有知性与教养、意志坚强、体魄健康，拥有专门性、职业性知识技能，适应时代与区域发展的人才。为此，希望招收拥有强烈的自主学习、研究欲望者；能多角度多层次看待事物，想要发挥优秀个性者；富有团队精神，善于与人协作者；希望通过自身掌握的知识技能为社会做贡献者；对区域文化等继承与社区建设有浓厚兴趣者。这是大学整体的招生考试原则与目标，各学科还有细化的原则与目标。

1. 食物学科招生原则与目标

食物学科希望招收对“饮食”有浓厚兴趣，对维系健康有强烈学习研究欲，对自己的言行负责任，善于换位思考，希望成为调理师、糕点师并为饮食文化的继承与区域社区的建设做贡献者。

2. 保育学科招生原则与目标

（1）保育学科保育专业招生原则与目标

保育专业希望招收真心爱孩子，可以以丰富的感受力、表现力对待孩子，善于自主学习，希望成为富有使命感、指导力的保育员并为家庭育儿事业做贡献者。

（2）保育学科残疾人福祉专业招生原则与目标

残疾人福祉专业希望招收善于协作、身心健康，尊重、关注残疾人事业，乐于换位思考，希望成为拥有相关专门知识技能，为残疾人的生活提供帮助，为区域社会做贡献者。

---

① 关于长崎短期大学的招生考试制度的相关材料均来自“リクナビ進学．長崎短期大学．受験生のみなさまへ［EB/OL］．http://www.njc.ac.jp/examination/.”，为叙述方便，容下文不再赘提出处。

3. 国际交流学科招生原则与目标

国际交流学科希望招收对英语及亚洲语言有浓厚兴趣，善于自主钻研，关注异文化与本国文化，希望基于全球视野提高语言交流能力，掌握活跃于社会所需的专门知识技能，为区域社会做贡献者。

（二）招生考试方法

长崎短期大学的招生考试方法包括：AO 入学 1 期、2 期、3 期，食品设计特待生入学 1 期、2 期、3 期，指定校推荐奖学生入学，指定校推荐入学，公募推荐入学，一般奖学生入学 1 期、2 期，一般入学 1 期、2 期，仅凭中心考试成绩入学 1 期、2 期、3 期，社会人入学，一共 9 大类。2015 年招生名额为 240，其中食物学科 60 人（调理师、糕点师各 30 人），保育学科 120 人（保育专业 100 人，残疾人福祉专业 20 人），国际交流学科 60 人。各学科考试方法具体而言，如表 5-29：

表 5-29　2015 年长崎短期大学招生考试方法与考试科目

考试方法	考试科目
AO 入学 1 期、2 期、3 期	面试＋小论文＋书面材料 （面向食物学科、国际交流学科、保育学科残疾人福祉专业）
	面试＋实际技能（弹钢琴、歌唱、舞蹈、绘本朗读等）＋小组保育技术活动＋活动感想文＋书面材料 （面向保育学科保育专业）
食品设计特待生入学 1 期、2 期、3 期	小论文＋面试＋书面材料
指定校推荐奖学生入学	笔试（国语现代文＋英语）＋面试＋书面材料
指定校推荐入学	书面材料
公募推荐入学	书面材料＋小论文＋面试
一般奖学生入学 1 期、2 期	笔试（国语现代文＋英语）＋面试＋书面材料
一般入学 1 期、2 期	笔试（国语现代文、英语任选 1 科）
	笔试（国语现代文）

续 表

考试方法	考试科目
仅凭中心考试成绩入学 1 期、2 期、3 期	(1) 指定中心考试教科、科目： • 国语：国语（近代以后文章） • 地理历史公民：从世界史 A、世界史 B、日本史 A、日本史 B、地理 A、地理 B、现代社会、伦理、政治经济、伦理政治经济中任选 1 科；从现代社会、伦理、政治经济、伦理政治经济中选择 1 科 • 理科：从物理基础、化学基础、生物基础、地学基础中任选 2 科；从物理、化学、生物、地学中任选 1 科 • 数学：从数学Ⅰ、数学Ⅰ数学 A、数学Ⅱ、数学Ⅱ数学 B 中任选 1 科 • 外语：英语（不需听力） (2) 从上述教科、科目中选择得分最高的 2 教科 2 科目作为录取评价资料
社会人入学	小论文＋面试＋书面材料

注：小论文均限时 60 分钟；笔试为记述题型；报考费均为 2.7 万日元。

在 240 名招生计划中，只有 26 名是属于仅凭中心考试 2 教科 2 科目成绩入学者，而学校单独举办的学力考试也只设置了国语与英语 2 科目，有些学科专业还只需任选 1 科应考。因此，从学力考测的角度而言，确实是比较薄弱也比较单一，很难真正考测出学生的综合基础实力。由此，我们可以判断出长崎短期大学招生考试制度偏向非学力考查的基本特点。

但是，长崎短期大学关注学生的实际技能，在保育学科保育专业的招生考试中，需要学生展示实际技能，如弹钢琴、歌唱、舞蹈、绘本朗读等，同时，通过小组保育技术活动与撰写活动感想文来全面考查学生综合实力。长崎短期大学不仅在入口处关注实际技能，在教育过程中也关注为学生提供各种学以致用的体验平台。比较有特色、传统深久的主要是以下三类区域服务活动：(1) 从 1977 年以来，长崎短期大学坚持举办茶道大会，每年都有超过千人前来观看，不仅为修习了茶道课程的学生提供了学以致用的舞台，也为茶道艺术向区域社会的传播提供了平台，让市民可以身临其境体验日本茶道文化“和静清寂”的传统核心精神；(2) 设置市民公开讲座“有趣的国际学”，为市民免费讲授异文化理解中的各种有趣话题，并为与会者提供食物学科的学生制作的糕点，也是展示学生作品的有益平台；(3) 面向区域社会中的家长们，举办音乐活动，保育学科的学生们通过活用自身所学知识技能为家庭育儿提供力所能及的帮助指导。

（三）丰富多样的奖学金制度

长崎短期大学入学时所需缴纳费用包括入学金 21 万日元，只需第一学年缴纳。授课费一年 66 万日元，教育充实费 13 万日元，设施扩充费 8 万日元，第一学年总计收费 108 万日元。为吸收生源，学校设定了丰富多样的奖学金制度扶持学生学业，主要包括以下 6 类奖学金制度：

1. 指定校推荐奖学生制度

该制度面向全校学生，2 年全额免除授课费（132 万日元）或减半（66 万日元），申请资格为通过"指定校推荐奖学生入学"的成绩优异者。

2. 一般奖学生制度

该制度面向全校学生，2 年全额免除授课费（132 万日元）或减半（66 万日元），申请资格为通过"一般奖学生入学"的成绩优异者。

3. 冲绳县奖学生制度

该制度面向全校学生，入学时提供 15 万日元的奖学金，申请者必须是"指定校推荐入学"、"指定校推荐奖学生入学"、"食品设计特待生入学"的合格者，而且只面向冲绳县即将毕业的高中生。

4. 特待生制度

该制度只面向食物学科学生，2 年减免一半授课费（66 万日元），申请资格为通过"食品设计特待生入学"的成绩优异者。

5. 资格特待生制度

该制度面向全校学生，全额免除入学金（21 万日元）或减半（10.5 万日元），申请资格为本校入学考试合格者且符合表 5-30 中条件者。

表 5-30　资格特待生制度的基本条件

种类	入学金全额免除	入学金减半
语言学相关	实用英语技能检定　2 级以上 TOEFL（Computer Based）　173 分以上 TOEFL（Paper Based）　500 分以上 TOEIC（Test of English for International Communication）　600 分以上 GTEC(Global Test of English Communication)for STUDENTS(TOTAL)　610 分以上 日本汉字能力检定　准 1 级以上	实用英语技能检定　准 2 级以上 TOEFL（Computer Based）　123 分以上 TOEFL（Paper Based）　450 分以上 TOEIC（Test of English for International Communication）　470 分以上 GTEC（Global Test of English Communication）for STUDENTS（TOTAL）　520 分以上 日本汉字能力检定　2 级以上

续 表

种类	入学金全额免除	入学金减半
信息相关	日本商业 PC（Personal Computer）检定 1 级 基本信息技术者	全国工业信息处理检定 1 级 全国经济信息处理检定 1 级 日本商业 PC（Personal Computer）检定 2 级 IT Passport
商业相关	日本商业簿记检定 2 级以上 日本商业贩卖士 2 级以上	全国经济簿记检定 1 级 全国商业簿记实务检定 1 级
食物相关	调理师养成中心调理师技术大赛个人奖 糕点师养成中心制作糕点技术大赛个人奖	

6. 学费减免奖学生制度

该制度面向全校学生，2 年减免一半授课费（66 万日元），申请资格为入学考试成绩优异、综合素质高且家庭经济确实困难者。

（四）对学生升学、就业的多元支持

1. 多元的国外短期留学体验

长崎短期大学为学生创造了多元的赴海外大学短期留学的机会，共有三种留学方式，第一种面向全校学生的两周研修，留学国是英国、美国；第二种面向英语系学生，可以赴澳大利亚、加拿大、英国研修 3 个月；第三种面向全校学生包括毕业后的校友，可以到英国、美国、澳大利亚、韩国研修 6～12 个月。

2. 毕业可能获得的相关资格证书、许可状

长崎短期大学的毕业生如果获得毕业所需学分正常毕业就可以获得以下相关资格：营养士资格、糕点师考试资格、调理师资格、保育士资格、幼儿园教师资格证书、残疾人福祉士、镇信流茶道初步传播者资格证书等。

（五）服务周全的校园开放日

校园开放日活动从 7 月开始直到 10 月，先后共举办 4 次，时间为当天的 11:00～15:00。活动内容包括学科介绍、模拟授课、实践课体验、茶道体验、入学说明等。校方不仅提供 6 个线路的巴士接送到校参加开放日活动者，而且为来访者提供免费午餐。

二、大原簿记信息专门学校

大原簿记信息专门学校是大原学园下属的分校，是帮助那些想要获得簿记、信息技术者等资格证或希望在上述领域就业的学习者的高等教育机构。大原学园是支持资格获得与就业的民间教育机构，从最北端的札幌到最南端的冲绳，在全国 41 个城市创建了 87 所分校。通过具有针对性的教学指导与现场实践，帮助需求者考取簿记、税理士、公认会计士、公务员、医疗秘书、基本信息技术者等资格证或在相关领域就业。专门学校的招生考试资格一般是只要具备了高中学力者均可以报考，招生一般不考试，采用 AO 入学模式，偏重面试，面试也关注学习欲望与态度，因此，总体而言，是一种纯粹开放式的入学模式。本研究以大原簿记信息专门学校札幌分校为实例，借此阐析日本专门学校招生考试的基本特点。

（一）招生原则与目标①

大原簿记信息专门学校札幌分校的招生目标在于通过为学生配备专门的授课教师与就业导师，通过多彩的课程设置与现场实践课程，让学生越来越接近自己的梦想，实现个性化发展。招生对象为社会人、大学生、专门学校学生等。因为学制灵活，课程设置直通就业，在大学学历的光环逐渐暗淡的时代，专门学校对大学形成了一定的冲击，是与一般性大学争夺生源的强大力量。现在，出现了不少大学毕业生重返专门学校继续学习专门技能的社会现象，这表明专门学校对大学招生形成了一定威胁，专门学校具备了与一般性大学同台竞争的一定实力。

2015 年，大原簿记信息专门学校札幌分校总计招收 180 名学生，其中 2 年制商务生涯学科 80 人，2 年制信息体系学科 40 人，4 年制会计体系学科 20 人，2 年制会计体系学科 40 人。

（二）招生考试流程

大原簿记信息专门学校都采用 AO 入学方式，流程如图 5-9：

---

① 关于大原簿记信息专门学校招生考试制度的相关材料均来自“リクナビ進学. 大原簿記情報専門学校［EB/OL］. http://shingakunet.com/gakko/SC003580/.”，为叙述方便，容下文不再赘提出处。

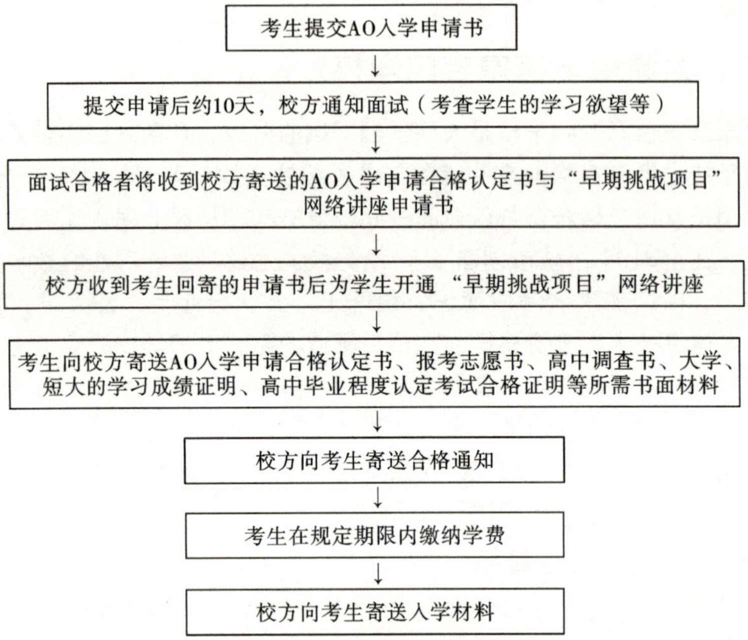

图 5-9　AO 入学流程

（三）奖学金制度

虽然专门学校的收费总体上低于大学，而且学制较短，以两年制为主，但是也不便宜。学费根据各分校、各学科有所区分，学费高的学科达到一学年 150 万日元左右，低的学费也要将近 100 万日元。以大原簿记信息专门学校札幌分校为例，第一学年所需缴纳费用为 92 万日元，其中包括了入学金、授课费、教材费与维持费等。课程区分度不大，基本都是 1 学年 30 万日元，也有 120 万日元的。为鼓励学生学习热情，校方为学生提供各类分等级奖学金，最高级可以免除 156 万日元的学费。

（四）可能考取的资格证与就业情况

专门学校得以立足的最根本原因在于迎合了学生对各级各类资格证的追求，对学习实效的求索。学校每年都会根据公务员考试命题的倾向或政策调整而制定相应的教学计划以提高学生对笔试的把控力，另外还通过偏重提高沟通交流能力的学习提高学生应对面试的能力，而非纯粹的应试技巧的训练。如大原簿记信息专门学校不仅通过授课教授基本知识，也通过校企联合，为学生创造到企业实习、见习的实践机会，从而为学生从容应对各种资格考试的面试提供先行先试的重要体验。通过 2～4 年学习实践，学生可能考取包括公认会计士、公认税理士、日本商业簿记、全国经济簿记、互联网专才、信息安全专家、应用信息技术者、基本信息技术者等资格证。

大原学园下属的专门学校都以较高较好的就业率赢得社会认可。2014 年，大原簿记信息专门学校札幌分校与函馆分校共有 361 名毕业生希望毕业后可以就业，最后顺利就业者高达 348 名，就业率高达 96.3%。毕业生的就业领域涵盖了 IT、航空运输、食品、美容时尚、医疗福祉、服务、金融、农林水产等领域。就业单位不乏一些著名且稳定的机构，如北洋信息体系公司、北海道旅客铁路工会、太平洋渡轮服务公司、山崎面包制作、优衣库、札幌临床检查中心、日本邮局、北海道电力、北海道银行、北洋银行、札幌中央信用金库、日高信用金库、远藤税务会计事务所、札幌农林协同行会、厚岸渔业协同行会等。2014 年大原法律专门学校毕业生中有 2 547 名希望就业者，其中 2 509 名顺利就业，就业率达到 98.5%。就业单位涵盖了公务员系统——国土交通省、外务省、法务省、警察厅、海上保安厅、东京地方检察厅、警视厅、自卫队等；医疗福祉业界——慈惠大学、庆应义塾大学医院、顺天堂大学医学部附属顺天堂医院、东京医科牙科大学、日本医科大学、昭和大学、北里研究所等；教育界——户田儿童园、双叶学园、浅间幼儿园等；商社零售业界——大正制药、三越伊势丹等；新闻媒体通信业界——日本信息产业、富士通体系等；IT 业界——冲绳气工业、东京本社、共荣体系、京急体系等；制造业——日夜汽车、三菱制治等；航空运输业界——JR 东日本、日本邮局等，还有其他如金融业界、食品业界、服务业界等。

第六章　日本高校招生考试制度的理论阐析

无论是宏阔的梳理还是微观的阐析，最终我们都需要回归理论思考。理论是根，研究回归根部才能长久立足。日本虽然是在亚洲儒教文化圈中孕育的国家，但近代以来，日本的学习对象转向欧美先进发达国家。西学东渐过程中，西方自由、民主、平等与人权的国家学说渗透到日本教育，衍变为高等教育领域谋求教育公平的基本理论基础。小林哲也认为，日本民主权利的确立是“国家教育概念上一项哥白尼式的转变”①。高校招生考试公平是分配高等教育入学机会的核心准则，具有较强的历史阶段性，是高校招生考试内外部系统因素共同影响下的动态发展过程。虽然对高校招生考试公平的追求是世界各国的共同目标，但是，因为教育、考试文化传统、教育发展水平的差异，各国对何谓高校招生考试公平依然有着根植本国文化传统的独具特色的解析。本章聚焦日本高校招生考试制度的公平内涵，在分析日本高校招生考试公平内涵的延展的基础上，透视公平后面潜藏的诸多不公平要素，分析不公平存在的内外部制度性根源，并通过阐析高等教育大众化进程中日本高校招生考试制度模式的转变，透视高等教育大众化对高校招生考试公平的销蚀，这也是日本高校招生考试制度研究中必须审慎思考的一个政策性课题。

第一节　日本高校招生考试公平内涵的延展

公平是一个在动态发展中不断充实的概念，要做出一个完整且合适的诠

---

①　小林哲也. 日本的教育［M］. 徐锡龄，黄明皖，译. 北京：人民教育出版社，1981：51.

释，无疑需要与时俱进。考试制度创建的原动力就是对公平的追求。公平成为高校招生考试制度的核心价值以来，一直是高校招生考试制度研究中的一个重要议题。日本作为一个后发外生型的近代化国家，对考试制度极尽其用。以考试为出发点构建的日本近代教育体系让考试竞争的公平意识渗透于民众的日常生活，成为触手可及的存在，成为民族集体意识上的自觉积淀，深入且持久。高校招生考试因为其对个人未来的决定性作用更是成为民众追求公平的核心载体，并在战后经历了从单一转向多元的变化过程。日本高校招生考试公平内涵的延展取决于诸多内外部因素的聚合影响。内部因素为高校招生考试以分数论高低的局限性，外部因素为占高校总数近八成的私立高校的现实需求，占大半壁江山的私立高校的多元需求让高校招生考试公平内涵的延伸具有了更大可能性。

一、高校招生考试公平的传统阐释

关于高校招生考试公平的定义，不同研究者基于不同视角有不同解析。高校招生考试研究专家刘海峰教授认为，高校招生考试中的公平是指基于考试成绩的公平，即："分数面前人人平等。"① 余扬认为，考试公平是考生接受考试评价、筛选、甄别外在尺度的一致性……广义的考试公平指各类考试本身固有的属性，狭义的考试公平指考试在具体考试类型、考试科目、考试场景中享受到的公平待遇。②李木洲认为，高校招生考试公平是国家根据一定历史阶段发展的需要，在现有社会条件及考试技术的基础上，按照合理性的规范和原则对高等教育入学机会进行分配的一种实然状态。无论高校招生考试公平的概念如何解析，都离不开一个基本点，即公平是高校招生考试制度的首要德行。正如刘海峰所总结的，"现实中很难有最完美的制度，只有最适合的制度。考试制度的核心是公平竞争、择优录取，公平是高校招生考试制度的根本和灵魂"③。

我们再把目光转向日本国内，田中宽一是论述高校招生考试公平的代表性人物，也是日本教育测评研究的开拓者。1931 年，田中宽一在其专著《选拔考查法》中首次提出"选拔考查法应首重公平……关注考查客观

① 刘海峰．刘海峰演讲录［M］．武汉：华中师范大学出版社，2012：99．

② 余扬．论考试公平［J］．中国考试，2005（4）：20-21．

③ 刘海峰．高校招生考试改革论［M］．杭州：浙江教育出版社，2013：68．

性……关注机会均等”，对于此后的考试设计，他提出四点建议：(1) 利用高中调查书；(2) 利用可以大范围实施的简便易行经济的笔试，考查学科知识；(3) 口头考试作为笔试的辅助，关注考生品性、兴趣等；(4) 重视身体检查。①此后，日本高校招生考试对公平的追求一直遵循机会均等、综合考查的基本原则。

综合中日两国学者的观点，我们可以尝试推出高校招生考试公平的基本范畴：高校招生考试公平是历史的、社会的，是在动态发展过程中形成的高等教育入学机会的分配基准。高等教育大众化背景下，学力考测依然是最为客观的评价手段，是集体公平与形式公平的最佳表现，但是，基于个体差异的多元评价更接近实质公平。

二、日本高校招生考试公平内涵的延展

日本学校教育体系以考试为核心动因构筑而成，“教育机会平等一直被当作教育体系的组织原则”②。战后，高等教育机构数量与类型都极大丰富，入学机会公平成为政府推动高等教育事业的首重任务。机构多元、生源多样的现实推动政府一方面致力于统考制度的创建，另一方面致力于多样化高校招生考试制度改革。伴随高等教育大众化进程的日益发展，入学机会得到了充分扩展，而高校招生考试公平的内涵也在现实动力下丰富延展。(1) 从分数的绝对公平到同时兼顾高中调查书、身体检查的综合评价的相对公平；统考制度创建以来，对高中调查书的重视一直是关注焦点，在推荐入学中，高中调查书成为核心参考资料。(2) 从集体公平到差异公平。统考是一种重视集体公平的制度，但是，大众化背景下差异公平是现实所迫。多样化考试方式的日新月异为个体提供了更为多元的选择，方便高校与考生根据自身特点取其所需。多元评价承载的是对差异公平的追求。(3) 从形式公平到实质公平。通过对残疾人入学考试、女子高等教育入学机会的拓展、校园开放日活动、高中生体验大学教育等多元的方式，推动高校招生考试以更开放、包容的态度接近全体有意愿参加考试的国民。总而言之，日本高等教育大众化背景下的高校招生考试公平，逐渐摆脱了分数绝对公平、集体公平与形式公平

---

① 田中寛一. 選抜考查法［M］. 東京：培風館刊，1931：191-201.

② 藤田英典. 走出教育改革的误区［M］. 张琼华，等译. 北京：人民教育出版社，2001：208.

的规束，而在生源多样化、高校类型丰富化的情状下，孜孜寻求绝对公平与相对公平、形式公平与实质公平、集体公平与差异公平的相互渗透。

（一）绝对公平与相对公平的辩证统一

战后高等教育体系的重构中，高校招生考试制度同样被赋予了促进公平的使命。对急于推动高等教育民主化进程，促进高等教育入学机会均等的日本政府而言，创建分数面前人人平等的统考制度无疑是最为便捷且稳定的机制。统考制度追根溯源发端于我国科举制，因为其具有天然的公平公正性而得到世界各国的青睐，作为世界公认的维护公平与扩大民主的手段，在世界上有逐渐扩大利用范围的趋势。虽然世界各国的统考各有其特点，但是，大范围、分数公平、向所有阶层开放的基本特征始终未变。

公平始终是日本高校招生考试制度演进的基本价值取向，而统考始终是确保高校招生考试公平的有效机制。战后日本统考制度创建伊始便具有浓烈的学力考测性质，学力考试几乎等同于公平。在高等教育大众化的背景下，日本高校招生考试历史沿革中已经埋下的统考基因再次萌芽。从效仿美国模式的升学适性考试到能研考试的初期尝试，到后来的共通第 1 次考试，最后到中心考试，逐步地确立了较为完备的统考制度。统考制度的确立历经国立到公立再延及私立的过程。通过统一国、公立大学的招生考试，形成了国、公立大学招生考试的统一标准。但是，当私立大学日益膨胀并以绝对数量成为高等教育不可或缺的重要部分时，分数面前的绝对公平原则受到了巨大冲击。要构筑国立、公立、私立大学招生考试共通原则，要创建基本统一的选拔与评价基准，不得不对以国、公立大学为设计对象的共通第 1 次考试实施根本性变革，追求分数绝对公平的基本原则依然保持，但是，在教科、科目的设定上增加了适合私立大学的多元选择。私立大学可以依自身学科特点与选拔要求对考生的基础学力水平给出自己的标准，从此，私立大学以一种自由而自主的方式逐渐纳入了统考体系。国立、公立、私立大学共同参与的统考制度由此完成了确保入学机会公平的使命，以学力考测为中心的统考制度犹如一张巨大的蜘蛛网，将国立、公立、私立大学都收拢网下。在学力考测的分数面前，公平被绝对化，让民众自然相信统考制度的统一性带来的绝对公平性。

中心考试作为一项具有全国意义的统考制度，有助于考试公平理念的推广，让“只要努力了，任何人都可能上大学”的理念深入人心。作为公平的最佳量器，统考制度让考生享受平等的入学竞争，通过分数的绝对公平彰显公平的客观性，也让统考分数公平固定为日本高校招生考试制度的基本价值取向，成为推动统考制度沿用至今的核心动力。统考制度在日本具有难以撼动的重要地位，统考成绩成为高校招生录取中的核心指标，集权威性、公正性与科学性于一体，是公认的可信度最高的关键指标。从 1979 年确立统考制度迄今已逾近 40 年。统考通过学力考测甄别与遴选人才，是教育公平与社会公平的重要保障机制。OECE 教育调查团也认为，“日本依据笔试成绩排名的统考制度可以克服主观评价的随意性、避免外在压力的左右，总体而言是一种公平公正的制度”①。

对高校招生考试公平的追求是永恒的，但是，对公平的衡量标准是多元的。统考是一种最为典型的确保公平的模式，分数作为核心基准让国民形成了对自我的反省与对制度的彻底依赖。谈及高校招生考试公平，民众关注的焦点往往在于成绩高低的比较，但是，基于教育考试内在规律的视角，我们很难说一次、两次、三次的考试可以完全考查一个人的所有方面。因此，对考生学习过程的追溯考核也成了一个不可或缺的考查指标，这就是高中调查书在战后逐渐成为高校招录的核心材料的关键要因。有学者研究表明，高中成绩的演变轨迹与大学生在学期间的成绩表现有更大的相关性，而统考成绩的相关性反而比较弱。日本高校招生考试中，高中调查书作为书面材料已经是不可或缺的部分，而在推荐入学中，高中调查书更是决定考查结果，评判合格与否的关键材料。

（二）形式公平与实质公平的密切结合

考试制度的发展有其内在逻辑，从形式公平转向追求实质公平，最终达致形式公平和实质公平的融合统一，这是考试制度发展的内在要求。战后初期，日本政府启动高等教育民主化进程，强调国家有责任为大众接受高等教育提供充分的机会，以保障大众的高等教育受教育权。在此阶段，对高校招生考试公平的追求倾向于形式公平，即通过完备的统考制度，通过考试时间、命题内容、评卷方式等的绝对统一，确保考生享有同一的考试条件与环境。但是，伴随高等教育民主化进程走向深入，政府更强调无论人种、信仰、性别、社会身份、经济地位有何区别，每个人都应该平等享有与之能力

① 寺崎昌男．日本の教育課題 6——選抜と競争［M］．東京：東京法令出版，1994：31．

相适应的高等教育机会，为确保这种机会的享有首先应该完善相应的制度环境，让“人”成为制度设计考量的第一要素。实质公平体现了尊重教育考试规律、以人为核心的考试精神。日本高校招生考试制度改革中，人作为核心要素，一直受到关注主要体现在下述方面：为残疾人考生提供周全服务、为考生提供统考补考的机会、校园开放日、高中生参与大学课程等方式。可以说，这些都是对考生主体地位的尊重与对考试实质公平的求索，也是日本高校招生考试公平还将继续完善的又一课题。

1. 残疾人参加高校招生考试

高等教育是兼具个人性与公共性的领域，因此，构建高等教育公共性的法律保障机制，政府责无旁贷。诚如劳凯声所言，“享有受教育机会的平等保护，是每一个公民的宪法权利，而对弱势群体受教育权利提供特殊保护，则是公民受教育权从形式平等走向实质平等的法制保障的基本内容”①。1947 年日本政府制定的《教育基本法》第 3 条规定：“所有国民都享有与其能力相应的受教育机会，在受教育上不能因人种、信仰、性别、社会身份、经济地位、门第等的不同而有所区别。”②按照能力分享应有的教育权益，此处的能力主要指智力，不包括经济能力，这是保障残疾人享受平等教育的基本法律保障。1970 年提交的关于《初等、中等教育改革的基本构想》中特别提及要为保障残疾人的入学机会创造有利条件，在印刷试题时，专门为视觉障碍者提供点字的试题；专设残障者考场，提供盲文试卷、手语翻译、放大镜、助听器等。该法规的践行始于中心考试。每年利用中心考试的残疾人考生在逐渐上升。以 1996 年、1997 年为例，1996 年共有 291 名残疾人参加中心考试，包括 17 名盲人、11 名高度弱视者、24 名弱视者、102 名视觉障碍者、15 名肢体高度不自由者、122 名肢体不自由者。1997 年，升至 307 名，对应的数据分别是 15、17、20、105、17、133。③ 2012 年，该数据升至 1 472 人，2013 年再增至 1 618 人。如表 6-1：

① 劳凯声．构建高等教育公共性的法律保障机制［M］．北京：北京师范大学出版集团，2010：9.

② 新井隆一．解説教育六法［M］．東京：三省堂，1990：34.

③ 大学入試センター．大学入試フォーラム21 号 ［J］．東京：大学入試管理部庶務課，1999：114.

表 6-1　2012 年—2013 年中心考试残疾人考生数（单位：人）

障碍类型	年度	
	2012 年	2013 年
视觉障碍	58	88
听觉障碍	348	404
肢体不自由	189	192
病弱者	73	69
发达障碍	135	150
其他	669	715
总计	1472	1618

数据来源：平成 25 年度大学入試センター試験の志願者数（確定）について. [EB/OL]. http://search.yahoo.co.jp/search;_ylt=A3aX5EqZoqtVRjAAvuSJBtF7?p=%E5%B9%B3%E6%88%9025%E5%B9%B4%E5%BA%A6%E5%A4%A7%E5%AD%A6%E5%85%A5%E8%A9%A6%E3%82%BB%E3%83%B3%E3%82%BF%E3%83%BC%E8%A9%A6%E9%A8%93%E3%81%AE%E5%BF%97%E9%A1%98%E8%80%85%E6%95%B0%28%E7%A2%BA%E5%AE%9A%29%E3%81%AB%E3%81%A4%E3%81%84%E3%81%A6&search.x=1&fr=top_ga1_sa&tid=top_ga1_sa&ei=UTF-8&aq=&oq=&afs=.

残疾人参加中心考试人数的逐年上升离不开考试中心对残疾人考试的深入研究，专业研究者通过科学实验计算出残疾人与正常学生考试时间的差异，如盲人考试时间为正常的 1.5 倍，高度弱视为 1.3 倍，肢体高度不自由者为 1.3 倍，以此为延长残疾人考试时间的基准，从而为科学保障残疾人的考试权益提供合理依据。不仅大学入学考试中心为残疾人参加中心考试提供了周全的服务，创设了良好的环境，提供了平等的机会，其实，各高校单独招生考试的招生简章中，同样都制定了关于残疾人入学考试的相关具体事宜，从电话咨询到面谈无微不至，极尽周全。

另外，还有一项凸显以人为本的中心考试举措是，大学入学考试中心为具有正当理由的缺考者提供一次补考机会，考试时间规定为正式考试日期后的第一个周六、周日。2015 年中心考试允许 407 名确实因为客观原因没能准时参加第一次中心考试的考生参加第二次中心考试。这项制度设计高度彰显了统考以人为本的考试理念。

2. 女子高等教育的蓬勃发展

1872 年，明治政府在指导学制创建的报告中指出，应该让女子拥有与男子同等的受教育机会，实现男女平等。这是近代以来政府关于女子教育的第一次阐述，为此后女子教育的普及奠定了合法依据。1895 年，文部省制定《高等女学校规程》并创建高等女学校实施女子中等教育；1899 年，文部省颁布《高等女学校令》，创办高等女学校作为女子接受中等普通教育的合法机构，并内设专攻科与补习科，为高等女学校毕业生提供继续学习的机会；1910 年，文部省修订《高等女学校令》，强化女子实学教育，女子高等教育逐渐走向近代化；1946 年，美国 27 人教育使节团与日方首次就教育民主改革问题进行磋商，其中提出要马上推动日本女子教育发展，实现男女平等；战后新宪法提出“男女平等”宣言，力推女子高等教育发展。1945 年，日本全国大学数为 48 所，学部在校生数 7.7 万人，女生仅有 160 人，仅占总数的 0.21%。1969 年，女生在校生数达到 46 万人，是 1959 年的 3.6 倍，所占在校生总数的比例也从 1959 年的 19%提高到 29%。①从图 6-1 的曲线图中，我们可以看到战后到 1975 年，女子高等教育与男子高等教育都经历了快速发展轨道，此后渐趋平稳发展，但是，女子高等教育发展的速度显然快于男子高等教育，而且，即使在男子高等教育入学率有所下降的阶段，女子高等教育依然保持基本平稳的态势。

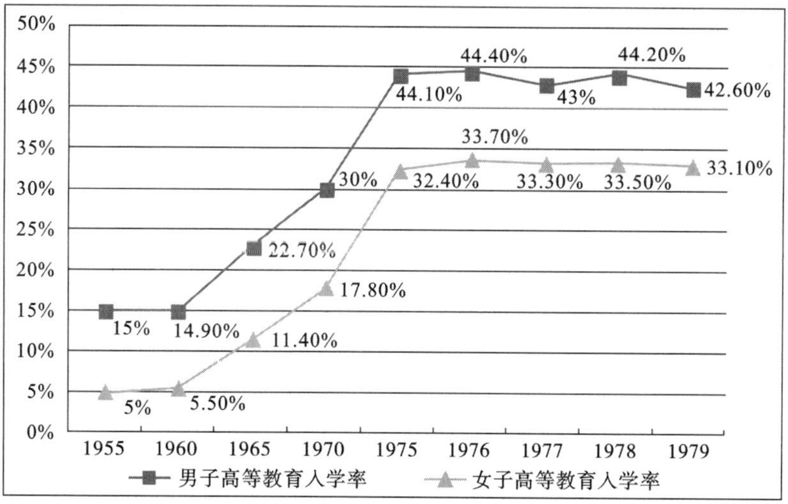

图 6-1　1955 年—1979 年日本男子、女子高等教育入学率

数据来源：全国教育調査研究協会．戦後 30 年学校教育統計総覧［G］．東京：ぎょうせい，1980：194-200.

① 文部省．わが国の教育水準 1959.11-1981.5［G］．東京：文部省，1990：234.

2012 年，全国大学学部在校生数 256 万中，女生 110 万，占 43%。[①]大学中女子在校生数从 1945 年的 0.21%提升到 2012 年 43%，意味着女生成了高等教育大众化新增的重要生源。2014 年，日本大学在校生数总计 2 688 569 人,其中女子 1 238 488 人，占 46.1%。女子高等教育的深入发展不仅推动了高等教育入学机会公平的实现，也是日本高等教育入学实质公平的体现。

3. 校园开放日活动

校园开放日是日本高校招徂生源的重要手段之一。通过校园开放日，高校迎来众多有意愿报考该校的考生与家长，通过直接体验大学教育设施、教育环境等，考生与家长对志愿报考有了更为直观的感触，这是一种以考生为主体的双赢的活动。开放日活动一般由各大学、学部自行决定举办时间、地点、内容、形式等。但是，同一大学的不同学部一般会错开举办时间。当然，为了节约成本，也有几个学部合办的情况。为了方便考生家长，有的大学会设立多个活动地点，如东京大学、京都大学都会在彼此的所在地举办活动，故，这也是一种争夺优质生源的竞争策略。开放日当天，各学部都会安排部分教授与行政职员共同参与，行政人员负责学校概况、考试程序、就业、入学后的生活等情况的介绍，教授们则主要负责回答专业学习方面的问题。

2005 年，东京大学研究生院教育学研究科大学经营、政策研究中心以高三毕业生为对象，聚焦高中毕业未来走向问题，实施问卷调查。结果显示，在高中毕业生们决定未来走向的过程中，57.2%受到了大学校园开放日的影响，46.3%受到了学校的进路指导的影响，17.6%受到了学习塾与预备校老师的影响。[②] 2013 年，岩手县立大学共有 25 000 人参加了校园开放日活动，是计划招生数的 56.82 倍；东北大学校园开放活动参与者共 61 631 人，是计划招生数的 25.72 倍；上智大学也有 32 684 人参加了校园开放日活动，是计划招生数的 12.66 倍。无论是国、公立大学还是私立大学，都通过开放日活动为考生与家长提供了充分的直接体验校园文化的机会，是吸引考生的有力措施。2013 年，新生中，东北大学有 23.8%、东京农业大学有

① 濱中淳子．大衆化する大学——学生の多様化をどう見るか［M］．東京：岩波書店，2013：17-27.

② 高校生の進路についての調査［EB/OL］．http://ump.p.u-tokyo.ac.jp/crump/cat77/cat81/post-1.html.

54.6%、东京学艺大学有41%、静冈县立大学有49.5%、大阪市立大学有30%、创价大学有85.7%、中央大学有36.1%、早稻田大学有49%、关西学院大学有40%参加过本大学的校园开放日活动，并因此契机最终决定选择报考该校。

4. 高中生参与大学课程

作为高校招生考试利益主体之一的高中生不仅可以通过各高校的校园开放日活动获得关于大学、学部的综合印象，提高判断的客观性，也可以通过各高校为高中生举办的各类体验课程感受专业教育的魅力，为其在高校、专业的选择中明确自己的专业性向、个性特征提供裨益。各大学以高中生为对象举办的各种体验活动丰富多彩，如表6-2所示：

表6-2　2009年度日本各类大学为高中生提供接触大学教育的机会（单位：所）

接触方式	国、公立大学（公立）	私立大学	总数
大学教师到高中集中讲义或授课	41（12）	189	230
大学教师到高中演讲	129（58）	437	566
在大学举办以高中生为对象的演讲	74（27）	225	299
大学举办以高中生为对象的公开讲座	68（21）	126	194
高中生履修大学课程	49（16）	149	198
大学举办以高中生为对象的体验课	118（52）	396	514
校园开放日	154（73）	532	686

注：根据“文部科学省．大学における教育内容等の改革状况について [EB/OL]. http://www.mext.go.jp/a_menu/koutou/daigaku/04052801/1353488.htm.”提供的数据整理而成。

不仅如此，高中生还可以通过申请履修各高校感兴趣的课程，提前体验大学教育。如果通过考试，该学分可以在进入大学后成为毕业所需学分，避免重复履修。表6-3统计了2007年度—2009年度高中生履修大学课程获取学分的基本情况。

表6-3　2007年度—2009年度履修大学课程获取学分的高中生数以及认可该学分的大学数

年度	履修大学课程的高中生数（人）	认可该学分的大学数（所）
2007	1 528	73
2008	1 342	61
2009	1 842	69

注：根据“文部科学省. 大学における教育内容等の改革状況について［EB/OL］. http://www.mext.go.jp/a_menu/koutou/daigaku/04052801/1353488.htm.”提供的数据整理而成。

在上述两项举措之外，1997年文部科学省修订了《学校教育法施行规则》，为优秀高中生提供“跳级入学制度”，即允许数学与物理领域特别优秀的高三学生，免除高中毕业资格直接跳级进入大学。2001年再次修订《学校教育法》，撤销了领域限制，允许各领域都实施跳级入学制度。但是，入选学生必须满足两个基本条件，一是在某一领域拥有特殊才能，二是在高中学习两年以上。大学招生也必须透明公正，要及时公布该生的自我评价、校方的评价与结果等相关信息。国立千叶大学自1998年引入该制度以来，招收了72名高三学生入学，私立名城大学自2001年引入该制度以来招收了26名高三学生。[①]

（三）集体公平与差异公平的相互渗透

通过整齐划一的考试，通过客观的笔试成绩，依据分数竞争选拔，这种观念已经成为普世观念深入人心，根深蒂固不可轻易撼动。统考是一种温和的集体排他性装置，将某一群体自然排除在资源竞争之外，而这部分人还可以通过另一扇天窗通往高校，即多样化考试。非学力型的多样化考试无论在考试内容还是考试方法上都比较尊重个性，让激烈的个体竞争得以纾缓。换言之，统考成绩是高校招录的核心参考依据，但不是唯一依据，作为考查个性、潜质等综合素质的多样化考试成了统考的有益补充。

高等教育大众化阶段，生源多样化必然带来考试方式、评价方式的变化，因此，根据不同考生在不同环境中孕育的能力与实力，为其提供多样化的选择不仅是一种差异公平也是一种实质公平。以推荐入学、AO入学为代表的多样化考试是基于差异公平理念的制度设计，即以承认个体差异为前提，认为人的学习能力、个性特长存在差异，但是，每个人必然都各有所长，因此，要扬长避短创设考生客观展现实力的机制，采用合理合法的方式考查不同群体、不同个体，让其获得与自身能力、素质相符的教育资源、教育环境，这才是对考生利益的有效保障。高等教育大众化背景

① 文部科学省. 大学へのいわゆる「飛び入学」について［EB/OL］. http://www.mext.go.jp/a_menu/koutou/shiken/06033010/010.htm.

下，高校生源多样化、社会人才需求多样化的现实下，多样化考试制度作为一种面向个体的设计保证了处在不同学力层次的个体都能够有机会接受高等教育，也助益高校选拔个性化人才，避免一统考试模式下优质人才的流失。高校招生考试公平从全局统一的考核标准转向适合某一类群体的考核标准，通过区分不同类别而制定相应的一套标准，这是高校招生考试制度内在发展的必然，也是策应外在环境变化的必然，因此，从初衷而言，这是一种善意的制度安排，有利于个体竞争，是一种个体参与竞争的模式，因此，与统考的集团排他无关，多样化考试不会将某一个身份群体排斥在外，而是基于对高校个性与生源个性的尊重，提供更为多样的考试方法与更为多元的评价方式，从而让大量原本无法接受高等教育者得到了入学机会。多样化考试确实在一定程度上缓解了入学机会不足问题，大幅提高高等教育的参与面，大大扩充了社会人接受高等教育的机会，契合了个体入学的意愿，让所有有意愿甚至没有意愿的个体都得到了进入象牙塔的机会。透过图表 6-2 这个高中毕业生、18 岁高等教育适龄人口与高校实际招生数的变迁关系图表，我们可以看到统分结合的日本高校招生考试，以集体公平与差异公平相辅相成的招生考试方式迎合了社会需求，缓解了政府财政的有限性与社会需求日益膨胀之间的矛盾，也在一定程度上契合了政府推动高等教育入学机会公平的意愿。

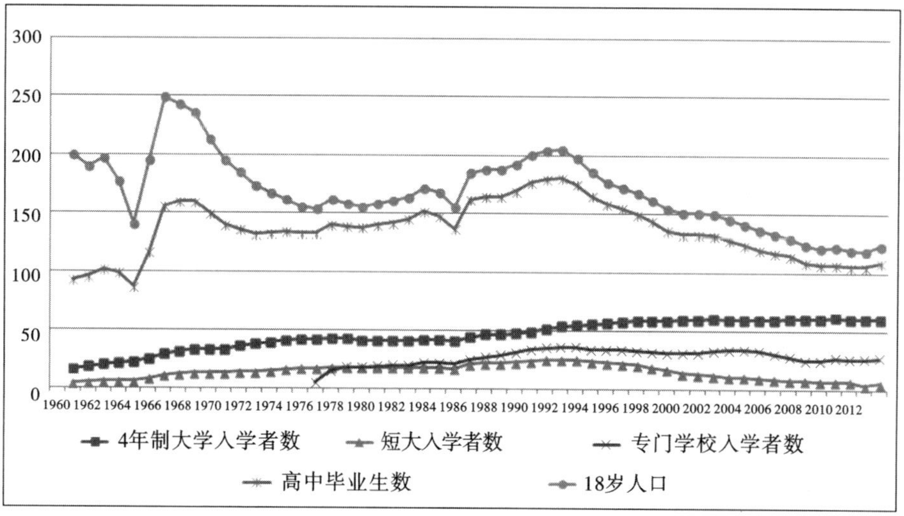

年度	4 年制大学入学者数（人）	短大入学者数（人）	专门学校入学者数（人）	高中毕业生数（人）	18 岁人口（人）
1960	16	4		93	200
1961	18	5		96	190
1962	20	6		102	197
1963	21	6		99	177
1964	22	6		87	140
1965	25	8		116	195
1966	29	11		156	249
1967	31	12		160	243
1968	33	13		160	236
1969	33	13		150	213
1970	33	13		140	195
1971	36	14		136	185
1972	38	14		132	174
1973	39	15		133	167
1974	41	16		134	162
1975	42	17		133	156
1976	42	17	5	133	154
1977	43	18	15	140	162
1978	43	18	18	139	158
1979	41	18	18	138	156
1980	41	18	19	140	158
1981	41	18	20	142	161
1982	41	18	20	145	164
1983	42	18	22	152	172
1984	42	18	22	148	168
1985	41	17	21	137	156
1986	44	21	25	162	185
1987	47	22	27	165	188
1988	47	22	29	165	188
1989	48	23	31	170	193
1990	49	24	34	177	201
1991	52	25	35	180	204
1992	54	25	36	181	205
1993	55	25	36	176	198
1994	56	24	34	166	186
1995	57	23	34	159	177

续 表

年度	4年制大学入学者数（人）	短大入学者数（人）	专门学校入学者数（人）	高中毕业生数（人）	18岁人口（人）
1996	58	22	34	155	173
1997	59	21	33	150	168
1998	59	19	32	144	162
1999	59	17	31	136	155
2000	60	14	31	133	151
2001	60	13	31	133	151
2002	61	12	33	132	150
2003	60	11	34	128	146
2004	60	11	34	124	141
2005	60	10	33	120	137
2006	60	9	30	117	133
2007	61	8	28	115	130
2008	61	8	25	109	124
2009	61	7	25	107	121
2010	62	7	27	107	122
2011	61	7	26	106	120
2012	61	4	26	106	119
2013	61	6	27	109	123

图 6-2 1960 年—2013 年日本高中毕业生、18 岁高等教育适龄人口与高校实际招生数变迁（单位：万人）

注：专门学校于 1976 年才获得合法地位，故统计始于该年度。

数据来源：文部科学省. 2013 年度学校基本調查［EB/OL］. http://www.mcxt.go.jp/b_menu/houdou/25/08/attach/1338337.htm.

学力考测的统考制度与非学力考查的多样化考试相辅相成的制度设计有利于缓解学力型统考潜藏的危机，对舒缓应试教育危机有一定效用。政府正是通过这两种考试制度自然的排他性功能成功地实现了社会稳定与阶级的再生产。

第二节 影响日本高校招生考试公平的内外部制度根源

高校招生考试制度改革不仅仅是教育系统内部的问题，而是一个在众多复杂系统中诸多因素共同作用的产物，因此，对公平问题的探讨不能仅囿于教育体系，从外部众多因素中寻求答案，内外部因素的共同探讨才能得到相应的厘清与解析。高等教育入学机会公平是推动日本高等教育大众化的根本动力之一，战后日本确实借助大量私立高校的创建提供了充分的入学机会，契合了社会要求接受高等教育的需求。那么，我们应如何理解高等教育入学机会足够充分的普及化阶段的公平？在普及化阶段入学公平似乎已经不再是问题，事实果真如此吗？那么，这种看似公平的表象下究竟隐匿着怎样的不公平呢？这些正是本节的探查重点。

一、影响日本高校招生考试公平的内在制度性根源

社会是一个活动体，要寻求社会长治久安需要一个政治安全阀，统治者需要设定一个看起来合理合法，即使低收入阶层也认同的基本原则、规则，一旦得到各阶层的认同，该原则、规则就可以成为社会共识，成为安全阀。这是一种温和而巧妙的维稳机制。统考正是这样一种受到民众高度认可的、稳定社会的核心装置，也是彰显高校招生考试公平的最佳媒介。但是，日本经验告诉我们，高校招生考试公平并没有因为入学机会的充分扩展而得到充分保障，考试公平依然受到众多潜在的内外部因素的侵蚀与威胁。

（一）统考制度设计伊始私立大学的缺席

日本高校招生考试制度在形成过程中就孕育着内生性的、难以自行解决的问题，问题的焦点在于政府推行国立中心主义的考试制度改革。国立大学的固若金汤的地位让国立大学成为推动考试改革的核心机构，正因此，统考制度改革始终将国立大学的利益置于首位，有意无意忽视了私立大学的主体利益。共通第 1 次考试是作为国立大学招生考试改革的一环而提出的，创建伊始就以国、公立大学为对象，并未将数量庞大的私立高校考量在内。伴随高校扩招步伐的加速，私立高校招生规模急剧扩大，统考作为统筹管理全国高中教育质量与把控高校生源质量的重要关卡不得不策应现实做出调整，所以，1990 年，考试中心推行中心考试时增加了弹性设计：第一，细化科目难易度，增加科目数量，提高选择范围；第二，改变原来必考 5 教科 6～7 科目的硬性规定，将教科、科目选择权下放至大学，各大学根据自身人才选拔标准与学科特点决定考试教科、科目数量。虽然国、公立大学基本依然要求报考 5 教科 6～7 科目，但是，私立大学的报考要求明显远远低于国、公立大学，除了部分私立名门依然维持学力考试偏向外，其他私立大学在招生最大化的利益驱使下甚至允许考生只选报 1 教科 1 科目。正是因为考试教

科、科目选择权的下放产生了实际的不公平。统考制度作为一个开放的体系，本应面向所有考生实施同一基准的考试，但是，政府为了管理的便捷不得不将庞大的私立高校纳入统考体系，为此也不得不改变了原来绝对意义上的公平，推行基于个性发挥、发展的公平路径。通过此路，政府确实将大量私立大学纳入了统筹评价与管理的范畴，但是，由此也是形成考试分层模式的温床。在"少子化"危机下，国、公立大学依然坚守阵地保持多教科、科目要求，私立大学则呈现逐渐减少教科、科目趋势。各大学对统考的教科、科目数要求异彩纷呈，统考的同一性、公平性、可比性均被日益蚕食、消解，偏离了学力考测的本质，并没有达到为第二次大学单独招生考试提供基本学力保障的初衷。因此，对于私立大学而言，一开始没有出席而后来补位入席的统考设计本身就已经带有了一种歧视意识，不是一种公平的存在。

（二）高校招生考试命题对客观性的执着

日本高校招生考试命题，无论是大学入学考试中心的命题，还是各高校的单独命题都有着强烈的对客观题型的执着追求，如选择题、填空题等。对于物理、化学、数学等讲究推理过程的科目而言，采用这种题型意味着原来步步推理的具体过程变成了一个抽象结果的呈现。"以各大学单独考试中的物理科目为例，私立大学半数以上、国立大学 30%以上都采用多选题与填空题型……以 5 000 名国立、公立、私立大学的新生为对象实施的物理科目考试结果显示，只求答案的计算题平均分为 63，而需要考生自己进行定性描述的记述题、论述题的平均分只有 39。"①不同题型之间平均分相差 24 分，这印证了只需提供答案的题型是可以规训而成的，这种单一的题型久而久之就消弭了思考力、创造力，对于善于思考、真正具有学力的学生而言，这种过于单一、直接的求解方式无疑是一种束缚与钳制，遏制了学生真实能力的发挥。因此，单一客观的题型对于擅长思考、富有创新力的学生而言，反而是一种实质的不公平。

（三）高校招生考试次数的繁复

日本国、公立高校招生考试制度是典型的统分结合、综合评价设计，普遍采用统考成绩结合本校单独招生考试成绩，综合评价录取模式。考试次数方面，自从 1985 年国立大学开始考试复数化改革以来，国立大学基本保持

---

① 中島直忠. 日本・中国高等教育と入試——21 世紀への課題と展望［M］. 東京：玉川大学出版部，2000：74-75.

2次考试机会制度，即前期日程、后期日程。公立大学增加了中期日程，共3次。私立高校的招生考试方式更是纷繁芜杂，只要报考的大学、学部考试时间不冲突，考生可以任意选择尽可能多的大学、学部。总之，因为国立、公立、私立高校单独考试的日期都是自定的，因此，考生可以根据各高校的考试时间错开参加考试，但是，为此要疲于奔波也要付出昂贵的报考费等。不可否认，这种由考生根据自身的学习能力、经济能力等，自主调节参加考试的次数不失为一种考试权的尊重，一些私立大学甚至出台了“考试日自由选择制度”，即同一学部、学科设置数次考试日，方便考生自行选择，甚而允许考生接受所有考试，但是，考生需要为此支付多次报考费。总体而言，如此繁复的考试次数，对于下层家庭的子弟而言，无疑又是另一层面的不公平。

（四）多样化高校招生考试的主观性

多样化考试是弥缝统考局限的有效手段，避免了分数论高下的弊端。但是，基于个性尊重的倡导而推崇的多样化考试，其主要途径是面试与小论文，这就涉及文化同质性问题，虽然为了避免主观因素对结果的评价，校方都会尽量安排较多人员参与评价，但是，这依然很难杜绝个人主观情感的掺杂，无法根除个人的偏好，人们会惯性地对与自己喜好或品性相似的学生或小论文给予过高评价，作为面试与小论文的考官，他们往往具有某种特定的文化气质，因此，如佐藤俊树所认为的，“如果高校招生考试中面试或小论文的比重继续加大，想必会对大城市尤其是东京周围高学历家庭的孩子们更加有利”，“当被选人表现出同样的文化特性时，所有的评委便都会对此人做出高度评价”①。刘海峰也指出，“综合考查德、智、体、美各个方面来选拔大学新生，应该说最能选拔全面发展的优秀人才，也就最符合效率原则。然而，这种考核方式却容易损害公平原则”②。

（五）大学附属高中直通车的兴盛

附属学校、系属校是日本私立教育的一大特色，这种扶梯式大学入学模式是私立高校确保生源的有力手段。自从1988年《学校教育法》认可“中高一贯校”制度以来，附属学校还延伸出“幼小中高一贯校”、“小中高一贯校”等模式。与此同时，高中与大学基于自身的主体利益，还开创了系属

① 佐藤俊树．不平等的日本［M］．王奕红，译．南京：南京大学出版社，2008：92.

② 刘海峰．高校招生考试改革论［M］．杭州：浙江教育出版社，2013：70.

校，即非大学直属的中学与高中也可以挂靠大学成为其下属校。如明治大学下属的中野中学与高中、中野八王子中学与高中，拓殖大学下属的红陵高中、智学馆中学与高中，东海大学下属的浦安高中、星高高中、相扑高中、高轮台高中、翔洋高中、望洋高中、仰星高中等，这些下属的中学或者高中都会在学校前面带上大学名称，这也标识着他们比一般人拥有更大的进入直属大学的机会。天野郁夫在谈到东京大学的招生情况时指出，“东京大学是日本最大的精英大学，考试合格者来自全国 351 所高中，其中有 74 所私立高中，而东京大学合格者中的前 20 名都来自私立高中。这些私立高中都集中在大都市，为了进入这些私立名门高中，必须从小学四五年级就开始准备”①。比如庆应义塾大学、同志社大学、中央大学、立命馆大学、专修大学、东洋大学分别有 4 所附属高中，早稻田大学有 6 所，东海大学有 14 所，日本大学有 24 所，这些私立名门的附属高中是通往该大学的绿色通道。2013 年附属高中升入相应大学的入学率由高往低的前 10 名大学排序如表 6-4：

表 6-4　2013 年度附属高中升入相应大学的毕业生比例前 10 名排序

排名	大学	附属高中（所）	招生数（人）	入学率（%）
1	庆应义塾大学	4	1 369	97.9
2	同志社大学	4	1 037	86.8
3	中央大学	4	915	85.4
4	明治大学	3	805	82.8
5	法政大学	3	848	82.7
6	青山学院大学	1	329	80.6
7	日本女子大学	1	288	80.2
8	早稻田大学	6	1 442	79.4
9	关西学院大学	2	316	78.2
10	立命馆大学	4	975	77.5

资料来源：朝日新聞出版教育ジュニア編集部．大学ランキング2015 [M]．東京：朝日新聞出版，2014：53.

二、影响日本高校招生考试公平的外在制度性根源

以上我们分析了影响日本高校招生考试公平的内在制度性根源，下面，

---

① 中村高康．大学への進学——選抜と接続 [M]．東京：玉川大学出版部，2010：384.

我们将集中探析影响日本高校招生考试公平的众多外在因素。

（一）高等教育受益主体负担原则潜藏的不公平

明治时代官立高等学校、专门学校所需缴纳授课费为统一模式，均为80日元；公立机构有所区别，但也基本维持在80～100日元；私立机构介于95～300日元，如大阪医专为300日元。另外，入学金根据国立、公立、私立也各有区别，官立一般低于5日元，而私立则在10～20日元。因此，明治时代以来，私立高校的学费一直近乎国立高校的两倍，这个游戏规则此后几乎未曾改变过。

战后，私立占据绝对数量优势的日本高等教育发展从行政主导模式转向市场主导模式。20世纪60年代引入日本的人力资本理论改变了日本国民高等教育的意识形态，在政府政策的潜移默化中，国民达成了投资高等教育个人是最大受益者的共识，虽然私立高校学费一直攀升，在强有力的经济支撑下，私立高校还是吸引了大量入学者。政府不用出钱，顺利借助私立高校实现扩招目标，不仅满足了社会用人与学生求学需求，也维护了社会稳定，对于政府而言可谓一石二鸟。根据丸山文裕的研究，2008年日本高等教育投入占GDP的1.5%，生均投入为15 000美元，在OECD加盟国中也是较高的。但是，政府教育财政的生均支出以1981年的23万日元为节点，此后一直下降，20世纪90年代以后徘徊在15～17万日元。① OECD各加盟国高等教育财源中，60%都依赖于私费支出。2006年，OECD公布的成员国的高等教育公共财政支出的平均值为76.4%，而日本公共财政支出仅占39.7%。高等教育私费支出的平均值为23.6%，美国为57.2%，英国为29.8%，法国为18.7%，日本高达60.3%，是平均值的2.6倍。②

日本主要依赖于家庭投资与民间资金的注入推动大众化进程，这意味着高等教育市场依存度的高涨，也暗合了私立高等教育学费高涨的必然。2008年，大学第一学年所缴纳的学费占各家庭月支出倍数，私立大学为4.4倍，国立大学为2.8倍。③ 2011年大学第一学年所应该缴纳的学费就占家庭收入

---

① 浦田広朗. 私大の財務基盤と家計負担——機会均等を目指した自助努力を[J]. 大学・学校づくり研究，2010（2）：49.

② OECD. 日本の大学改革［M］. 森利枝，訳. 東京：明石書房，2009：52-53.

③ 浦田広朗. 私大の財務基盤と家計負担——機会均等を目指した自助努力を[J]. 大学・学校づくり研究，2010（2）：50.

的22.7%。高昂的学费导致社会阶层差距的进一步拉大。就学费而言，也因为国立、公立、私立大学之间的巨大差距而导致贫者更贫的现象在加剧。因为日本国立大学学费没有大学、学部的区分，都是统一模式——入学费28.2万日元，授课费53.58万日元，而私立大学的学费基本都在国立大学的2倍左右。1968年，文部省以高中毕业生为对象实施的问卷调查显示：对于是否要上大学的核心决定因素是家庭收入，成绩反而不是最重要的。在不想上大学的高中毕业生中，36%提出的理由都是家庭经济困乏。1970年，私立大学学生的家庭收入平均为210万日元，国立大学145万日元以上者占50%，公立大学163万日元以上者占30%。再根据两角亚希子的研究结果，近年来，家庭年收入400万日元以下家庭子弟的大学入学率只有31.4%，而家庭年收入超过1 000万日元的家庭子弟的大学入学率高达62.4%。①拥有家庭出身、经济资本、文化资本的家庭子弟进入国立大学的概率高于下层家庭子弟，而社会中下层家庭的子弟往往进入一般性私立大学或者选择放弃上大学，即使上了大学也不得不为了支付昂贵的学费而贷款读书的学生不在少数。“在不同的环境条件和生活中，孩子们的最终学历产生了差异。”②诚如刘海峰教授所言，“当高校招生考试日益侧重于考测能力的时候，应该承认，勤奋刻苦的因素在高校招生考试成绩中所起的作用有所下降，而受教育条件和环境所起的作用有所上升”③。

（二）奖学金制度的市场化带来的不公平

日本学生奖学金分为几大类，有学生支援机构的育英奖学金、都道府县奖学金、财团奖学金与大学单独设置的奖学金。以普及范围最大的育英奖学金为例，20世纪80年代以来，政府加强奖学金资助政策，在原来无息奖学金基础上加速扩展带息奖学金。20世纪90年代后期以来，由于经济持续低迷，地方公共团体与民间奖学金逐年减少，育英奖学金的功能也在商业化进程中弱化了其本质功能，偏向商业化的营运模式，如有些教育贷款甚至不需要贷款担保人，每个无钱支付学费的学生都可以从该机构借钱读书，但是，本金与利息对于毕业后参加工作的毕业生而言，无疑是巨大而漫长的物质与

① 朝日新聞出版教育ジュニア編集部．大学ランキング2015［M］．東京：朝日新聞出版，2014：110．

② 秦政春．家庭環境と学業業績［J］．福岡教育大学紀要34号，1984：73．

③ 刘海峰．高考改革中的全局观［J］．教育研究，2002（2）：22．

精神负担。虽然1998年以来，育英奖学金也有大幅提升，但是依然不如授课费提升的速度，而且，奖学金享有者的数量有限，因此，高等教育大众化背景下，奖学金制度所起效果日益缩减。市场力量的侵蚀扭曲了奖学金的助学初衷，以利息形式提供的奖助学金制度占主体表明每个人都可以上大学的本质其实是每个人都可以从政府贷款上学。表6-5、6-6也许可以让我们透视日本奖学金制度的一些本质属性。

表6-5　2013年度日本学生支援机构的奖学金支出基本情况

支出方式	免费提供	贷款	其他
所占比例	37.9%	61.7%	0.4%

表6-6　2013年度日本学生支援机构的奖学金提供基准

提供基准	学力、人才	家庭经济	学力、人才、经济及其他
所占比例	33.5%	21.2%	45.3%

数据来源：日本学生支援機構．平成25年度奨学金事業に関する実態調査　[EB/OL]. http://www.jasso.go.jp/statistics/syogaku_chosa/gaiyou_25.html.

另外，日本各大学的奖学金制度也带有显著的奖励优不奖励贫的倾向，是一种学力中心的考核基准，表6-7举例说明。

表6-7　日本学力考核倾向的奖学金制度

大学	奖学金种类	具体内容
立教大学	入学考试成绩优异者奖学金	中心考试与一般考试中的成绩优异者，选拔45人，奖励相当于大学4年的授课费的奖学金，但是，每年会有学业成绩审查
丰田工业大学	(1) 丰田奖学基金 (2) 奖学金 (3) 学部免还奖学金	第一学年为入学考试成绩前10%的学生，第二学年后根据学业成绩重新考核，三类奖学金的奖励金额分别相当于授课费的100%、50%、25%
关西大学	第1种免还奖学金	入学考试中取得优异成绩者，奖励金额相当于大学四年的授课费，但是，每年会有学业成绩审查
大阪艺术大学	特待生选拔制度	中心考试有2教科得分180分以上（1教科总分200分），而且在大学专门考试中得分180分以上者（总分200）。奖励金额相当于大学四年的授课费，但是，每年会有学业成绩审查

2005年，东京大学研究生院教育学研究科大学经营、政策研究中心以高三毕业生及其家长为对象，聚焦日本学生支援机构奖学金利用问题实施问

卷调查，结果显示，申请过该奖学金的只有14.9%，有24.6%不太了解该制度，60.4%没有申请，关于未申请的原因，11.6%是因为担心将来无法偿还，8.9%是因为成绩没有达到申请标准。47.6%认为应该提高奖学金额度，60.2%认为应该取消成绩限制，59.2%认为应该取消对父母收入的要求，62.4%认为国家应该设立无须偿还的奖学金，95.7%认为大学授课费不应该再上涨，82.4%认为应该增加国、公立大学的招生数，86.6%认为政府财政应该提高对私立大学的补助。①概言之，日本奖学金制度在市场经营优先理念下，偏离了为寒门子弟提供入学机会的正轨，并未达到良好的确保有能力的贫困子弟享有平等的接受高等教育机会的效果，对推动高校招生考试入学公平的目标贡献极为有限。高等教育入学机会的扩充如果依赖收取学费来维持的话需要完善的奖学金制度的支撑，以此平衡高额的学费对入学者带来的冲击。天野郁夫认为："欧美各国采用了这种模式，但是，我们很难说日本在这一点上跟上了世界潮流。"②

（三）民间教育考试产业甚嚣尘上导致的不公平

如果统考制度与多样化考试制度所提供的入学机会是让大家从同一起跑线出发，是起点就公平的竞争，那么，无论结果如何，社会都会默认这种制度的合理性，并接受结果。但是，现实并非如此。参加统考与多样化考试的考生在起点上就已经相距甚远，而并非是一种平等的关系，民间教育考试产业的甚嚣尘上正是产生不平等关系的幕后核心推手。

日本民间教育考试产业主要依托各学习塾、预备校。比较知名的三大机构为代代木、河合塾与骏台。河合塾始于1933年，其提出的宣言是"为了每一个学生个体"；骏台预备校创设于1918年，全国设有几十所分校；代代木预备校始于1957年，全国共有28所分校。教育考试机构遵循市场原理将考生与其家长当作消费者，尽全力提供最为全面周致的考试服务，从考试内容、考试技巧到报考信息、高校选择等，但凡与考试相关的内容，没有他们无法触及的。高校招生考试是教育考试制度的核心内容，因此，在考试机构的服务事项中也自然而然地成为最受欢迎与关注，盈利也最高的领域。过于繁荣的教育考试市场甚至造成了一种集体无意识的错觉：倘若不参加专门的

① 高校生の進路についての調査［EB/OL］. http://ump.p.u-tokyo.ac.jp/crump/cat77/cat81/post-1.html.

② 天野郁夫. 大学一挑戦の時代［M］. 東京：東京大学出版会，1999：86.

考试机构的学习，各考试几乎很难合格，特别是高校招生考试，不接受专业机构的指导是很难想象的。正是这种在民众心底普遍弥漫的意识助长了考生、家长与考试机构的千丝万缕的联系，家长只要有一丝可能都会尽量将孩子送到相应的补习机构接受各种补充教育。预备校会针对各高校的考试特点，如仅凭中心考试成绩入学、大学单独考试入学，还是两种考试综合入学等模式，分别采取对应的应对举措，帮助学生考取高分。甚至包括各高校的面试、小论文的特点等，都有详尽的解说与引导。正是因为考试产业与高校招生考试的紧密联系，虽然这些机构学费不菲，“预备校的授课费与部分私立大学的授课费大致相同，但比国立大学的授课费高 30%”①，但是，为了确保自家子弟顺利考入名校，家长们只要有一定经济实力，都力争从幼儿园开始为进入名校铺设基石，但是，对于社会下层家庭的子弟而言，他们不仅难以获得额外的学习机会，还要承受家庭经济状况不佳的身心压力。在报考志愿选填高校与专业时，他们往往只能退而求其次，“明智、理性”地选择到短期大学、专门学校等接受职业教育，尽早实现经济独立，为家庭解压，这是一种比较契合实际的选择。

基于以上分析，我们不得不感叹从小开始的各种学习塾的补习教育本质是提前化的社会分层竞争，富裕阶层借此确保自家子弟预先积累统考与多样化考试的经验，积淀更多在考试中胜出的能力，以占据考试竞争中的优势地位，这种金钱与文化资本带来的博弈衍生了严重的入学机会的不公平，也暗合了强势群体与弱势群体之间的区隔。

第三节　高等教育大众化与日本高校招生考试制度改革

日本高校招生考试制度改革与高等教育大众化进程相伴相生、相辅相成，高等教育大众化是探析日本高校招生考试制度改革不可以跨越的一个根本问题，而高校招生考试公平内涵的丰富与延展是高等教育大众化的必然伴生物。正如高等教育大众化涵括了数量与质量的并举共进一样，高校招生考试制度改革也同样要突破单纯的数量扩充的模式，谋求数量与质量的并举。

① 天城勲編．相互にみた日米教育の課題——日米教育協力研究報告書［R］．第一法規出版刊，1987：225.

日本政府视统考为确保生源质量与维持考试公平的法宝，视多样化考试改革为确保生源数量与追求效率的载体。虽然通过借助私立高校推动的多样化考试改革，高校招生数量规模实现了快速扩张，但是，以降低入学标准为代价的多样化考试改革导致“二元双轨”考试模式转向“二元双层”模式。分层的高校招生考试固化了社会阶层结构，并未有效促进阶层流动。高校招生考试制度的分层是社会不公的隐形温床，从入口到出口的分层导致社会优势阶层更优，弱势阶层更弱。高校招生考试无意识中固化了社会阶层，阻滞了阶层流动与良性竞争，加剧了社会不公，这与高等教育民主化所倡导的入学机会均等是相悖的。看似水到渠成的日本高等教育大众化本质上是以牺牲招生质量来确保招生数量的跛足改革，是一种表面形式的扩张，缺乏可持续发展力量。高等教育大众化进程中，高校招生考试改革如何兼顾招生数量与质量的共同提升成为一个影响深远的政策性课题。

一、大众型日本高校招生考试制度改革的必然性

高校招生考试制度是高等教育质量把控的第一关，是高等教育大众化不可忽视的关键要素。要适应高等教育扩张的需求，高校招生考试必须具备相应的制度结构，否则，不太可能在短期内快速推动招生数量的大规模扩张。那么，日本高校招生考试是否具备了大众化属性，是否为迎接大众化做好了充分准备？以下基于理念、机构、生源三个角度进行阐述。

（一）理念先导——高等教育入学机会公平意识的普及

理念是行动的先导。在高等教育大众化时代，高等教育入学机会向所有阶层开放，高校招生考试成为促进阶层流动的核心装置，考试公平成为社会共识。要确保高等教育入学机会公平，统一的高校招生考试制度无疑是最科学有效的。战后，基于对高等教育、国家权力、经济增长之间关系的重新认识，日本政府开始加强对高校招生考试的把控，逐步推行以国、公立大学为中心的统考，统考因此具有了自上而下的特点。此后因为私立大学的强势发展与生源多样化的现实，统一的高校招生考试制度难以适应私立大学生源水平参差不齐的现实，多样化改革成了私立大学扩大招生规模的有效途径，并逐渐延展到国、公立大学，多样化高校招生考试改革因此自然具有了显著的自下而上的特性。统考以分数公平的形式，多样化考试以个体差别公平的形式，成为确保高等教育入学机会公平的有效途径，两者都为高校招生考试从精英型转向精英型与大众型的并举提供了理念先导。

（二）机构先行——私立大众型高等教育机构的兴盛

高校招生考试制度的变迁与高等教育机构是否丰富多元息息相关，高等教育机构数量足够多、类型足够丰富是高校招生考试多样化发展的前提条件。大学初创时期，明治政府就果断选择了既要大学也要专门学校的教育体制，因此，战前，高等教育机构就分为两类——官立为主的精英教育机构与私立为主的大众型教育，双轨并举模式为战后的高等教育规模扩张埋下了伏笔。官立和私立并存、官学本位主义政策、近代化的后发性带来政府对教育投资的有限性，这三个原因预示着高等教育大众化的推动必然借助大量私立高校的力量。

战后，日本私立大众型高等教育机构得到长足发展。1950 年，4 年制大学共 201 所，到了 1972 年增至 398 所，其中增幅最大的为私立大学，从 105 所增至 290 所。短期大学也从 1950 年的 149 所增至 1972 年的 491 所，其中私立短期大学增幅最大，从 132 所增至 423 所。① 1950 年—1996 年期间，国立大学仅仅增加了 28 所，而私立大学却增加了 300 多所。②私立为主的大众型高等教育机构与生俱来就具备对社会需求、对市场用人的高度敏感性，这种特质是高校招生考试多样化改革的有利要素，是高等教育大众化进程的有利推手，为高等教育大众化的顺利实施提供了充分的机构准备。日本高等教育制度和机构的独特性是大众化节奏快慢的重要影响因素，大量社会敏感度极高的私立大众型高等教育机构解决了高等教育数量的问题，成了大众化的原动力。借助私立高等教育的力量，早在 1963 年，日本高等教育入学率就超过 15%，标志着日本高等教育进入了大众化阶段。

（三）生源先决——多样化生源对高校招生考试评价多元的现实需求

伴随高中毕业率攀升到几近 100%、社会人学生与外国留学生日益增多，高校生源多样化已成事实。依赖于收取学费立足的私立高校为了扩招，凭借自身对市场、社会需求的敏锐感知捕捉发展机遇，各显神通设置了形式各异的弹性举措，如入学考试资格的弹性化、夜间大学、昼夜开讲制、网络

---

① 天野郁夫．高等教育的日本模式［M］．陈武元，译．北京：教育科学出版社，2006：138.

② 市川昭午．大学大衆化の構造［M］．東京：玉川大学出版部，1995：15-16.

课程、长期履修生制、科目履修制、履修证明制等，不一而足。诚如天野郁夫所言，“私立高等教育在国立占据绝对优势的现实基础上艰难立足并发展壮大，其存在与发展的路子，一方面是准确地把握超出‘国家需要’的框架之社会需求，获得更多的学生乃至更多的学费收入，另一方面，只能发明把教育所需成本控制在最小限度内这样的独特的组织与经营的形态”①。因此，私立高校在学科设置上与国立大学错位发展，侧重设置法学、文学、商学、经济学等成本低廉的文科门类招徂学生，同时，通过大学课程、大学预科课程、专门部课程的多元创设提供多层次、多样化的教育模式，为自己赢取了大量生源。1895 年，日本高校在校生总数中，官、公立与私立之比例分别为 51.0%、49.0%，而到了 1935 年该比例变为 39.1%、60.9%。②此后，私立高校的在校生比例基本维持在 80%左右。私立高校多样化的生源对高校招生考试方法的多样化、考试评价的多元化提出了更为现实且强烈的需求。

二、大众型日本高校招生考试制度改革的挑战

综合以上分析，我们得出一个基本判断：高等教育大众化背景下衍生的公平理念、丰富的机构类型与多样化生源是日本高校招生考试制度得以顺利从精英型转向精英型与大众型并举的核心动因，也是高校招生考试制度大众型属性的体现。高等教育大众化不仅推动了多样化考试改革，也强化了政府推动统考制度改革的决心。自上而下推行的统考制度与自下而上推动的多样化考试制度构筑起了日本高校招生考试制度特殊的“二元双轨”模式。所谓“二元”是国、公立大学为主偏重学力考试，私立大学为主偏重多样化考试；所谓“双轨”是统考模式与各高校单独举办的多样化考试的并举，两者基于不同的考测重点形成互益互补关系。但是，现实的发展轨迹偏离了初衷，“二元双轨”的高校招生考试模式演变为“二元双层”模式，即偏差值主导下，国、公立大学稳收优质生源，而大部分私立高校聚集了大量问题学生。同一大学中，学生的阶层差异在缩小，高等教育对阶层流动的积极意义在萎缩，高等教育入学公平正被蚕食。那么，日本高校招生考试制度究竟是如何演变至今

① 天野郁夫．高等教育的日本模式［M］．陈武元，译．北京：教育科学出版社，2006：126.

② 天野郁夫．高等教育的日本模式［M］．陈武元，译．北京：教育科学出版社，2006：129.

的？这需要我们重新检视日本大众型高校招生考试制度改革中暗含的危机。

(一) 私立高等教育政策的随意性与空洞化

近代以来，日本政府国立中心主义的高等教育政策一直未曾改变。对此，小林哲也一针见血地指出，“像日本这样的国家，开始发展教育，的确主要是由国家来办的，私人和地方设立的学校，被看作国立学校的辅助和补充力量”①。虽然私立大学是推动大众型高等教育改革的主力军，但是，在高等教育规划中总是处于政策边缘，成为虽然庞大却被忽略的存在。政府往往基于政治性、经济性的目标执行或宽或紧的私立高等教育政策，因此，私立高等教育也随之起伏进退，经历了一波三折的发展历程。

1. 1960 年—1975 年政策宽松阶段

1962 年，文部省提出，“为了缓和 1966 年—1968 年可以预想的高校招生考试竞争程度，为了适应社会需求，满足毕业生日益扩大的需求，希望适当扩大高等教育入学机会，但是，必须要经过慎重的研究”②。由此观之，该阶段文部省对于高等教育规模扩张依然保持审慎的态度，但是，来自产业界的对于扩大高端技术人才培养的需求风起云涌。1961 年 3 月，时任科学技术厅长官的池田正之辅提请文部大臣荒木万寿夫放宽大学设置基准，扩大科学技术人才培养，为实现国民收入倍增目标提供人才支撑。1962 年文部省允许私立大学自行决定招生数量与设置新学部，原来必须先向文部大臣报备。1949 年—1974 年日本大学设置认可的申请数与通过数见表 6-8。

表 6-8　1949 年—1974 年日本大学设置认可的申请数与通过数

年度	申请数（所）	认可数（所）	认可数所占比例
1949	9	5	56%
1962	10	10	100%
1965	30	25	83%
1968	14	11	79%
1971	13	7	54%
1974	5	4	80%

资料来源：T. J. ペルペル. 日本の共闘教育政策［M］. 橋本鉱市，訳. 東京：玉川大学出版部，2004：155.

① 小林哲也. 日本的教育［M］. 徐锡龄，黄明皖，译. 北京：人民教育出版社，1981：32.

② 文部省. わが国の高等教育［G］. 東京：文部省，1964：197.

在大学设置基准放宽后，私立大学在缺乏刚性约束机制的环境下获得了自由发展，超额录取成为普遍现象。从超额录取率来看，大学的情况是，1952 年已经是 1.37 倍，1960 年是 1.58 倍，1970 年是 1.68 倍，一直直线上升，到 1972 年达到 1.81 倍。① 1975 年，私立高校在校生所占比例迅速增至 78.3%。就图 6-3 中的师生比而言，国、公立大学相对稳定，特别是国立一直保持在 1∶8 左右，而私立大学则持续上升。

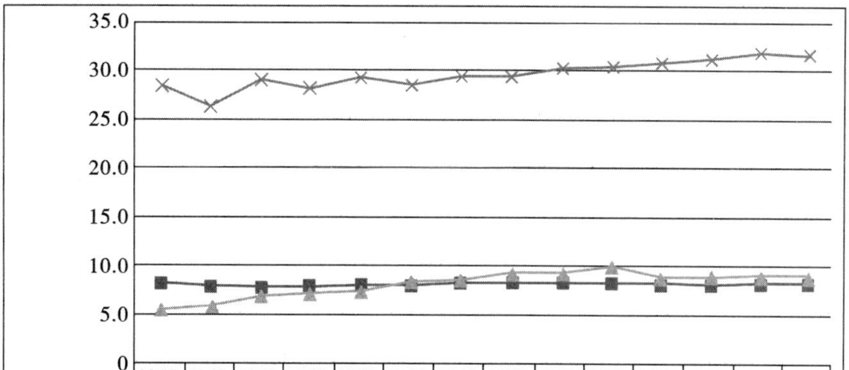

	1955	1960	1963	1964	1965	1966	1967	1968	1969	1970	1971	1972	1973	1974
国立大学	8.2	8.0	7.9	7.9	8.0	8.1	8.3	8.3	8.4	8.3	8.3	8.2	8.3	8.3
公立大学	5.6	6.0	7.0	7.2	7.5	8.4	8.6	9.3	9.4	10.0	8.9	8.9	9.0	9.0
私立大学	28.6	26.4	29.1	28.3	29.3	28.6	29.5	29.5	30.3	30.5	30.9	31.3	31.9	31.7

图 6-3　1955 年—1974 年师生比变化

数据来源：教育年鑑刊行委員会．教育年鑑 1976 年［G］．東京：ぎょうせい，1976：164.

2. 1976 年—1989 年政策紧绷阶段

20 世纪六七十年代高速扩张的日本高等教育具有显著的集中于大都市的特征，“如果以在校生数为反映集中度的基准，1975 年 4 年制大学有 41.7%的学生集中在东京，37.2%集中在七大都道府县，短期大学的相应数据分别为 24.6%、40.6%”②。20 世纪 70—90 年代，文部省先后三次发布高等教育计划书，对高等教育发展做出了基本规划，核心方针是抑制高等教育发展规模、提高高等教育质量。具体举措集中在：(1) 强化文部省对招生

① 天野郁夫．高等教育的日本模式［M］．陈武元，译．北京：教育科学出版社，2006：139.

② 天野郁夫．大学—挑戦の時代［M］．東京：東京大学出版会．1999：30.

名额分配的认可权力，杜绝超额录取；（2）资助私学，帮助私学完善软硬件；（3）文部省强化招生名额分配权，聚焦高等教育机构的区域分配的均衡性，明确规定东京与七大都道府县原则上不允许新设大学、学部，不允许扩大招生规模。

私学资助政策始于1975年的《私立学校振兴助成法》，该法律为资助私学提供了法律依据。由此，政府形成了管控私立高校的两个主要手段——大学设置基准与私学资助。1975年私学补助金制度创建之初，文部省提出的补助金额数量为私立高校经费的50%，可是未能有效兑现。但是，政府的补助金对私立高校的招生规模还是发挥了一定钳制效用。“1975年私立大学超额录取率为1.79倍，1980年降至1.42倍，1983年再降至1.36倍。”[①]补助金政策未能始终如一，1980年补助比例达到最高29.5%后一直低迷不起，1991年仅为13.3%。2005年政府支付国立大学的运营交付金总额为1兆1 130亿日元，而占了高校总数四分之三的私立大学所获得的经费补助金只有3 239亿日元。[②] 2006年，文部科学省的高等教育财政预算中，给国立大学的补助金为1兆2 727亿日元，而给私立大学的补助金只有3 313亿日元[③]，几乎只有国立大学的零头，而私立大学无论大学总数还是在校生数都占了总数的约80%，因此，如此少额的补助金对于私立大学的条件改善与质量提高无疑是杯水车薪。较之对国立大学的资助，政府对私立大学的资助显然只是九牛一毛，而且逐渐减少，现在补助金额几乎不到私立大学经常性费用的10%。如表6-9：

表6-9　1970年—1994年政府对私立大学的补助金占学校经营费的比例

年度	1970	1975	1980	1985	1990	1991	1992	1993	1994
补助金所占比例	7.2%	20.6%	29.5%	19.2%	15%	14.1%	13.3%	12.7%	12.4%

数据来源：文部省．我が国の文教政策［M］．東京：大蔵省印刷局，1994：28.

2005年，以学生学费占大学财政来源比例为据，国立大学为16.2%，私立大学为57%。[④]政府财政支持的缺失意味着私立大学运营费用对学费依

① 天野郁夫．大学ー挑戦の時代［M］．東京：東京大学出版会．1999：31.

② 瀧澤博三．財政なき大学改革——「量」の成功と「質」の失敗［J］．アルカディア学報，2008（2）：33.

③ OECD．日本の大学改革［M］．森利枝，訳．東京：明石書房，2009：57.

④ OECD．日本の大学改革［M］．森利枝，訳．東京：明石書房，2009：61.

存度的提高，同时也不得不通过各种压缩成本的方式来缓解资金周转压力，如提高师生比、招聘兼职教师等。1993 年，国立大学师生比为 1∶10.1，私立大学师生比则高达 1∶25.6。①

3. 1990 年以来政策再次宽松化阶段

1984 年，文部省颁布的《高等教育计划书 (1986—1992)》提出，“招生数量从 1983 年的 61 万人增至 73 万人，正规扩招增加 4.2 万人，临时扩招增加 4.4 万人，超额录取率控制在 1.28 倍”②。文部省采取正规扩招、临时扩招与将超额录取控制在一定倍数内的三大政策，应对高等教育入学意愿者人数剧增的现实需求。政策一出，私立高校立马敏锐感知到了文部省政策的松动，闻风而动的私立高校瞬间启动扩招工程。“1990 年，扩招达到 12.6 万人，其中正规扩招 7.6 万人，远远超过了 4.2 万人的预定目标，1991 年—1992 年再扩招 7.4 万人，其中临时扩招 6 万人。如此，1992 年招生数高达 81 万，比既定的 73 万多了 8 万，大学入学率也因此提至 39.4%。”③ 1993 年文部省还放宽了私立大学在中心城市创设新校的限制。

1995 年，文部省推行“大学设置基准大纲化”举措。大学设置基准是文部省对大学设置认可的最低基准，根据在校生数对设置大学所需的设备设施、占地面积、图书馆藏书、师资配备等都有具体规定，因此可以说这是政府把控大学招生人数的有效机制。政府严格执行基准则招生人数受限，执行缓和则人数可能遽增。设置基准大纲化最核心的举措是课程设置权的下放，改变此前大学教育中 1、2 学年侧重教养教育，3、4 学年侧重专业教育的“二年两段”的硬性规定，将课程设置权赋予大学。其结果是不少大学废止了“教养部”，减少教养教育课程，通过重组或新建开设新学部。大学设置基准大纲化是把“双刃剑”，一方面，文部省对私立高校、整个高等教育体系的把控力弱化；另一方面，私立高校因此赢得了自由广阔的发展空间。

当然，一系列宽松政策的推行是因为“少子化”危机带来了严峻的高校生源问题。1992 年，大学招生总数为 81 万人，以 1992 年为界点，大学报考人数开始剧减。1997 年，大学入学率从 1993 年的 41.4%升至 47.3%，但是，招生总数则降至 79 万人，预示着“少子化”危机的影响已经逼近。

---

① 市川昭午. 大学大衆化の構造 [M]. 東京：玉川大学出版部，1995：115.

② 天野郁夫. 大学一挑戦の時代 [M]. 東京：東京大学出版会. 1999：33.

③ 天野郁夫. 大学一挑戦の時代 [M]. 東京：東京大学出版会. 1999：34.

1992年18岁人口达到最高峰205万人后每年持续下降，2002年减至150万，2009年减至120万。2012年，日本4年制大学与短期大学的入学率为56.2%，2013年为55.1%，如果将专门学校也计算在内，2012年为79.3%，2013年为77.9%。①一方面是高等教育入学率的快速提高，另一方面是各高校生源不足率的攀升。2000年，471所大学中133所（28.24%）、453所短大中265所（58.5%）都生源未满。2009年，大学入学率达到49%，高等教育入学者数量却从1990年的73万减至68万。② 2013年，共有782所大学、359所短期大学，新设大学中有51所生源不足，实际招生数与计划招生数相差三成以上。③ 2007年，大学入试中心以高中教师为对象实施相关问卷调查，95.6%的高中教师都认为大学数量过剩。④

为限制过快的规模扩张，文部省在第四次《高等教育计划书（1993—2000)》中提出要缩小招生规模，拟定要将2000年的大学入学率控制在42.2%以内。但是，在“少子化”危机下，在依赖学费生存的压力下，文部省的一纸计划最终没能阻遏私立高校扩张的狂潮，日本高等教育大众化再次开上了高速公路，一路疾驰。市场经营优先理念弥漫全国高校，高等教育的私人性遮蔽了公共性，公共性被淹没在“少子化”、大众化浪潮中。私立高校为了确保生源，谋求学费收入的最大化，不约而同降低了入学门槛，以推荐入学、AO入学为代表的多样化考试迅速泛滥全国，借助这条政府暗允的招生快车道，私立大学赢取了大量生源。1997年，4年制大学在校生总数中私立大学占了73%，短期大学中私立占了92%。⑤在夹缝中躬身求存的私立高校借助多样化考试改革的东风，迅速成为政府不可忽视的庞大存在。

政府一直以国立大学的学力型考试为确保高校招生质量的核心砝码，对于私立高校主导下的多样化考试可能带来的生源质量低下危机缺乏前瞻性的

① 教育ニュース．大学進学率ついに限界？2年連続で低下 [EB/OL]. http://benesse.jp/blog/20130909/p2.html.

② 中央教育審議会．新たな未来を築くための大学教育の質的転換に向けて～生涯学び続け、主体的に考える力を育成する大学へ～［R］．東京：文部科学省，2012：8.

③ 教育ニュース．延べ51校の新設大学などに定員割れや教員不足——文部科学省が改善要請 [EB/OL]. http://benesse.jp/blog/20140313/p2.html. 2014-3-13.

④ 濱中淳子．大衆化する大学——学生の多様化をどうみるか［M］．東京：岩波書店，2013：14.

⑤ 天野郁夫．大学一挑戦の時代［M］．東京：東京大学出版会，1999：21.

预判，最终未能有效把控多样化高校招生考试制度改革的行进速度以及高校招生数量与质量的均衡，带来了不可遏制的高等教育质量危机。总体而言，日本的多样化考试改革为外力主导型，是在重压之下不得不变之后政府的消极应对。在政府对私立大学的补助金逐年减少的现实下，政府的统筹管控职能已经弱化，已经无法阻止私立高校规模扩张的强大欲望。政府将高等教育财政投入的责任转嫁给私立高校，以私立高校为主体推动多样化考试改革。私立高校作为市场主体必然带有浓烈的寻利性，往往为求生源最大化以达至学费收入最大化，因此容易忽略教育本质规律。“教育市场化的大学，主要以私立大学为主，无论何种规模的大学都毫无例外地在扩大经营，削减入学考试科目，大范围地引入推荐入学考试，这对初高中学生的学习欲望产生了极大的消极作用。”① 2012 年，私立大学单独考试中，推荐入学与 AO 入学分别占 40.3%、10.2%，已经超越了一般考试的 49.1%，占半数以上。关键问题不在于多样化考试方式本身而在于考试形式与内容设计的空疏与执行者的滥用，即虽然政府提出了多样化考试改革的明确方向，但是，对于何谓“多样化”缺乏明晰而具体的界定，并未见对多样化考试的规范化设计，缺乏科学性、合理性的多样化考试改革乱象丛生已经难以避免，高校招生考试制度从“二元双轨”滑向“二元双层”模式也已经难以遏制。

（二）“二元双轨”模式滑向“二元双层”模式的必然

无论在哪一个领域，分层的本质都是一种资源分配，对资源的占有水平常常成为划分阶层与社会地位的标准。高校招生考试是决定高校资源的占有程度的制度，决定了毕业生的未来地位与阶层所属，因此，考试分层现象后面潜藏着特定阶层利用考试制度实现自我阶层再生产的本质，分层的高校招生考试渐次弱化了以一种公平的方式为所有人提供向上流动的功能，成了固化阶层、侵蚀公平的黑手。“二元双层”的考试模式以一种隐匿的方式从入口处的考试就开始区分层级，在过程与出口中也逐渐固化这种看似自然的分层，最终顺理成章形成了稳定的分层机制。

1. 学力考测与非学力考查的分层

天野郁夫深刻指出，“新生选拔中对‘学力’考查的力度往往受到该校

---

① 居神浩．ノンエリート大学生に伝えるべきこと [J]．日本労働研究雑誌 602，2010：31.

在高等教育体系中的偏差值排名的影响，排名越前的高校考查力度与难度越高，反之则越低。而国、公立大学与私立大学之间的差异也比较显著”①。学力考测包括中心考试与各大学一般考试。

首先看中心考试，国立大学对考生报考的中心考试教科、科目依然保持较高的数量要求。2002 年，国立大学前期课程招收的学生，利用中心考试 7 科目的考生占 13.5%，6 科目占 57.8%，5 科目占 19.2%，4 科目占 5%。因此，国立大学前期日程中，95.5%的考生都参与了中心考试 4～7 科目的考试。而且，国、公立大学招生对中心考试的得分率要求也很高，以东京大学为例，无论哪一个学科领域，中心考试得分率要求都在 92%以上，即 100 分要考上 92 分才可能获得参加东京大学单独举办的第二次考试的资格。由此观之，对于国立大学而言，中心考试确实是非常有效的生源质量安全阀，但是，对于私立大学而言则未必如此了。私立大学并非全部都利用中心考试，即使利用该考试的大学也在经营压力下不得不降低标准。2009 年，私立大学不举办单独考试，仅凭中心考试成绩招收的学生共 41 844 人，其中，6 科目考生占 2.1%，5 科目占 3.9%，4 科目占 9.4%，3 科目最多为 41.2%，2 科目占 31%，1 科目占 1.4%。② 1～3 科目的考查如何客观、合理、科学地判定学生的综合能力？这种质量把关无疑不太可靠，对于私立大学而言，这种安全阀作用正被现实逐渐消解。

其次，我们看看一般考试。国、公立大学招生总数中 80%都是通过一般考试入学的，而私立大学只有约 50%。换言之，国、公立大学只有 20%左右的新生为多样化入学，而私立大学达到 50%。以推荐入学为例，2013 年，神户学院大学通过推荐入学进入大学的学生比例在所有大学中最高为 51.7%，城西大学次之为 50.3%，爱知学院大学再次之为 47.1%。另外，还有一些巨型私立大学也保持较高的推荐入学率，如近畿大学为 39.8%。③如果将一些专门学校计算入内，则私立高校的学力考试所占比例将更低。学力考试的利用率与大学偏差值排名有着高度的一致性，偏差值越高学力考测

① 天野郁夫．高等教育的日本模式［M］．陈武元，译．北京：教育科学出版社，2006：210-211.

② 佐佐木隆生．大学入試の終焉［M］．北海道：北海道大学出版会，2012：22-23.

③ 朝日新聞出版教育ジュニア編集部．大学ランキング2015［M］．東京：朝日新聞出版，2014：49.

就越严格，反之越宽松。因此，在国、公立大学与私立大学之间，形成了泾渭分明的高校招生考试模式的分层，国、公立大学以严格的学力考测浮于上层，大量偏差值处于低位的私立大学沉积底层。

2. 高校生源的自然分层

多样化考试的推行初衷在于追求差异公平、实质公平，是一种有利于社会弱势群体利益最大化的分配原则，需要通过一定的举措对身处不利环境中的弱势群体给予补偿，最终目的在于实现分配的平等，但是，学力考测与非学力考查的分层让高校生源也呈现分类分层现象。

寺崎里水根据国立大学、中坚大学与下位大学的基准，调研了三类大学中的学生父母为大学（含短大）毕业生的比例，结果显示如表 6-10：

表 6-10　不同大学学生父母大学学历差异

下位（偏差值 50 以下）		中坚（偏差值约 50～64）		国立（偏差值约 65～75）	
父亲	母亲	父亲	母亲	父亲	母亲
42.2%	36.5%	52.3%	41.8%	55.4%	55.4%

资料来源：寺崎里水．ノンエリート大学生の進学と学び（2）[J]．日本教育学会大會研究発表要項，2011：12.

从表中数据可知，下位大学学生中，父亲拥有大学学历的仅为 42.2%，母亲仅为 36.5%，比国立的比例分别低了 13.2%、18.9%。下位大学中，不少学生是家里的第一位大学生，因此，可以从侧面推知他们的家庭环境相对不富裕，这些子弟在入学高校选择中往往更多关注成本，希望短期回收效益，因此，更关注毕业后的就业情况，大学学历更倾向于职业资格学历。

另外，根据潮木守一的研究，社会阶层的高低与高校层级的高低之间有着某种不谋而合的趋势，前者对于后者有着较大影响。1961 年到 1974 年之间，高收入阶层子弟进入国立大学的比例呈上升趋势，1961 年为 44.7%，1974 年升至 58.4%。低收入阶层呈下降趋势，从 1961 年的 39.9%降至 1974 年的 25.6%。① 1968 年文部省的调查数据显示，高学历阶层子弟的 99%、法人经营者子弟的 72%、家庭收入 300 万日元以上（占全国家庭的 2.4%）子弟的 71%，都进入了高等教育机构。年收入 100～150 万日元阶层的子弟占入学者的 31%，而政府机构、民间企业合起来的“白领”阶层的子弟占入学者的 50%，而且，66%的入学者父母一方或双方都是受过中

① 潮木守一．学歴社会の転換 [M]．東京：東京大学出版部，1978：101.

等教育的学历拥有者。出身于年收入不到 50 万日元的阶层的子弟入学率为 11%，体力劳动者子弟的入学率也仅占 10%。①可见，高等教育大众化扩大了社会上层家庭子弟的就学机会，而低收入阶层子弟虽然也扩大了就学机会，但是，总体中所占比例却呈现下降趋势，而且，以东京大学为代表的精英大学具有显著的阶层封闭性，即出身社会下层的家庭子弟，其入读精英大学的机会远远低于社会上层家庭的子弟。

3. 新生报到率的自然分层

在国高私低的意识形态下，新生在高校招生考试中选择学校的基本规律一般是从国、公立到私立名门到一般私立，另外，国、公立大学一般都是一次选报一个，而私立大学则为多项选择，这两个因素都导致新生报到率的自然分层。相较私立大学，国、公立大学显然轻松很多，基本可以维持 90% 左右的新生报到率。2013 年度，国立大学新生报到率前期日程为 94.2%，后期日程为 80.8%，总体为 91%。2013 年国立大学报到率最高者为京都大学，达到 99.69%，东京大学 99.52%，一桥大学 99.39%。公立大学报到率最高为京都市立艺术大学，达到 99%，京都府立医科大学次之，为 98.46%。②同年，私立大学一般考试的新生报到率仅有 26.9%，与国、公立大学的报到率呈天壤之别。为了填补新生报到率，私立大学尽量扩大发放录取通知书的数量。以研究型大学为例，私立大学发放录取通知书的人数（合格者）是招生人数的 2.36 倍，国、公立大学为 1.04 倍。③

4. 学习状态的自然分层

分层现象不仅出现在入口处，在教育过程中，学生的学习状态也呈现自然的分层。高等教育是一种高度专门化的教育，是需要一定程度的、相对系统的文化与教养支撑的，高等教育大众化让多样化生源涌入高校。通过良好的家庭教育、专门的补习教育进入高校的学生往往可以快速适应高校生活，对学习、未来抱有强烈的兴趣与愿望；反之，出身一般家庭甚至贫困家庭、

---

① 天野郁夫．高等教育的日本模式［M］．陈武元，译．北京：教育科学出版社，2006：148-149.

② 朝日新聞出版教育ジュニア編集部．大学ランキング2015［M］．東京：朝日新聞出版，2014：41.

③ 天野郁夫．高等教育的日本模式［M］．陈武元，译．北京：教育科学出版社，2006：218.

较少接受专业补习的学生考入大学后，容易丧失学习兴趣，对未来缺乏一种乐观、有序的规划，在疏远课堂、逃离俱乐部活动的自我边缘化中，逐渐演变为高校中的特定群体——边缘学生，这部分学生不仅有着强烈的逃离学校的意识，同样有着浓重的逃避社会的思想，甘愿沉积在低层，以无声的方式消解着高等教育的价值。高等教育是一种与社会职位定位息息相关的教育，逃避高等教育封闭自我，即使身处高校也无法获得通往社会的途径，由此，我们可以窥见他们黯淡的未来。这是一个不可以等闲视之的深刻问题。

5. 毕业出口处的自然分层

高校招生考试是日本人才甄别与配置的装置。入口不平等的分层结构一旦成型，往往导致优者更优、弱者更弱，因为上位大学毕业生将自然成为社会精英、白领阶层，而中位高校毕业生成为中产阶层，下位高校毕业生沉于底层。日本企业用人制度的偏差值排名的学校倾向自古有之。大正时代(1911—1924)，某企业的薪资规则代表了当时的多数企业的标准：帝国大学商科分科大学 80 日元，早大、庆大 75 日元，官立高商 65～70 日元，私立大学 65～70 日元，私立大学专门部 50～60 日元。①后藤道夫对现代企业用人制度的研究结果与大正时代的用人取向有着惊人的一致，“企业用人评价‘优秀人才’的标准不是大学教育结果，而更相信大学（偏差值）排名”②。对此，天城勋也有精辟论断，“在日本，进入哪所大学决定着其毕业后的地位与职业。毕业大学与就业单位之间形成固定的对应模式……只有毕业于序列表中的前列大学的毕业生，才有可能成为公务员或大企业职员，获得较高地位”③。OECD 教育调查团也对此独特性作了经典概括，“日本社会中存在着一种以东京大学、京都大学毕业生为顶点，其他精英大学毕业生次之，以上大学之外的大学毕业生、高中毕业生以及高中未毕业就参加工作的学生再次之，这样的一种独特的阶级构造。能够进入哪种阶级，是由各个阶段的入学考试所决定的。并且，自己的阶级属性一旦决定就很难变更，它与成为惯

① 前田一. サラリマン物語［M］. 東京：東洋経済出版部，1928：70-71.

② 後藤道夫. 岐路に立つ日本［M］. 東京：吉川弘文館，2004：135.

③ 天城勲編. 相互にみた日米教育の課題——日米教育協力研究報告書［R］. 東京：第一法規出版刊，1987：225.

例的终身雇佣制一起，决定了人们的一生”①。

企业用人机制对大学人才选拔培养模式影响深刻，如果企业用人也是以大学偏差值排名为评价基点，重用高偏差值大学的毕业生，那么，对于一般大学的毕业生无疑就是一种隐性的歧视，必然导致高校招生考试与大学教育都强化偏差值为中心的选拔与培养模式。而对于学生而言，在这样的企业用人制度下，容易滋生进入名门高校就可以高枕无忧，只要拿到毕业证书就可以谋得好职位的惰怠意识，而一般高校的学生因为企业用人的歧视政策而容易放松向上努力的意愿。于是，出口处的分层就更具有了现实必然。

综观以上分析，我们看到，日本政府以或显或隐的政策取向促成了日本高校招生考试改革的基本路径——以国立、公立和私立，以统一考试和多样化考试分别对应高校招生考试改革“质”与“量”的提高。统分结合的日本高校招生考试制度设计中，统考与多样化考试本应是横向的并列关系，是针对不同的考测内容而设定的不同考查方式，而在现实中，两者俨然呈现高低垂直结构，第一次统考因其学力考试的特质而成为国、公立大学的首选，而多样化考试因为非学力考试的弹性、宽松设计而成为大量私立大学的最爱。在国高私低的高等教育结构中，高校生源在入口处、教育过程中、出口处都凸显分层现象。

社会分层是一种普遍现象。但是，高校招生考试制度作为一种确保社会公平、促进社会流动的重要机制，其关键作用就在于借助考试为大家提供向上流动的公平竞争途径。倘若考试制度本身的结构已经呈现显著的分层，我们又如何保障高校招生考试公平的实现？高校招生考试研究专家刘海峰指出，“要使高校招生考试改革获得成功，就要在进行高校招生考试改革时把握推行的速度和火候”②。日本政府在多样化考试制度设计不充分的前提下匆促推动改革，任由各高校自由发挥与阐释，这是多样化改革异彩纷呈，缺乏基本规范的关键要因。这种本意在“分类”、现实却是形成“分层”的制度设计衍生了大众化背景下新的不公平。对日本高校招生考试制度而言，要达到理想的适合高等教育大众化的大众型制度模式，依然是一个严峻的课题。

---

① 桥本健二．战后日本社会阶级构造的变迁［M］．彭曦，等译．南京：南京大学出版社，2012：97.

② 刘海峰．高校招生考试改革论［M］．杭州：浙江教育出版社，2013：31.

第七章　日本高校招生考试制度的启示借鉴

日本高等教育研究专家天野郁夫指出，“大学是极其保守的组织。特别是在平时，极少依靠自身力量从内部改革。在快速发展时期（数量规模扩张），新的实践才变得可能”①。正是在高等教育大众化加速推进的国际背景下，日本高校招生考试开启了大刀阔斧的改革。借助自上而下推行的统考与自下而上推动的多样化考试改革，日本顺利实现了高等教育大众化量的扩充。但是，当下的日本高校招生考试正面临各种纠葛与紧张，根本原因在于高校招生考试制度设计滞后于高等教育大众化进程，过于迎合规模扩张需求，忽视了教育考试的内在规律。我国高等教育正处于从大众化阶段向普及化阶段迈进的关键时期，推动高等教育入学机会公平是时代需求，如何科学理性地制定既策应时代需求又尊重考试内在规律的考试制度，力求在不断革新考试形式与内容的同时确保对公平公正的追求，力求公平与效率兼顾，日本战后走过的这一段路，留下的经验教训都是有益的镜鉴。

第一节　日本高校招生考试制度改革的经验与课题

战后日本高校招生考试制度改革伴随高等教育市场化的世界潮流推动了一系列改革，通过创建专业考试组织、实施与研究机构，通过私立高校勇于改革创新带来的各种制度革新逐渐充实了统考制度与多样化高校招生考试制

① 天野郁夫．变革期の大学像［M］．東京：日本九ルートセンター出版，1980：305-306．

度，最终形成了稳固的统分结合、综合评价的日本式高校招生考试制度。这种通过稳健的统考制度改革为推动多样化考试铺垫基石的模式不仅关注一般也兼顾了个性，是普遍性与特殊性结合的有益例证。当然，不可否认的是，日本高校招生考试制度改革任务在高等教育大众化目标下依然问题重重、任重道远，但是，其利弊得失确实为我们如何形成有中国特色的高校招生考试制度改革路径，如何尊重中国本土教育与考试文化传统，如何突破传统高校招生考试公平观念的局限，如何有效借助市场力量推动考试制度改革等当下面临的现实课题提供了可贵的启思与借鉴。

一、日本高校招生考试制度改革的经验

（一）专业考试机构组织实施

1. 大学入学考试中心的功能

1977 年，文部省成立大学入学考试中心。中心有自己的专属建筑，土地面积共 16 275 平方米，建筑面积 15 035 平方米。1985 年，临时教育审议会提议各大学要设立相应的招生办公室推动招生考试的规范与研究。1997 年 6 月，中央教育审议会再次强调，各高校应该在原有机构的基础上设立专业招生考试办公室，作为承担高校入学选拔所有相关事务的专门机构。该机构不仅要延续组织与实施高校招生考试工作的传统职责，也要担负培养专职人员、从事专门研究的重任，以推动本校招生考试办公室与考试中心的及时有效的沟通衔接。1999 年，东北大学、筑波大学与九州大学三所国立大学首先设立了招生考试办公室，从此，各国立、公立、私立大学也陆续设置相应办公室，基本形成了以大学入学考试中心为核心，各大学的招生考试办公室分布周围的同心圆模式。如果将大学入学考试中心比喻为日本高校招生考试的领头羊，那么，各国立、公立、私立大学就是不可或缺的追随者。考试中心创建以来，每年都定期开展考试研究与交流会，从而架起了国立、公立、私立大学、高中与考试中心沟通联络的桥梁。

中心的研究开发部下设考试基础设计研究分部与考试评价解析研究分部，成员包括 1 名研究开发部长与 2 名分部主任，还有若干部员。每年都会围绕考试问题设立相关研究课题，并定期将研讨会成果集结成册并出版，《大学入学考试研究集》、《大学入学考试研究动向》是考试中心的主要刊物，已经成为中心向全国高校、高中传递国家高校招生考试改革基本动向与研究成果的有效途径。如表 7-1、7-2 所示：

表 7-1 大学入学考试中心成员构成情况（单位：人）

理事长（所长）	理事（副所长）	考试、研究总括官	监事	考试、研究副总括官	总务企划部、事业部	研究开发部	特任教员	总计
1	1	1	1	2	74	14	3	97

- 研究开发部长：教授 大津起夫 （研究领域）计量心理

- 考试基础设计研究分部主任：教授 山村滋 （研究领域）教育行政

分部成员：	教授	宫埜寿夫	计量心理
	教授	椎名久美子	认知科学
	副教授	伊藤圭	教育工学
	副教授	樱井裕仁	统计学
	副教授	滨中淳子	教育社会
	副教授	南谷和范	视觉障碍研究
	助教	荒井清佳	计量心理
	助教	立肋洋介	社会心理

- 2014 年度主要研究课题：
  - 关于新高、大衔接体系的调查研究
  - 关于开发新考试的调查研究
  - 关于新监听器的调查设计

- 考试评价解析研究分部主任：教授 石冈恒宪 （研究领域）信息科学

分部成员：	教授	大津起夫	计量心理
	教授	椎名久美子	认知科学
	副教授	伊藤圭	教育工学
	副教授	樱井裕仁	统计学
	副教授	滨中淳子	教育社会
	副教授	南谷和范	视觉障碍研究
	助教	荒井清佳	计量心理
	助教	立肋洋介	社会心理

- 2014 年度主要研究课题：
  - 关于考试信息技术开发与活用的研究
  - 关于分数调整的考试标准化研究
  - 基于统计理论与信息技术的 CBT 实证研究
  - 关于新监听器的调查设计

注：日本“助教”指教授的助手，一般都要求有博士学位。

表 7-2　2006 年—2013 年入学考试中心、入研协与大学联合举办会议情况

年度	协办大学	与会者（人）	参加大学（所）
2006	静冈大学	511	190
2007	北里大学	536	224
2008	东京外国语大学	575	216
2009	千叶大学	454	189
2010	北九州市立大学	411	187
2011	早稻田大学	574	212
2012	冈山大学	579	189
2013	首都大学东京	496	180

数据来源：大学入試センター. 2014 年度 「大学入試センター要覧」 [EB/OL]. http://www.dnc.ac.jp/corporation/center_gaiyou/shupanbutsu.html.

一言以蔽之，大学入学考试中心不仅是日本全国高校招生考试的组织者、管理者，也是考试制度研究与改革的引领者。

2. 大学入学考试中心的运营

大学入学考试中心是非营利性的独立行政法人机构，运营所需费用主要来源于考生检定费、高校为索取考生成绩所付费用、考生索要个人成绩提交的费用等（见图 7-1、7-2，图表 7-3）。

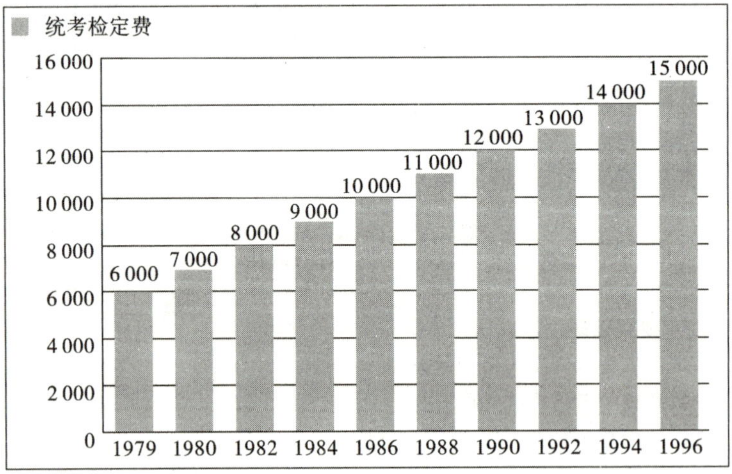

图 7-1　1979 年—1996 年统考检定费变化（单位：日元）

数据来源：大学入試センター [EB/OL]. http://www.dnc.ac.jp/.

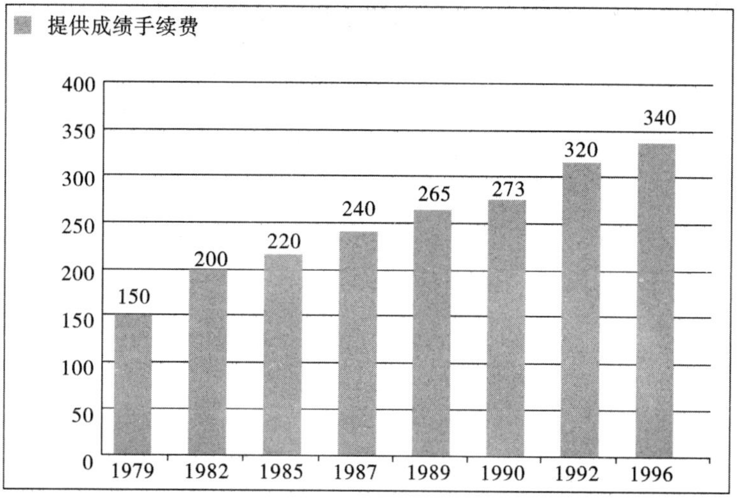

图 7-2　1979 年—1996 年中心考试为考生提供成绩通知所需费用变迁（单位：日元）

数据来源：大学入試センター［EB/OL］. http://www.dnc.ac.jp/.

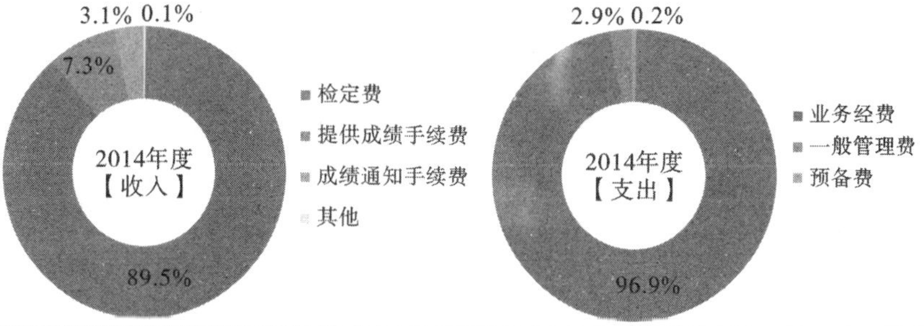

2014 年度考试中心收支情况(单位:百万日元)	
●收入	●支出
• 检定费　9 718 (89.5%)	• 业务经费　11 392(96.9%) (其中包括人头费 776、考试实施经费 10 468、提供中心考试信息费用 14,考试、选拔方法改善研究费 134)
• 提供成绩手续费(给大学)　796(7.3%)	• 一般管理费　336(2.9%) (其中包括人头费 181、物件费 155)
• 成绩通知手续费(给考生个人)　335(3.1%)	• 预备费　20(0.2%)
• 其他　13(0.1%)	• 总计　11 748(100%)
• 总计　10 862(100%)	

图 7-3　2014 年度大学入学考试中心收支情况图

数据来源:大学入試センター［EB/OL］. http://www.dnc.ac.jp/.

（二）统分结合、综合评价模式的互益互补

天野郁夫认为，“学习指导要领要求全国高中执行标准化的培养方案，全国高中毕业生具有共同的综合学力，以此为前提实施5教科7科目中心考试、国立大学占优势的激烈的考试竞争，还有根据考生学力为考生排名的偏差值体制——这些都是大学为确保品质赖以求存的‘隐匿’装置。也可以说是‘入口型’的品质保障装置”①。统考制度确立了一个全国性的、权威科学的评价基准，国家统一命题，高校自主选择教科、科目，自行决定统考成绩在招录中所占比例，一方面确保了命题总体质量，有利于维系统考的权威性、科学性，另一方面又尊重了高校的招生考试自主权，适应了不同高校的不同需求。各大学利用中心考试的形式各异，异彩纷呈，枚举如下：

（1）为了全面评价基础学力，综合利用所有教科、科目。

（2）一般考试中留出部分名额，规定考生要选报中心考试的特定教科、科目。

（3）允许考生从教科、科目的弹性设计中自行挑选擅长的教科、科目应考。

（4）围绕高中调查书与中心考试成绩实施第1次选拔，再对合格者实施面试。

（5）工学部，要求选考中心考试的数学、外语科目，大学单独考试只考查理科。

（6）计划招生数中留出部分名额，在中心考试成绩与大学单独考试成绩中，凭其中较高成绩决定招录。

（7）推荐入学中，只利用中心考试的国语、外语科目，大学单独考试只实施面试。

（8）以中心考试成绩为报考大学资格，但是，在招录中不将中心考试成绩纳入评价，仅以大学单独考试成绩决定招录结果。

（9）基于大学的自主判断，以上一年的中心考试成绩为当年的选拔基准。

关于统考与第二次各校单独考试的关系，1991年，中央教育审议会在

① 天野郁夫．大学ー挑戦の時代［M］．東京：東京大学出版会，1999：211-212.

《适应新时代的教育制度改革》报告中提出，中心考试成绩是为各大学提供一个可靠的学生的学力证明，因此，各高校应该在此基础上灵活运用该考试，避免划一性的单一评价模式。① 这是对统分结合的两次考试模式不同功能的区隔，是重要的指导方针。中心考试是学力偏重型的统考，采用客观题方式，通过计算机系统进行快捷的成绩处理，以客观分数为评价核心标准，偏重考测学生的知识基础。第二次是各大学单独举办的招生考试。各高校自行决定采用何种方式选录在知识、能力、性向上最适合的学生，偏重考查学生的个性、品行与兴趣等素质要素。迥异于统考的客观选择题型，第二次单独考试更多采用记述、描述、解释、论述、说明等需要个体仔细思考的题型，可以在一定程度上克服笔试难以考查个性特征、自主学习欲望、沟通交流能力、发展潜质等基本问题的局限性，从而做出相对客观、全面的评价与论断；面试、合宿生活等方式可以更为灵活地在平等交流和互动中观察，推知学生的综合素质；小论文、报告、课题研究等考测方式也可以更好地将专业技能等考查融入其中，更直接地展示学生解决问题的能力、创新能力，并在一定程度上预知其发展潜质。在给予学生充分施展自我的平台时，也助益高校选择适合本校特质的学生。两次考试成绩在录取中所占比例均由各大学甚至学部自行决定，较好地实现了统一性和多样性的相辅相成。第一次考试是启下即通往高中教育，第二次考试是承上即通往大学，因此，从制度设计的角度而言，这种统分结合的方式无疑是理想的衔接模式。在考试日程的设置方面，统考与第二次单独考试也环环相扣、错落有致、井然有序，基本程序如表7-3所示：

表 7-3　日本统分结合的高校招生考试实施日程

<table>
<tr><th colspan="4">日本统分结合的高校招生考试实施日程</th></tr>
<tr><th colspan="2">月份</th><th>具体事宜</th><th>备注</th></tr>
<tr><td rowspan="2">1月</td><td>中旬</td><td>• 中心考试第一次考试</td><td rowspan="2">• 推荐入学申请一般在11月开始，AO入学申请一般在8月开始</td></tr>
<tr><td>下旬</td><td>• 公布推荐入学（未利用中心考试）的结果
• 中心考试第二次考试
• 办理各校单独学力考试申请手续</td></tr>
</table>

① 大学入試センター．大学入試フォーラム15号［J］．東京：大学入試管理部庶務課，1992：40.

续 表

<table>
<tr><th colspan="4">日本统分结合的高校招生考试实施日程</th></tr>
<tr><th colspan="2">月份</th><th>具体事宜</th><th>备注</th></tr>
<tr><td rowspan="3">2 月</td><td>上旬</td><td>• 办理各校单独学力考试申请手续
• 可以申请索要中心考试成绩
• 公布推荐入学、AO 入学（利用中心考试）的结果
• 公布各校单独学力考试前期日程申请结果</td><td rowspan="7">• 中心第二次考试是针对自然灾害、生病等原因导致未能参加第一次考试者
• 申请索要相应资料，一般是指关于报考人数、手续办理进展等方面的数据，便于考生与家长的自我评估
• 大学单独招生考试包括一般入学考试（学力考试）、推荐入学、AO 入学、社会人选拔、归国学生入学等多种方式</td></tr>
<tr><td>中旬</td><td>• 推荐入学、AO 入学合格者办理入学手续，同时，各大学将相关合格者与入学者名单提交考试中心</td></tr>
<tr><td>下旬</td><td>• 实施各校单独学力考试前期日程
• 公布各校单独学力考试后期日程申请结果
• 可以申请索要推荐入学与 AO 入学相应资料</td></tr>
<tr><td rowspan="3">3 月</td><td>上旬</td><td>• 公布各校单独学力考试前期日程合格者名单</td></tr>
<tr><td>中旬</td><td>• 实施各校单独学力考试后期日程
• 办理入学手续（第一次）
• 各大学将前期日程考试合格者名单与入学者名单提交考试中心
• 可以申请索要前期日程考试的相应资料</td></tr>
<tr><td>下旬</td><td>• 公布后期日程考试合格者名单，同时，将名单报送考试中心
• 可以申请索要一般入学考试相应资料
• 招生未满的高校可以继续补招并将相应的合格者名单提交考试中心
• 可以申请索要推荐入学与 AO 入学者一览表</td></tr>
<tr><td>4 月</td><td>上旬</td><td>• 招生未满高校继续补招
• 办理入学手续（第二次）</td></tr>
</table>

（三）私立高校招生考试制度的推陈出新

日本私立高等教育在战后蓬勃发展，政府支持政策的缺失恰恰推动了私立高校不断追求推陈出新。在争取生源过程中，在节约办学成本的需求下，私立高校以富于创新的先锋精神推行各种弹性化考试制度改革，不仅为统考制度的完善提供借鉴，也丰富了国、公立大学招生考试制度改革。国、公立与私立高校之间，借助高校招生考试制度的桥梁形成了一种互动中的牵制、渗透与吸收，避免了高校招生考试制度囿于陈规、故步自封。

1. 答题卡模式的普及

日本私立高校招生考试制度改革赋予高校招生考试制度改革的正面影响首推答题卡模式。1969 年，立教大学文学部首创适合纯粹客观题型的答题卡模式，这种简便高效的命题模式有效缓解了生源猛增给大学造成的评卷压力。1971 年，上智大学外语学部、庆应义塾大学法学部相继引入；1973 年，学习院大学经济学部、青山学院大学经济学部也引入该模式。①国立大学中筑波大学于 1974 年首次引入答题卡模式。20 世纪六七十年代，这种以客观题型为中心的答题卡形式是私立大学招生考试的主要模式，其主要原因在于这一阶段私立大学以招生规模最大化、学费收入最大化为目标，简便经济的答题卡模式有效迎合了招生数量剧增的需求，也策应了节约成本的需求。1979 年，日本推行共通第 1 次考试，当年考生数高达 30 万人，意味着将带来繁重的评卷工作，共通第 1 次考试也采用了私立大学原创的纯客观选择题型，考生只需要填写答题卡由机器阅卷。对于全国性的统考制度而言，答题卡模式是一种客观而高效的评价模式，因此一直沿用至今。但是，我们也要批判性地看到，答题卡模式在各私立高校的快速普及并延伸到国家级的统考，“教育应该依托市场原理的新自由主义、市场原理主义息息相关”②，其本质就是教育对市场需求的迎合，是教育主体性迷失的预警。

2. AO 入学制度在国、公立大学的推广

相较于私立高校的社会敏感性，国立大学显然先天缺乏敏锐捕捉社会与市场需求变化的内在机制。1990 年，庆应义塾大学首次引入美国 AO 入学考试制度，志在效仿美国不拘一格取才，招徂优秀学生。这一重在挖掘个性化潜质人才的选拔制度一经引入便备受各高校青睐，不仅私立高校，在国、公立高校中也基本都设有专门的 AO 入学考试，并在实践中不断革新，如大阪大学于 2013 年导入了新的 AO 入学招考方式，分为“挑战模式招考”、“研究奖励 AO 入学招考”、“国际科学奥林匹克 AO 入学招考”三种，其意旨在招收具有潜质的优秀学生。

3. 小论文考查形式的普及

小论文题型的利用也始于私立大学。1950 年，庆应义塾大学开始采用小论文题型，当时的字数一般控制在 100 字左右。小论文考查一般是给出一篇阅读文，根据该文自己选定论点展开论述。这种基于阅读材料撰写个人论文的

---

① 鈴木義里．大学入試の「国語」［M］．東京：三元社，2011：146.

② 鈴木義里．大学入試の「国語」［M］．東京：三元社，2011：161.

考试形式有利于考查学生的思维能力与逻辑表述。东京大学沿用了这一模式，但是，字数有所增加，约为 200 字，一桥大学采用小论文题型后又增至 300～500 字。现在，小论文的字数一般限于 600 字到 1 200 字之间，小论文形式作为能力考查的有效方式已经成为大学第二次单独考试不可或缺的重要部分。

4. 其他各类改革创新

无论是在生源危机中，还是在招生考试的多样化改革中，私立高校都首当其冲成了先行先试者。私立大学的自主变革经历了从关注入口处招生考试制度到关注教育过程与毕业出口的转变过程。(1) 入口变革主要包括强化学力考试、扩大考试日期的自由选择、增加地方性考场、网络报考费打折、完善校园设备设施等举措。特别是部分私立名校正逐渐转变考试政策，从倾向于采用非学力考试招徂生源转向入口与过程管理的严格化，改善校园设备设施，提高教师教育能力、就业能力与研究能力等，以一种全方位铺开的方式推动改革。如 2006 年，明治大学规定所有学部统一利用中心考试，这是明治大学质量管控、入学管控改革下提高学校威信、吸收生源的手段之一。因为在“少子化”与高等教育大众化日益严峻的背景下，开放型的无考试入学已经无法再吸引考生与家长的眼球，教育经费的昂贵让他们选择了性价比高的大学。相较于入口宽松的大学，设置了学力考试、入学基准严格的大学反而给了家长安全感。对于考生与家长而言，在上大学不难的现状下，上一个好大学接受物有所值的教育才是关键。面对民众的理性选择，私立大学的一般考试有了强化倾向。2013 年，日本全国大学中，参加一般入学考试的考生数排名前三的分别是明治大学（109 934 人）、早稻田大学（106 768 人）、近畿大学（98 428 人）。东京大学位居 56，12 237 人；京都大学位居 87，8 460 人。近年来，近畿大学专注于研究开发的推动，通过多年实验，实现了金枪鱼的成功养殖，这在世界上也是首例，因此“近大金枪鱼”一度成为各大媒体关注的焦点。研究与教育功能的重视为提高大学声誉加码，再加上近畿大学推行网络报考，报名费可以减少 3 000 日元，这两大原因提高了近畿大学的招生优势。2014 年近畿大学的招生数比 2012 年增加了 18 000 人，跃居全国首位。2014 年上智大学、东海大学、法政大学、亚细亚大学等私立名校也陆续开始网络报考制度，创价大学、东京经济大学、大阪经济大学、广岛国际大学、九州产业大学、大阪药科大学等也意欲引入该制度。北星学园大学为报考同一学部不同学科的考生免除一半的报考费。金城学院大学 2015 年开始废止 AO 入学制度，并减少 5 000 日元报考费。为了方便考生应考，吸引生源，首都圈私立大学也开始面向地方考生，陆续开始在地方设置考场以方便当地考生应试。如青山学院大学增设了名古屋与福冈两个考点，成城大学增设长野考点，共立女子大学增设静冈与甲府两个考点，等等。私立大学的各项改革紧接地气、扎实推进。(2) 围绕教育内容与方法的改善，通过以学生为主体的课程设计提高学生自主学习的意识与能力，推动国外短期研修学习提升学生与外界交流沟通的能力，与地方企业联合协作提高学生未来的就业能力，小班教学提升学生表达自我的能力，等等。如 2013 年 12 月，帝京大学以通过非学力考试入学的新生为对象实施“反转授课”，其授课方式的特点是，在视频教学与教师授课后通过分组讨论给予学生体验大学教育的机会，该模式是重视培养学生自我发现问题并通过集团讨论解决问题的意识与能力。概而言之，在经历了多样化考试乱象危机后，私立高校也开始回归理性思考，辩证看待高校招生考试制度对高校存续的意义，批判性思考多样化评价方式的利弊，深刻认识到招生考试不是单纯的入口问题，而是与教育过程、出口紧密相连的全程性系统问题。

（四）统考制度对数学、理科教科的高度重视

统考制度创建伊始就重视数学与理科，两者在统考命题设计中分属独立的教科，即“数学教科”与“理科教科”，从共通第 1 次考试到拟定 2020 年推行的“大学入学者学力评价考试”新案，这一点都一直未变。这种分属模式体现了日本对理工科教育的重视，这与日本近代第一所大学东京大学以洋学为主的办学模式息息相关。

明治维新近代化过程中，理工科人才一直是不可或缺的人力支撑。战前，日本企业对文理科人才的录用比例就为 6∶4，就在校生数而言，战前文理科所占比例分别为 65%、35%，而 20 世纪 50 年代初反而变为 75%、25%。20 世纪 50 年代后半期，日本经济进入快车道后，大学未能及时策应社会人才需求的变化，依然偏重法政文科系招生，其根本动因是战后依赖于文科系扩大招生规模的私立大学的兴盛。1952 年、1954 年和 1956 年，日本经营者团体联盟先后三次提交了《关于日本新教育制度改革的要望书》，指出：“战后日本单轨制教育过于强调普通教育而忽视了职业教育，与苏联、美国、英国重视理工科人才相比，日本高等教育偏重法政文科系忽视理工科教育，从国家百年发展大计出发，国家应该大力投资扩充理工科教育，创办 5 年制专门大学，为工业化发展提供人才储备。”①内外合力下，1962 年，以

① 日経連創立十周年記念事業委員会．十年の歩み［M］．東京：日本経営者団体連盟，1958：191-222.

国立为主、重视理工科教育的高等专门学校应时而生。正是通过高校招生考试版块的独特设计，日本基础教育形成了重视自然科学教育的浓郁氛围。2014年度诺贝尔物理学奖颁给了三位日本教授，至此，日本的诺贝尔奖获得者增至22人，我们不得不反思，这与日本重视数学与理科教育，并在高校招生考试制度设计中的引导是否有一定的关联性。

二、日本高校招生考试制度改革的课题

作为后发外生型的国家，日本高校招生考试制度改革作为推动高等教育大众化进程的核心动力发挥了不可忽视的重大效用，但是，带有浓烈的赶超性质的高校招生考试制度改革也留下了众多后遗症，学力考试的式微、高校招生考试功能弱化、高校招生考试制度成为隐匿的社会分层装置等现象日益严峻。大学神圣光环逐渐暗淡的同时，“少子化”危机日趋严峻，近几年，日本高等教育入学率陷入凝滞、止步不前的状态凸显了日本高校招生考试制度改革亟须解决的现实课题。

（一）学力考试的式微

1. 中心考试学力考测性质的弱化

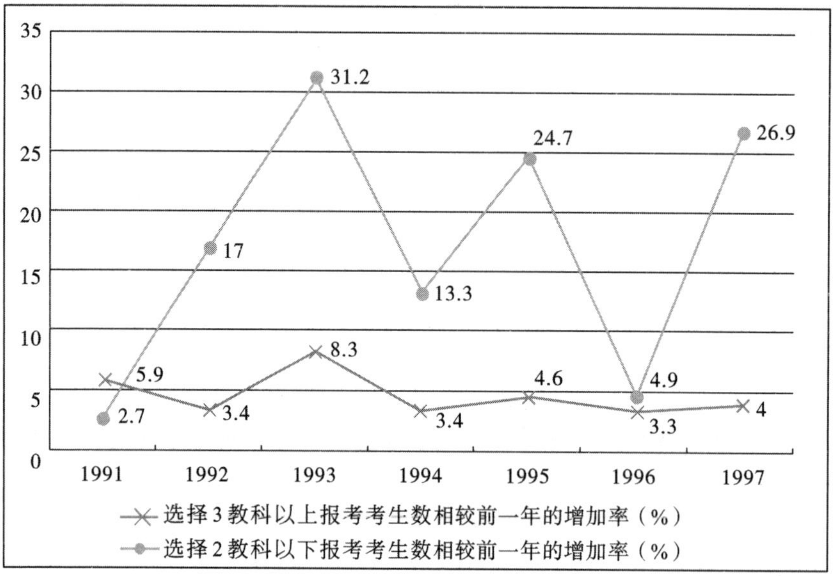

图7-4　1990年—1997年中心考试教科、科目自主选择情况

数据来源：大学入試センター［EB/OL］. http://www.dnc.ac.jp/.

表 7-4　1990 年—1998 年中心考试考生报考教科、科目变迁

年度	中心考试报考考生总数（人）	选择 3 教科以上报考考生数（人）	相较前一年的增加率	选择 2 教科以下报考考生数（人）	相较前一年的增加率
1990	430 542	425 489		5 053	
1991	455 855	450 664	5.9%	5 191	2.7%
1992	472 098	466 024	3.4%	6 074	17.0%
1993	512 712	504 743	8.3%	7 969	31.2%
1994	531 177	522 152	3.4%	9 025	13.3%
1995	557 400	546 145	4.6%	11 255	24.7%
1996	574 115	562 311	3.3%	11 804	4.9%
1997	599 962	584 977	4.0%	14 985	26.9%
1998	597 271	581 914		15 357	

数据来源：根据“大学入試フォーラム20 号. 大学入試センター，1998：152-153.”和“大学入試フォーラム21 号. 大学入試センター，1999：21-113.”中提供的数据整理而成。

从图 7-4 及表 7-4 中，我们看到中心考试教科、科目选择中，选择 2 教科以下的考生数波动极大，报考人数从 1990 年的 5 053 人增加到 1998 年的 15 357 人，增加率相应地从 1991 年 2.7%提升到 1997 年 26.9%，由此可知学力型的中心考试也呈现明晰的学力考测松弛的趋势。2009 年，全国高中校长协会实施的问卷调查结果显示：关于将教科、科目组合权移交各高校的问题，72%持肯定态度，只有 10%持否定观点；关于考试教科、科目设置问题，61%认为 3 科目是合适的，认为 1～2 科目合适者只是极少数。①

2. 国立、公立、私立大学单独考试学力考测性质的衰微

不仅中心考试的学力考测性质开始衰微，国立、公立、私立大学的单独考试也在多样化考试比重逐渐上升的趋势中，凸显了学力考测的弱化倾向。(1) 国立大学单独招生考试不设学力考查的计划招生数中，1991 年只占总数的 3.07%，2001 年升至 10.45%，2011 年再升至 12.95%。再就小论文形式而言，其所占比例 1991 年仅为 19.9%，2006 年增至 38.37%。面试形式所占比例也相应提高，1991 年仅为 13%，2006 年高达 30.85%。(2) 公立大学不设学力考查的计划招生数，总体也呈上升趋势。1991 年为 7.28%，

① 柴田洋三郎. 大学全入時代における高校教育の質保証 [J]. 大学入試研究動向 28 号，2011：15-16.

1996年升至12.64%，2001年为16.98%，2006年增至20.88%。由此可知，国、公立大学的招生考试都呈现学力考测松弛的宽松化趋向。(3) 私立大学的单独招生考试也经历了科目的显著变化。1991年，私立大学的单独考试中，3科目考生占总数的69.4%，1996年减至52.44%，2001年为45.44%，2006年为36.64%，2011年才略有回升，为39.94%。2科目考生，1991年占8.18%，1996年增至28.02%，2011年才回落到与1991年类似的比例。非学力考查中，小论文形式逐渐减少，从2001年的11.47%减至2011年的7.28%，但是，面试方式逐渐增多，从1996年的14.39%升至2006年的23.16%。非学力考查计划招生数占总数比例从1991年的10.54%增至2001年的18.72%，2006年再增至26.98%。[①]多样化招生考试的根本目标在于通过一种富有个性的招生考试模式招收适合本校的学生，但是，日本有着根深蒂固的学力至上、分数至上的考试文化传统，对私立大学而言，多样化考试模式选择并非一种平等意义上的自主选择，更多的是一种面对现实不得已而为之的无奈决定，因此，这本身就已经偏离了多样化改革的初衷，在一种非公平竞争的机制下，变味为确保生源的最佳手段，其吸引适合的生源的本质被遮蔽消隐。因此，虽然这些机构的招生考试改革对于多样化的生源特质有着极强的敏感性，但是，对于不同生源所需要的多元教育需求究竟有几分了解，又在多大程度上可能结合这种需求实施相应的招生考试，这是一个还没有引起深刻重视的现实疑难问题。无疑，多样化的招生考试较之统一考试需要耗费多得多的人力、物力、财力，在确保考试公平方面也处于劣势，因此，所谓的多样化招生考试在效率原则的约束下也容易变形。大学入学考试中心的专业研究学者荒井克弘坦言："日本的高校招生考试选拔非常混乱，倘若依然处于多样化考试环境中，也许可以说，日本的学校制度自身马上就要到保质期了，非常接近其制度的极限了。"[②]幸运的是，2010年以来，中心考试的报考教科、科目数量有所回升，以2014年为例，

---

① 小谷野仁，繁算男. セクターと難易度による分類の下での近年の大学入学者選抜の分析. 入学者選抜研究機構報告書4——大学入試の標準化、多様化、および精密化[R]. 独立行政法人大学入試センター入学者選抜研究機構，2011：42-45.

② 荒井克弘. 入学者選抜の課題——多様化の中での質的保証. 入学者選抜研究機構報告書2. 大学入学者選抜——進学、機会の平等、そして質保証[R]. 独立行政法人大学入試センター入学者選抜研究機構，2011：38.

教科、科目平均数有所提高，6 科目考生为 118 763 人，占 21.9%；5 科目考生为 227 057 人，占 41.79%；4 科目考生为 41 113 人，占 7.57%；3 科目考生为 136 780 人，占 25.18%；2 科目考生为 17 339 人，占 3.1%；1 科目考生最少，仅有2 219 人，占 0.4%。3～6 科目考试约占总数的 96.44%，仅有约 3.5%的考生只考了 1～2 科目。

（二）高、大衔接问题日益凸显

高校招生考试过于宽松化影响了高中教育，高中教育过于宽松化影响了大学教育，因此，对教育质量的总体把控不仅需要在高校入口处严控，也需要反思 20 世纪 90 年代的高中教育改革的遗祸。1994 年，当时的文部省推行高中新课改，大量削减必修课学分，扩大选修课课程与学分，初衷在于尊重生源多样化带来的个性需求。但是，在偏差值教育左右下，应考教科、科目依然主导着学生的教科、科目选择，选修制成为一种名不副实的形式性存在。文部科学省曾就基础教育的课程理解度做过专题调研，结果显示，小学中只有 7 成学生理解授课内容，初中减至 5 成，而到了高中只剩 3 成学生可以理解教师所授内容。①长期从事高中教育的朝比奈老师在研究中将日本高中存在教育困难的学生群体分为三类：(1) 能力好，但是因为小学开始就常常旷课迟到而没能考上好高中的学生，虽然学习意愿高，但是在待人接物方面有所缺乏，不太知道如何与人相处。(2) 所谓的“坏”学生，其本身根本没有学习意愿，不想上学，迫于父母压力去上学后，经常旷课迟到。学校想让其退学，但是教育委员会要求学校必须努力挽留学生，以避免退学率的攀升。(3) 精力不足、体质羸弱，给人无力感的学生。他们虽然准时到校上课，但是上课常常发呆，无论学习还是待人都欠缺主动性。②无论这三类学生中的哪一类，其实都存在随时退学的可能性，但是，各地的教育委员会要求各高中要确保较低的退学率，因此，各校为挽留这批学生反而不得不付出大量额外精力，如在学生旷课或者迟到时，及时联系学生或者家长，耐心沟通交流，缓解学生的心理压力，联合家长的力量让其可能返校继续学习。在

---

① 荒井克弘．入学者選抜の課題——多様化の中での質的保証．入学者選抜研究機構報告書 2．大学入学者選抜——進学、機会の平等、そして質保証［R］．独立行政法人大学入試センター入学者選抜研究機構，2011：43.

② 朝比奈なを．高大接続の“現実”——“学力の交差点”からのメッセージ［M］．東京：学事出版，2010：80-81.

高等教育入学率停滞不前的“全入时代”，即使是这批让人倍感无力无助的学生也可以进入高校学习，因此，这批学生初高中时期的后遗症延伸到高校生活中，最终形成了高校中普遍存在的问题学生群体。这个群体正如慢性病般，渐渐吞噬着高等教育健康的肢体。意识到问题严重性的研究者居神浩将下位大学中存在的教育困难学生也分为三类：(1) 基础学力低，即使有基础学力也缺乏交际沟通能力，职业意识低，即使踏上社会也缺乏社会人意识与行动能力的学生。(2) 满足于现状，偶尔顾及未来，但感觉不到为了未来必须付诸行动的必要性的学生。(3) 就像“深海鱼”一样，沉浸在自己的世界里，对外界毫无反应的学生。① 要釜底抽薪解决问题，我们还得回溯日本教养教育在战后的缺失问题。

战后教养教育的边缘化是日本高、大衔接问题日益深化的根源。日本著名哲学家西田几多郎认为，“明治二三十年代之前，接受了汉学影响的日本人有着作为人的全面的教养，但是，后来技术至上，出现的净是专家”②。这种现象在 20 世纪 90 年代更突出。1991 年，文部省推行大学设置基准大纲化以来，各大学的教养教育毕业所需学分平均减少了 10%。③最明显的结果就是学部教育中专门教育处于支配地位。④ 换言之，因为大学设置基准大纲化，大学教养部逐渐退出历史舞台，教养教育的式微在所难免。在高中基础教育简化弱化的同时，大学也削弱了教养教育，高、大衔接问题在学生无声的抗议中日益凸显。作为受教育主体、消费主体，学生以自己真实的生存状态——或旷课，或逃学，或迟到早退，或身在课堂心不在焉，或拒绝与人交往交流，或不参与课外活动等，以一种沉默逃避的方式让危机浮出海面，这样的“边缘学生”日益增加。下位大学中 29.1% 的学生认为大学课程内容太难，跟不上，而同比在国立大学仅为 4.8%，中位大学为 19.6%；另外，下位大学中，不愿意与本校学生交流，更喜欢与大学以外的朋友交流的

---

① 濱中淳子. 大衆化する大学——学生の多様化をどう見るか [M]. 東京：岩波書店，2013：82-83.

② 文芸春秋. 『文芸春秋』 に見る昭和史（一）[M]. 東京：文芸春秋，1988：528.

③ 文部科学省. 国立大学法人における教養教育に関する調査報告書 [EB/OL]. http://www.mext.go.jp/b_menu/shingi/chukyo/chukyo4/003/gijiroku/07012402/001/003.htm.

④ 天野郁夫. 大学一挑戦の時代 [M]. 東京：東京大学出版会，1999：193.

比例为 29.1%，而国立大学为 7.2%。① 因此，下位大学学生的大学课程适应能力即高、大教育衔接是比较薄弱的，他们的大学生活缺乏安全感、开放性与自信心。

为弥缝高、大衔接问题，各大学相继推出了补习教育。补习教育作为达成教育目的的一个环节包含在大学教育过程中，初衷是根据学生基础学力的差距，为学生提供相应的补习课程，以提高学生接受高等教育的能力，实现高中教育与高等教育的衔接，避免两者脱节。下图描述了 2000 年—2009 年推行了补习教育的大学数量的变迁。

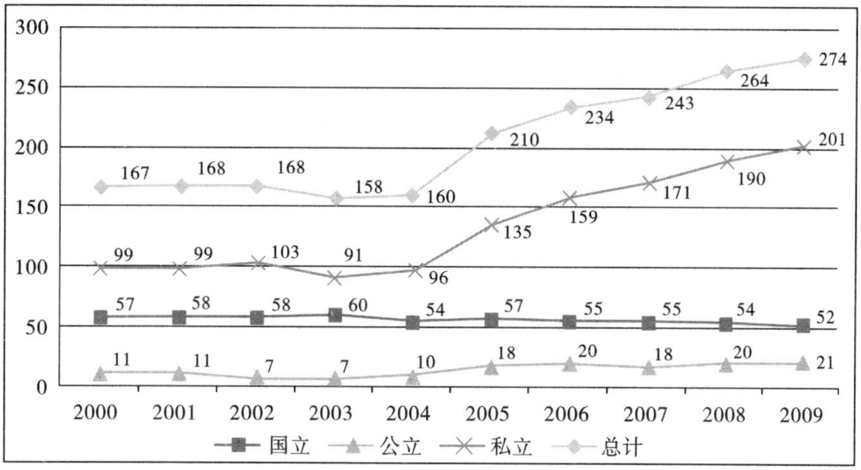

图 7-5　2000 年—2009 年实施“补习教育”的大学数量的变迁（单位：所）

数据来源：根据“文部科学省. 大学における教育内容等の改革状况について[EB/OL]. http://www.mext.go.jp/b_menu/houdou/21/03/1259150.htm.”提供的数据整理而成。

从曲线图 7-5 可以看出，2000 年—2009 年实施补习教育的大学总数基本呈现上升趋势，特别是 2004 年以来，上升更为显著。其中，私立大学的上升趋势与总数变迁保持基本平行状态，国立大学 2005 年以来逐年下降，公立大学 2003 年以来逐渐略微上升。可见补习教育更多依赖于私立大学。那么，补习教育的实效究竟如何呢？推行补习教育有两大核心问题：第一是谁来教？第二是如何教？《学校教育法》第 38 条如此定义大学教育目标：

① 寺崎里水．ノンエリート大学生の進学と学び（2）[J]．日本教育学会大會研究発表要項，2011：12-13．

“作为学术中心，在教授广泛知识的同时，教授研究深奥的专业学艺，培养学生认知的、道德的、运用的能力。”因此，本质上，大学是与职业教育不相关的，虽然《学校教育法》后续提出：“大学也可以以教授研究深奥的专业学艺，培养学生职业生活与实际生活中必需的能力为目标。”但是，该规定明确表明：“这类大学的学制为 2～3 年，即为短期大学。”大学教师已经形成了根深蒂固的通识——大学是追求高深学问之所，不是实施职业教育的地方。但是，现实中的大学不得不追随社会潮流，偏向职业教育，并将就业率包括就好业的情况作为招生宣传的核心砝码吸引考生。而大学教师也不得不痛苦转向，但是，职业教育对于以研究为志向的教师而言是一种折磨，对于补习教育，他们持消极态度。在科研为重的大学评价机制中成长的教师，虽然感受到了大学生源的参差不齐带来课堂授课效果的低下，但是，惯性让他们不愿自主改变，因为改变意味着要占用科研时间，他们宁愿因循守旧、墨守成规。目前，高校中担任补习教育的教师基本分为三类：一类为高中退休教师，一类为校外专门从事补习教育的教师，一类为本校兼职教师或者合同制教师，专任教师一般都不参与其中。这就涉及第二个问题，如何教？不可否认，曾经从事或者专门从事高中教育者实施补习教育确实可以在一定程度上对症下药，但是，基本只设置一个学期的补习教育究竟该补习什么，补习到什么程度是非常难以把控的。这批学生基础学力低下，不仅包括高中知识，甚至还包括小学和初中知识，因此，在补习过程中，教师自然倾向于针对有一点基础学力，也有学习意愿与学习能力的学生推动课程进度，因此，补习教育惠及的只能是小部分学生。另外，教师本身出身高中教育，对高等教育并未有深刻认识，因此，短期内的补习内容究竟能有多少是可以助益学生接受高等教育的，依然是一个问号。

补习教育的举措未能阻止高校教育教学效果日下的趋势，高校辍学现象增加，新生报到率日渐低下。2009 年，日本政府成立专门的“日本辍学预防研究所”，发布《辍学白皮书 2010——高等教育机构的辍学》。根据其调研，2010 年日本大学辍学率高达 12.6%，如果包括专门学校，一年之中有 11 万人以上辍学，每天有 300 人以上辍学。辍学是社会中存在大量自由职业者和青年无业者的关键原因之一。[1] 一方面是高校辍学率的攀升，另一方

① 大学入試改革 「人物本位」 の選抜に教育再生実行会議が安倍首相に提言［EB/OL］. http://www.huffingtonpost.jp/2013/11/01/university-entrance-examination-tassei-test_n_4192374.

面是高校招生的岌岌可危。如图表 7-6 所示：

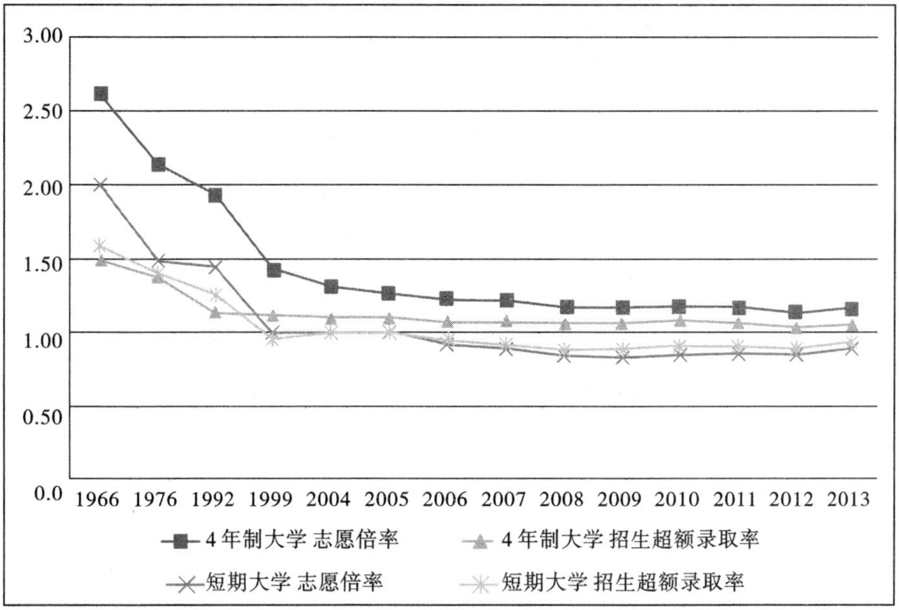

年度	4 年制大学		短期大学	
	志愿倍率	招生超额录取率	志愿倍率	招生超额录取率
1966	2.63	1.5	2.01	1.59
1976	2.15	1.39	1.49	1.41
1992	1.94	1.14	1.45	1.25
1999	1.44	1.12	1	0.96
2004	1.32	1.1	1	1
2005	1.27	1.1	1	1
2006	1.23	1.07	0.92	0.95
2007	1.22	1.08	0.89	0.92
2008	1.18	1.06	0.85	0.88
2009	1.17	1.06	0.83	0.88
2010	1.18	1.08	0.85	0.91
2011	1.17	1.06	0.86	0.9
2012	1.14	1.04	0.85	0.89
2013	1.16	1.05	0.88	0.93

图 7-6　1966 年—2013 年大学招生志愿倍率与超额录取率（单位：万人）

数据来源：文部科学省. 2013 年度学校基本調查［EB/OL］. http://www.mext.go.jp/b_menu/houdou/25/08/attach/1338337.htm.

上述图表表明，20 世纪 90 年代以来，4 年制大学的志愿倍率与大学招生超额录取率基本都呈现逐年降低趋势。短期大学在 2005 年志愿倍率还维持在 1，但是，此后每年都生源不足，无论志愿倍率还是超额录取率都低于 1，处于严重的生源饥渴状态。2007 年，大学入学考试中心以高中教师为对象实施问卷调查，95.6％的高中教师都认为大学数量过剩。① 2015 年，神户夙川学院大学、福冈国际大学与十文字学园女子大学短大部、三育学院短大、嘉利达斯女子短大、吉备国际大学短大部、筑紫女学园短大部决定停止招生，送走最后一届毕业生后将在历史舞台上消失。

（三）高校招生考试引导基础教育功能的衰微

高校招生考试因为联通基础教育与高等教育而成为教育过程中的核心环节。高校招生考试具有两大主要功能，一是下接基础教育的引导教育功能，是为了检验基础教育的效果；二是上承高等教育的选拔功能，是通过一定的考测基准为高校选拔适合的学生。当下日本高校招生考试制度的功能发生了极大的偏差，选拔功能的过度重视与强调让高校招生考试成了基础教育的主宰，教育目的扭曲为应试，学生考取大学，特别是考取名门大学几乎成了所有学生的终极目标。选拔功能的过度强化使高校招生考试在引导基础教育健康发展方面的功能难以发挥，在考试竞争的激烈环境中，教育的本质、学生的人格都遭遇扭曲，不仅阻碍了教育的健康发展，也遏制了学生身心的健康发展，这是当下日本高校招生考试制度存在的核心问题。其实，早在 1970 年，OECD 教育调查团就曾经在报告中展开了深刻阐析：“（日本）较之开发学生天生的能力，更加重视选拔，这事实上发生在教育的所有领域，这一倾向，是高等教育及大学入学考试制度具有阶层性质的一大原因……这种选拔制度，大学教育自不待言，正在严重歪曲着高中以下的教育。从这一意义上说，它是日本教育的核心问题之一。”②

追溯高校招生考试引导基础教育健康发展功能的偏轨必然要厘清统考与高中学习指导要领之间的关系。高中学习指导要领是高中教育的指针，是统考命题范畴的基本规定，统考明确规定，考查重点为高中教育的达成

① 濱中淳子．大衆化する大学——学生の多様化をどうみるか［M］．東京：岩波書店，2013：14．

② 臧佩红．日本近现代教育史［M］．北京：世界知识出版社，2010：306．

度，考测范围不超出高中学习指导要领。由此观之，倘若高中学习指导要领能够正常发挥指针作用，就可以很好地规约统考对教育的引导功能。但是，现实发展如何呢？高中学习指导要领基本每10年修订一次，每一次的修订都带来统考教科、科目的相应变动。20世纪90年代以来，在多样化教育改革的基本方针指引下，高中学习指导要领中关于高中毕业所需总学分与必修课学分的规定趋宽，减少趋势明显。1960年，高中毕业所需总学分为85，必修课学分为68，而现在因为自1997年在高中课程中导入了2学分的必修课以及选修课制度以来，毕业所需必修课学分降至16。高中学习指导要领中基于学生个性主体的选修课制度反映到统考，就是统考科目选择范围的扩大，考试中心通过不断细化科目扩大选择范畴。共通第1次考试重点考查高中“一般性、基础性”学习的达成度。中心考试取代了共通第1次考试后，其性质规定略有变化，删除了原有的“一般性”定语，改为“目的在于判定志愿报考大学者的高中阶段基础性学习的达成度”。这是因为中心考试较之前者有了一些变革：考生有了一些科目的自主选择权，有权根据自身兴趣从同一教科下设的各科目中自主选择应考科目，也允许各高校自行规定考试教科、科目数。共通第1次考试硬性规定的5教科7科目意在“一般性”的学力培养，而中心考试多样化的教科、科目设计只能是基础性的。高中学习指导要领将课程选择权赋予学生，统考通过细化科目扩大学生的考试科目选择权，在学生主体地位凸显的同时不可避免地消解了高中教育的系统性、完整性，学生在根深蒂固的偏差值教育观念影响下自然沿袭为了应考科目而学习的被动习惯，本来应该以学习指导要领为指针的统考成了高中教育的牵引者，统考成绩成了高校排名的黄金标准，渐次消弭了统考检验基础教育的本质属性。因为学生选择权的扩大，高中教育因此也无所适从，难以全面顾及基础学科的覆盖面，统考教科、科目的规定性被消解得支离破碎的同时，学生的基础知识与技能体系也是残缺不全。确如日本全国大学入学者选拔研究联络协议会所提出的尖锐批判，“统考俨然成了第二个学习指导要领，大学命题决定着高中教育课程”①。

① 全国大学入学者選抜研究連絡協議会．2012年度全国大学入学者選抜研究連絡協議会大会（第7回）企画討論会新学習指導要領の導入：大学の対応と課題［J］．大学入試研究動向第30号，2013：41.

当然，各高校单独考试学力考测性质的孱弱与高校招生考试教育功能的削弱不无关系。因为有了相对权威、科学、可比的统考，迫于“少子化”压力以及高中毕业率的提升，大学为确保生源基本都降低了入学考试难度、简化了考试程序，学力考试简易化的趋势已经不可避免。因为统考内在的权威性、科学性、经济高效性、可比性，加上外在的各大学单独考试的成本预算，学力型统考成了大学选拔当之无愧的首要标准。“中心考试在大学招录中所占比重进一步提高，甚至出现理科也不再单独考试，就看中心考试的理科成绩的大学。”①本来应该由高中学习指导要领、统考与高校单独考试三者共同分担、协作、支撑的多元高校入学评价基准就这样逐渐偏向统考一元化的学力标准。

(四) 市场力量对高校招生考试制度的侵蚀

日本民间教育考试机构众多，考试产业繁荣昌盛，各机构争相编排各类大学偏差值排名，排名一般依据各大型学习塾的模拟考试成绩，再结合历年统考的难易度等综合制定。每年参加河合塾举办的模拟考试的考生近 300 万人，可见其被称为“三大民间教育机构”之一绝非徒有虚名。通过统计考生成绩，结合考生中心考试的估分，制定大学偏差值，为考生与高中提供根据大学入学考试难易度排序的等级表，成为考生报考大学、专业及高中相关教师指导考生报考的有利参照。大学偏差值排名一般以学部、学科为划分依据，既有国立、公立、私立分类的排名，也有全国性排名。排名指标名目众多、详细而具体，如朝日新闻社制订的 2015 年版大学排名表，涵括了编入学学生排名、校园开放日排名、第一学年所需缴纳费用排名、大学图书馆排名、海外留学制度排名、学位授予排名、教师中获得博士学位者数量的排名、教师中外国教师所占比例排名、考取国家资格证书学生数排名、入学考试难易度排名等，各种异彩纷呈的名目让人眼花缭乱。各类排行榜都是公开数据，是社会考量大学实力的核心指标，考生基本以此为据结合自身实力选择报考相应层次的大学。朝日新闻出版社、旺文社、各大预备校都是大学排行榜的制订主体。表 7-5 是“代代木”预备校的模拟考试日程，安排紧凑有序。

---

① 全国大学入学者選抜研究連絡協議会. 2012 年度全国大学入学者選抜研究連絡協議会大会（第 7 回）企画討論会新学習指導要領の導入：大学の対応と課題 [J]. 大学入試研究動向第 30 号，2013：49.

表 7-5　2014 年“代代木”预备校各种模拟考试日程

• 考试对象——高三学生	
考试日期	考试名称
5 月 11 日	全国中心考试模拟考
5 月 25 日	国、公立大学记述题模拟考
6 月 15 日	国、公立大学第 2 次考试、私立大学全国综合模拟考
7 月 13 日	全国论文考试（所有高中生）
7 月 20 日	全国中心考试模拟考
8 月 24 日	国、公立大学第 2 次考试、私立大学全国综合模拟考
9 月 28 日	全国中心考试模拟考
10 月 12 日	国、公立大学第 2 次考试、私立大学全国综合模拟考
10 月 26 日	国、公立大学医学部模拟考
11 月 16 日	私立大学医、牙、药学模拟考
11 月 30 日	全国中心考试模拟考
12 月 7 日	国、公立大学第 2 次考试、私立大学全国综合模拟考
12 月 14 日	国、公立大学记述题模拟考
• 考试对象——高一、高二学生	
考试日期	考试名称
6 月 1 日	高一、高二学力判定模拟考
7 月 27 日	高一、高二最高水平模拟考
10 月 26 日	高一、高二学力判定模拟考
2 月 8 日	高一、高二最高水平模拟考
2 月 15 日	高一、高二全国中心考试模拟考

日本全国共有 200 多所预备校，早在 1978 年就设立了“全国预备校协议会”，目前共有 81 所获得都道府县认可的预备校成员。预备校收集与统计了大量高校的招生考试成绩，形成以偏差值为基准的考试难易度的排序，结合学生的模拟考试成绩帮助学生确定报考选择。在帮助考生与家长明确报考选择的同时，以偏差值为主体评价基准的排行榜也误导了社会的认识，不是基于研究成果、教学成果、师资力量等与高等教育本质相关的项目来评价大学，而是根据高校招生考试程度的难易来品评大学优秀与否，学生在高校招

生考试选择学校与学部的过程中，也只是聚焦偏差值的高低，漠视师资配备、教育设施、学科设置、学习氛围等本质问题。这种聚焦考试成绩的一元评价观让考生无意识中也以高校招生考试成绩作为衡量自己能力高低的唯一标准，导致高校招生考试优胜者与落第者之间巨大的心理差距。另外，在偏差值计算中，毕业生中在政府部门、大企业等就职的情况也是重要指标，因此，大学、考生与家长都被大学排行榜牵着鼻子走，据此决定自己的定位与走向。在用人市场与学历、学校历紧密相关的现实下，学历是一种重要的谋取薪资、地位、权力的资本，而学校历作为一个最直观的指标，客观上引导着社会教育价值观的发展方向。在日本考生心中，一直有一种危机意识与自我暗示，即如果在高校招生考试中失败的话，自己的能力发挥一辈子都要受限。①教育价值观的功利化让高校招生考试演变为不同阶层的自我再生产机制，家庭出身、经济资本与文化资本等先赋因素发挥了重要作用。最终，高等教育有利于个人未来的消费意识逐渐成为文化，深入民众意识，最终将国民浇铸在名目繁多的偏差值铸型之中，也陷入了日益功利化的考试漩涡之中。

（五）高校招生考试制度成为隐匿的社会分层装置

考试即文化，任何民族的考试制度都是特定教育文化传统环境中的产物，都是其民族文化的表现与延续。日本以偏差值为中心的教育、考试文化传统犹如一股生机勃勃的潜流，左右着考试制度发展与改革的方向。偏差值左右高等教育入学机会的分配，高偏差值的大学吸收的是统考中高偏差值的学生，而低偏差值的大学吸收的是统考中低偏差值的学生。因此，优越的大学凭借优渥的资源与生源而得以更优，高等教育金字塔下位的大学则在有限的资源与一般性生源甚至较低质量生源的现实中更凸显危机与困难。偏差值排名犹如烟幕弹，让卷入其中者心甘情愿地接受排名结果，接受由分数高低决定的大学入学机会的有无与质量的高低，并安守本分接受毕业后的社会职位安排。换言之，偏差值让民众深谙安分守己传统，相信考试结果的命中注定或者只能怪罪于自身不够努力，将偏差值统一标准下的高校等级当作理所当然的秩序加以接受。高校招生考试制度在四通八达、层层叠叠的偏差值排

① 寺崎昌男．日本の教育課題 6——選抜と競争［M］．東京：東京法令出版，1994：57．

名表中就此水到渠成实现了入口处的自然分层。

入口处的分层在过程分层的强化中直接导向出口处的分层，暗示着高校招生考试以偏差值为核心的模式正朝着令社会阶层秩序固定化的方向运转。教育社会学者天野郁夫对于日本学历在社会迁移中的影响提出了自己的观点：战后日本大学生“已经无法凭一纸大学毕业证书实现大企业就业、进入经营者管理者上层或技术员的命运……为了获得这些稀少的良好雇佣机会，取得更高的、更接近金字塔顶端的、入学考试选拔更为严格的大学文凭，正在成为必不可少的条件。”①日本知名临床心理学者井上敏明也对日本高校招生考试制度对民众心理的消极影响做了极其凝练的概述，“我们都沾染了习惯于以某种方式来划分极差的身份等级病，因此以一种必然的态度接受了先行的成绩评价体制与考试制度，这说明我们内心对于人与人之间的差别持肯定态度，如此，对于学校教育的不公平也就不会有所质疑”②。概言之，高等教育规模的扩张并不意味着高等教育入学机会公平的必然实现。大众型日本高校招生考试制度改革已经在无意识中承担了社会分层功能，加速了社会不公的推演，也在一定程度上固化了社会阶层，不利于社会良性竞争与社会阶层流动，俨然成了社会不公的隐形温床，正在酝酿发酵着更大更深的不公。以安分守己、安守本分著称的日本民族被誉为“最有素质”的民族，但是，这种表面的平静下已经有暗流在涌动，高校中无处不在的“问题学生”预示着日本高等教育到了不得不改的境遇。

第二节 日本高校招生考试改革新案解析

高校招生考试问题的解决，不能是只依靠头痛医头、脚痛医脚的解决单一问题的方法，而是需要全身诊断、综合治理，以期解决这一复杂的问题。刘海峰指出：“高校招生考试是中国高等教育的入口，牵涉到高校培养人才的质量和水平，在招生过程中它又牵涉到维护教育公平和社会公平问题，所以它是兼具质量和公平的一个重要问题。”③日本高校招生考试制度改革在经历了高速发展的大众化阶段并深入到普及化阶段后陷入了停滞不前的状态。

① 天野郁夫．教育と選抜［M］．東京：第一法規，1982：204.

② 井上敏明．学歴の深層心理［M］．東京：世界理想社，1980：231.

③ 刘海峰．高校招生考试改革论［M］．杭州：浙江教育出版社，2013：68.

战后高校招生考试制度的改革设计不够细致周全遗留下众多课题与纠葛，这损害了大学的社会声誉，影响了民众对大学的信任，损害了考试公平，因此也影响了大学入学率。2005年，东京大学研究生院教育学研究科大学经营、政策研究中心以高三毕业生及其家长为对象，聚焦接受大学教育的重要性问题，结果如下：9.5%认为上大学很重要，51.4%认为有点重要，32%认为不太重要，7.1%认为根本不重要。96.4%认为即使拥有学历也无法保证未来就拥有安定的生活。①民众对是否需要接受高等教育的消极心理直接影响了大学入学率，2010年高中应届毕业生的大学入学率达到52.2%，2011年略降至51.7%，2012年再降为51.2%，2013年则为50.8%，凸显了大学入学率迟滞不前的状态。弱化学力考试招徂生源虽然暂时赢得了考生，但是，随之而来的高、大衔接和退学严重等问题暴露了这种权宜之计的不可持续性。市场力量主导下的高校招生考试制度改革因为违背了教育规律，忽视了质量把控而深陷困境。意识到高校招生考试危机深重的文部科学省在《2010年大学入学者选拔实施要项》中明确规定，2011年开始，各大学必须将中心考试纳入AO入学的招录工作，要求考生提交中心考试成绩，并将此作为评判招录与否的条件。这意味着文部科学省终于在痛定思痛后迈出了多样化考试规范化改革的第一步。2014年，朝日新闻社《大学排名》主编中村正史以507名大学校长、489名大学事务局长与752名高中指导学生未来规划的老师为对象，聚焦高校招生考试制度改革实施问卷调查，结果如下：半数以上的大学校长与事务局长认为推荐入学与AO入学制度维持现有份额即可；高中教师中74.2%认为应该减少推荐入学与AO入学，68.8%认为应该增加一般学力考试。众多内外部力量的推动预示着日本高校招生考试制度到了非改不可的境地，“达成度考试”改革就是政府彰显改革决心的载体。

“达成度考试”改革以首相直属的咨询机构——“教育再生实行会议”为改革主导机构，下设高、大衔接改革项目团队，细分为四组：学校指导要领组、招生考试简章与大学单独招生考试组、新考试与大学入学考试中心改革组、宣传战略组。会议共有成员18名，包括首相、文部大臣、各界代表等，现任主席为早稻田大学校长镰田薰。2008年12月开始，中央教育审议

---

① 高校生の進路についての調査 [EB/OL]. http://ump.p.u-tokyo.ac.jp/crump/cat77/cat81/post-1.html.

会提出要探讨新的共通第1次考试，采取适当举措把控非学力考试，但是，该提案未受到高度重视，因此，未能有效推动实质性改革。2013年10月，教育再生实行会议在《高中教育与大学教育的衔接、高校招生考试选拔的未来》的报告中针砭日本高校招生考试制度改革时弊，认为“偏重知识，以一分定高下的统考与背离了初衷的多样化考试模式未能充分发挥检查考生是否具备了接受大学教育必需的知识技能……将以达成度考试取代中心考试”。2014年12月，文部科学省公布了《为实现新时代的高、大衔接，高中教育、大学教育与高校招生考试制度的一体化改革》的报告，这标志着日本高校招生考试制度改革进入实质性阶段。报告总结了日本高校招生考试制度存在的问题，“偏重一次统考、偏重分数主义、偏重考查知识记忆；多样化改革成为确保生源的手段，遗忘了其个性化、多样化的初衷。有鉴于此，有必要聚焦高中教育、大学教育与高校招生考试的一体化改革，改变分数公平的传统观念，基于支援年轻人终身学习的理念，通过多样化的方法，公平评价与选拔，通过高中教育与大学教育的有效衔接，让每个年轻人都能拥有实现自己的梦想与目标所必需的能力”①。达成度考试改革终于应运而生并破壳而出。2015年2月16日，《日本经济报》刊登了文部科学省大臣下村博文撰写的题为“高、大衔接改革的目标”的文章，文中下村大臣表达了彻底推行以高校招生考试制度改革为核心的教育改革的决心，“高、大衔接改革的基本问题意识在于，为了培养面向21世纪的人才，有必要对知识偏重型的学校教育进行根本性改革。改革作为一项改革工程，即使更换了文科大臣，依然要坚决继续下去”②。

一、“达成度考试”改革新案的基本内容

作为破除传统高校招生考试制度的遗祸的利器，“达成度考试”登场之初就引起了社会的广泛讨论，褒贬不一。那么，究竟什么是“达成度考试”，为表述清晰，下文以表格形式枚举了这个改革新案的目的、用途、对象、内容、考核重点、考核方式、考试次数、成绩标识等基本情况（见表7-6）。

① 中央教育審議会．新しい時代にふさわしい高大接続の実現に向けた高等学校教育，大学教育、大学入学者選抜の一体的改革について［R］．東京：文部科学省，2014：5-8.

② 下村博文．高大接続改革の目標［N］．日本経済新聞，2015-2-16（1）.

表 7-6　达成度考试改革新案的基本内容

总称	为了学力评价的新考试	
分类考试	高中基础学力考试	希望进入大学学习者的学力评价考试
目的	通过学生自行把握与评价自身的高中学习达成度，唤起学生自主学习的欲望	考查高中毕业生是否具备接受大学教育所必需的能力
用途	适应高中毕业生未来选择的多样化，该考试结果不仅可用于升学（大学、专门学校等）、就业，也可用于指导高中学生的未来选择	为大学人才选拔，特别是为高选拔性大学的人才选拔提供参考资料
对象	高二、高三学生	所有希望进入大学学习者（包括社会人、大学在校生等）
内容	暂定国语综合、数学Ⅰ、世界史、现代社会、物理基础、交流英语Ⅰ等必修科目	合教科、科目型，综合型
考核重点	知识、技能	思考力、判断力与表现力
考核方式	多选题为主	多选题、记述题，探索导入 CBT（计算机考试）的可能性
考试次数	一年数次，暂定春、秋各一次	一年数次
成绩标识	分段标识（标注答题正确率），提交高中与学生本人	分段标识，提交大学及考生本人

改革新案力图实现四个转变：(1) 学力观的转变。高校招生考试学力考查从传统的重视知识技能的学力观转向三位一体学力观，即关注知识技能、思考力＋判断力＋表现力与自主学习态度的相互融汇。(2) 高校招生考试命题原则的转变。从纯粹的客观选择题转变为兼出主观记述题，从知识立意转向兼顾能力立意，从单一教科型出卷模式转向教科融合型。适当削减了考生的科目自主选择权，限定了一定范围内的必考科目，以确保高中基础教育体系的完整性与系统性。(3) 高校招生考试对象的转变。从高中生扩展到社会人，再到大学在校生，让有意愿者都可以重拾入学机会，以助益终身教育理念的推广。(4) 高、大衔接理念的转变。高、大衔接不是指让所有的高中生都与大学教育衔接，而是要让选择了高中毕业后就业或者进入专修学校或者还有其他各种选择的学生也与进入大学学习的毕业生一样，可以实现顺利接轨。这种理念摆脱了传统的局限于高中教育与大学教育的狭隘视野，是基于高中毕业的多样化选择提出的新理念。

二、“达成度考试”改革新案的基本特点

（一）特设“高中基础学力考试”强化教育引导功能

新案分为两段，第一段为“高中基础学力考试”，第二段为“希望进入大学学习者的学力评价考试”。前者是对高中教育达成度程度的考查，宗旨在于引导基础教育走出应试教育的漩涡，健康发展。早在 2000 年，时任大学入学考试中心所长的丸山工作就曾在荒井克弘的协助下积极推动各方实行“综合基础考试”改革，考试科目为国语与数学，难度为高中一年级结束的水平，共有 13 所高中的 4 000 名高三毕业生参加考试。其目的是在中心考试之外另设基础水平考试，以积极应对“全入时代”的生源差距带来的问题，促进高、大衔接，但遗憾的是，该改革尝试因为文部科学省的反对以及丸山工作所长的忽然去世而未能持续下去。此次“达成度考试”改革新案中的“高中基础学力考试”本质是对历史的理性回归，是对重视学生完整知识体系建构的理性反思。考试中心向高中提交高中基础水平考试成绩，这是对高中利益主体地位的尊重，可以有效避免高中教育再受制于民间教育考试机构，为恢复高中在高校招生考试制度中的主体性地位提供机会。考试设一年数次，希望借此唤起学生自我评价、自主学习的欲望。考试结果标识不再用实际分数，改为 A～D 的分段模式，提高高校招生考试的弹性，避免一分论高低，以此缓解中心考试教育引导功能式微带来的应试教育危机，最终引导基础教育回归正轨。

（二）通过法律约束强化学力考试规范多样化考试

改革新案特设了面向高中教育的“高中基础学力考试”，废止了一般考试、推荐入学与 AO 入学之间的区分，希望各大学的单独招生考试在考试中心第一段与第二段考试结果的基础上推进多样化选拔，借此推动整个高校招生考试制度实现从第一段的“高中基础学力考试”到第二段的“希望进入大学学习者的学力评价考试”再到第三段“各大学的多样化单独招生考试”的逐段递进，并实现考查内容由易而难逐层递增。第一段的考查侧重相对固定的基础科目的考查，以引导高中教育健康发展，并为高中毕业生的多样化人生规划提供参阅依据。第二段的考查侧重综合能力的考测，题型也迥异于第一段的客观选择题，更多为记述题，为大学教育选拔适合的人才。第二段考试为高选拔性大学的人才甄选提供了相对统一、可比性高的参考材料，为高校单独考试确保学力考测性质提供基本保障。第三段的考查权在各大学，各

大学在前两段考核的基础上，根据自身人才选择基准制定相应的考核与评价标准，通过小论文、面试、报告、集体讨论、推荐信、高中调查书、资格考试等多样化考试方法选拔出适合的优秀人才。因此，我们可以清晰地看到，改革新案其实是在强化国家对学力考试的把控范畴与把控能力，是政府力图以一种较为隐匿而温婉的方式推动多样化考试改革的规范性发展。

不仅如此，文部科学省还要求各大学根据自身的办学特色与优势，制定明晰的招生考试章程，政府拟定将此要求写入法律，以明确各大学招生考试章程的法律约束力。同时，政府将与认证评价机构携手，探讨如何制定有效的评价体系监督大学招生考试的规范性、合理性、科学性，逐渐将各大学的招生考试评价基准纳入认证评价体系。通过外部监督与法律规约避免多样化改革乱象，防止多样化本质的扭曲。当然，为鼓励各大学积极主动参与考试制度改革，文部科学省也将根据各大学自主推进高校招生考试改革的力度与效果给予相应的财政配套支持。

（三）以高校招生考试为桥梁助推终身教育

改革新案不仅体现了改革高校招生考试制度的宗旨，也彰显了以此为桥梁助推终身教育的宏景。例如在第二段考试中扩大了考试对象，不仅面向全体高中生，也面向所有社会人与大学生，包括转学生、编入生、想要检测大学学习效果的在校生等。通过允许个人报考，扩大报考群体，有利于为编入学制度与社会人特别选拔制度提供参考依据。另外，以英语为试点科目，探索新统考推行 CBT（Computer Based Testing）模式的可行性。2014 年 8 月首次在全国 47 个都道府县实施 GTEC CBT（Global Test of English Communication Computer Based Testing）即英语（听读说写）4 技能检定考试，考试对象不限；报名方式兼具集体报名与个人报名方式；考试内容含“读、听、写、说”四板块，分“读、听”、“读、听、写”与“读、听、写、说”三种模式供考生自行选择；读听考试的成绩可现场确认，方便考生的后期准备。截至 2014 年 1 月，共有 250 所高校在非学力考试中将该成绩纳入高校招生考试选拔的评价体系，希望在各大学的学力考试中也活用该成绩的呼声也日渐高涨。[①] CBT 模式通过更为便捷、多样的考核评价方式进一步拓

---

① ベネッセ.高校生向け英語 4 技能検定「GTEC CBT」を8 月より実施[EB/OL]. http://resemom.jp/article/2014/01/30/16926.html.

展了国民接受高等教育的机会。总之，日本高校招生考试制度将逐渐从以适龄人口为对象转向全体希望接受高等教育的国民，在坚持统考制度的基础上，创建以新高校招生考试公平观为核心的多样化高校招生考试制度，推动日本终身教育理念落地生根。

三、“达成度考试”改革新案的点滴忧思

2013 年年末，围绕达成度考试改革，教育再生实行会议与中央教育审议会主导实施了相关的问卷调查，调查对象为 1 228 名高中校长，2 015 名大学学科长。关于是否要废止中心考试，高中校长中赞成者占 19.6%，反对者占 41.6%；大学学科长中赞成者占 26.8%，反对者占 28.8%。关于是否要设立达成度考试，大学学科长赞成者与反对者的百分比分别为 37.4%、24.9%，而高中校长的相应百分比分别为 27.2%、41.4%，大学群体赞成者居多，高中群体反对者居多。[①]全国高中校长协会也于 2013 年 7 月，聚焦是否要推行达成度考试改革问题，以 564 名高中校长委员为对象实施问卷调查，结果是赞成者 27%，反对者 47.5%；关于多次考试问题，赞成者仅占 18.3%，而反对者高达 58.3%；关于是否允许学生高二就开始参加考试，赞成者与反对者的百分比也分别是 18.3%与 58.3%。综合以上两个问卷调查，我们可以看到，高中对改革的反对声显然远远高于大学。富有高中教育经验的高中群体担心的是，伴随新案的推行，特别是一年多次考试的制度设计，也许将不可避免地让高中教育陷入更为严峻的应试教育的泥潭。虽然围绕改革新案的各方意见褒贬不一，各种隐忧无所不在，但是，文科大臣下村博文依然明确提出，拟定四五年后导入达成度考试并以此替代中心考试。

政府在反对者的呼声高于赞成者的情状下，依然坚持推动改革新案的执行，意味着新案执行的过程必然伴随忧思的深化。对改革新案可能带来的弊端，主要体现在以下三方面：(1) 考生有限精力的耗费。中心考试是学校报名模式，由各高中在每年 10 月统一提交学生的报考材料。达成度考试是学校报名与个人报名并举，而且考试次数增加，这意味着考生将在报名方面耗费更多的时间、精力与财力。而且，数次考试的设计，从高二开始就可以参

① ベネッセ.「達成度テスト」には賛否［EB/OL］. http://benesse. jp/blog/20140123/p2. html.

加考试无疑会对课外活动形成一定冲击，有可能导致学生参加俱乐部、修学旅行等活动热情的减退。(2) 成绩分段标记模式带来评价的模棱两可。考试采用 A～D 的分段记分模式，这是为了避免一分之差形成的不利于学生心理健康的负面影响。但是，分段模式本质是一种均值模式，这种分段是否反而加剧了不公平，因为必然有一批学生被放置于同一个层次，其能力与实力无法得到最真实的体现。另外，数次考试本质也是一种均质化措施，处于中下位的学生通过一次次的反复，逐渐向上位移动。学校是以知识为中心的，考试的本质是对知识掌握与输出能力的考测，如果为了“以人为本”而追求一种均质化的结果，消弭了知识特性，那么，这种改革可能反而是丧失了本源的空洞改革。

第三节　日本高校招生考试制度的启示借鉴

高校招生考试统分结合、综合评价的制度模式是世界共通的发展趋势，但是，并未有一个世界共通的定式，各国高校招生考试制度必然因教育文化、考试文化土壤的差异而呈现明显的国别化特征。战后日本在高等教育大众化的背景下推进高校招生考试改革，而我国正处于高等教育大众化向普及化阶段深入的过程，中日都有重视教育与考试公平的文化传统，中日高校招生考试制度中统考地位都固若磐石，中日高等教育结构都因为行政干预而呈现金字塔结构，这些共通点意味着我们可以从日本改革的利弊得失中得到各种启示。借鉴学习是一种有意识的自我建构，是自我与他者的融汇，本研究立足自我，基于以下几个方面思考日本高校招生考试制度改革历程可能给予我们的思考与借鉴。

一、创建服务型的专业考试管理组织与研究机构

高等教育大众化带来高等教育入学率的攀升，高校招生考试将成为一项日益庞大繁杂的事业，依赖于政府的一元管控不仅难以完善统考制度考试改革，也难以推动多元评价的深入。政府从直接行政管理转向间接统筹管理，让专业的人做专业的事，有利于对教育考试规律与高校招生考试自主权的尊重。刘海峰认为，“中国的考试招生改革如此重要并影响广泛，已变成一个重要的公共政策和重大的民生工程，因此不能仅由教育行政部门决定，而需要有一个更权威、代表性更广泛的组织或机

构来决定"①。政府一统管理考试事业往往会因为政府的过于统一与过多的介入而导致多样化考试改革的寸步难行，因为倘若基于管理的视角，统考始终是最为高效便捷的手段。

日本政府通过创建独立行政法人性质的大学入学考试中心，采用委托方式将高校招生考试事业委托给考试中心，减少政府的介入程度，改变政府对考试事业的管理方式。政府转换在考试事业中的角色，从直接的、完全的掌控者，转向间接的、宏观的调控者，打破政府包揽的局限性，实现政府权力的让渡。作为独立行政法人的大学入学考试中心则是面向社会需求者提供考试服务的服务型机构。大学入学考试中心集结了大量教育学、社会学、心理学方面的专家，日本高校招生考试的命题队伍与研究群体都具有多样化特征，教育学、社会学、经济学、理工科等出身的研究者丰富了研究方法，避免了定性研究的主观性，提高了实证主义研究的科学性与可信度。考试中心通过定期的会议交流形式开创了考试中心的专属研究刊物并寄送各高校，形成了以考试中心为核心辐射全国高校的同心圆，让考试中心成为传递国家考试改革理念的媒介，成为推动高校、高中共同致力于考试研究与改革实践的平台。专业的考试管理与研究机构的存在是日本高校招生考试制度改革的助推器，是日本高校招生考试制度服务型管理模式的制度保障。

我国政府将高校招生考试制度改革作为教育改革的核心问题之一，为推动改革进程，2012 年 7 月 19 日，在北京成立国家教育考试指导委员会并颁布《国家教育考试指导委员会章程》。该委员会旨在为国家教育考试的重大决策提供咨询，下设考试、招生、管理三个专家工作组，组长为教育部长，主要成员为各行各业的著名专家。主要职能是对国家教育考试的重大问题进行调研，提出意见建议；对国家教育考试重大政策进行论证，提出咨询意见；研究制订国家教育考试改革方案，指导国家教育考试改革试点。该委员会的设置标志着教育考试改革国家顶层设计的启程，是高校招生考试制度改革中的一个关键拐点。我国国家教育考试委员会可定期召集高校招生考试负责人、高校招生考试研究者、高中教育相关者，就招生考试政策、考试命题、招录程序、多样化改革等实施相应调研、探讨，形成一个以国家教育考试委员会为核心，辐射各高校与各高中的交流平台，搭建高校招生考试相关利益主体有效沟通合作的桥梁，培育专门的高校招生考试人才，提高我国高

① 刘海峰．高校招生考试改革论［M］．杭州：浙江教育出版社，2013：72.

校招生考试的专业化水平。

在高校层面，为确保高校招生考试的公平、公正、科学、合理，各高校有必要建立专门的考试组织与研究机构，设立专门的工作人员与研究人员，循序渐进构建具有多样化特征的研究队伍。各高校招生考试办公室的职能要从纯粹的事务性工作走向基于主体意识下的有序规划与研究相结合的模式。规划要结合本校特色制定更为具体、更具特色的招生考试章程，通过具体可视的规则确立本校所期待吸收的学生特征。研究要结合本校每年招生考试情况展开事后分析，为下一年的招生考试工作提供经验教训。我国高校招生考试制度研究带有典型的思辨研究特质，这与研究者身份的单一息息相关。不可否认，高校招生考试是与人文性、社会性紧密相关的研究领域，因此定性方法是常用的主要方法。但是，定性研究方法和定量研究方法是没有优劣之分的两种方法，两者不是对立的，而具有一定的互补性。单纯叙述与介绍高校招生考试改革的历史事实，缺乏有价值的透析，难以透视到实施后面隐含的某种本质性规律。因此，定性研究方法一定程度上也需要定量方法的有效补充，以摆脱对文本、政策解读的过度依赖，从而增强人文学科、社会科学研究的科学性、客观性、合理性。为此，有必要吸收不同学科出身者加盟高校招生考试研究，加强定量研究方法的运用，提高研究的科学性。定性与定量方法的互补运用可以弥补单纯的定性方法的不足和弊端，防止缺乏中立的价值判断的研究偏好。因此，无论是国家教育考试委员会还是各高校的招生考试办公室，都可以推行更为多元的人员吸纳方式，不一定非要限定在教育学专业等人文学科出身，扩大到社会学者、理工科出身者也可参与研究，推动实证性研究方法在考试研究中的活用，扩大研究领域，推动研究的纵深发展。

二、巩固统考制度确保高校招生考试公平

日本民族历史发展的最大特性无疑是其学习效仿、消化与吸收他国文化的强大能力。日本高校招生考试制度的历史嬗变也呈现这一显著特点，在东方文化与西方文化的摩擦碰撞中，日本做出了主体性的阐释与选择，将统考作为确保高校招生考试公平的最佳装置，无论改革如何频密，统考的主脉自从创建以来一直未被反对的声音湮没，沿用至今。在已定的要推行的达成度考试改革新案中，甚至将相对统一的标准也延伸到了多样化考试领域，政府希望借此规范失序混乱的多样化考试改革。在重视考试竞争与分数公平的日

本，统考制度成为日本高校招生考试制度的首要环节是日本文化与国情的理性选择，具有现实性；是尊重考试规律的必然选择，具有科学性。公平，是高校招生考试制度的首要德行。高校招生考试，是度量高等教育入学公平的最佳尺度。因此，虽然在日本废止统考的呼声从未停歇，但政府始终坚守统考阵地，主要归因理应在“公平”二字。

日本统考制度的创建过程与日本高等教育大众化进程不谋而合。大众化背景下的高校招生考试改革表明，统考是高等教育资源短缺情状下的必然选择。即使在高等教育资源足够丰富的情况下，即使在多样化考试已经成为基本发展趋势之一的现实下，统考依然是不二的选择。日本经验表明，政府补助如杯水车薪的境遇下，在生源危机的困境中，私立高校为谋生存自然会溢出法律规范之外，谋求利益最大化，由此造成高校招生考试中的大量短视行为，大量私立高校通过降低考试门槛如简化考试程序、降低考试难度、扩大多样化招生模式等赢取生源的暂时性满足，而这种行为对高校声誉、对高等教育魅力的消极影响已经在现实中凸显。倘若没有统考制度的基本把控，高校招生考试制度选拔与引导功能的弱化就更难以避免。统考制度是在高校扩大招生规模的同时确保生源质量的有效手段，也是确保高校招生考试少受市场力量影响的有效钳制。

日本高校招生考试新案不仅依然坚持统考，还通过扩大统考范围为多样化考试提供相对统一、可信的基准。我国一直有着同于日本的重视教育与考试公平的传统，但盛行的人情文化也时时影响着公平原则，因此，统考更是适合我国国情文化的产物，是确保高校招生考试公平的必需装置。统考制度是一种凝聚机制，有利于汇聚人心，维持社会积极向上的风气；有助于整合社会，维持统一的整体。

三、适当放权推动多样化高校招生考试制度改革

高等教育大众化与多样化高校招生考试制度改革紧密相关，日本多样化高校招生考试制度改革成了推动高等教育大众化的引擎。伴随高等教育入学机会的充分扩展，偏向一元学力考测的统考制度难以承载高等教育大众化带来的生源数量的高速膨胀，生源水平参差不齐也必然带来评价方式的多元转化，因此，推动多样化考试改革，构筑统分结合的弹性评价结构是高等教育机构日渐多样化、高校生源日益多样化之后的现实需求。不管是自觉还是不自觉，高等教育大众化背景下，我国高校招生考试制度改革也必然遵循统考

为主、多样化考试为辅的发展路径。

张亚群在谈及高等教育大众化与高校招生考试制度改革的问题时也谈及了考试形式的多样化发展问题，认为“从维护入学的公平性出发，高校一方面采用考试这一独特的教育测量手段，对求学者的学校能力进行科学测量；另一方面也辅之以非学术标准，最大限度地满足不同社会群体的接受教育和职业培训的意愿。”①这个经典的论断与日本经验不谋而合，一方面，日本通过学力型统考确保生源质量；另一方面，又通过非学力型考查迎合社会的多元需求。私立高校主导的多样化改革成为日本实现高等教育大众化的发动机，数量庞大的私立高校是日本多样化考试改革的主力军，以强烈的社会敏感度设计出了各种弹性制度，丰富并启发了国、公立招生考试改革，形成了如图 7-7 所示的日本丰富多元、共性与个性并存的高校招生考试制度体系。

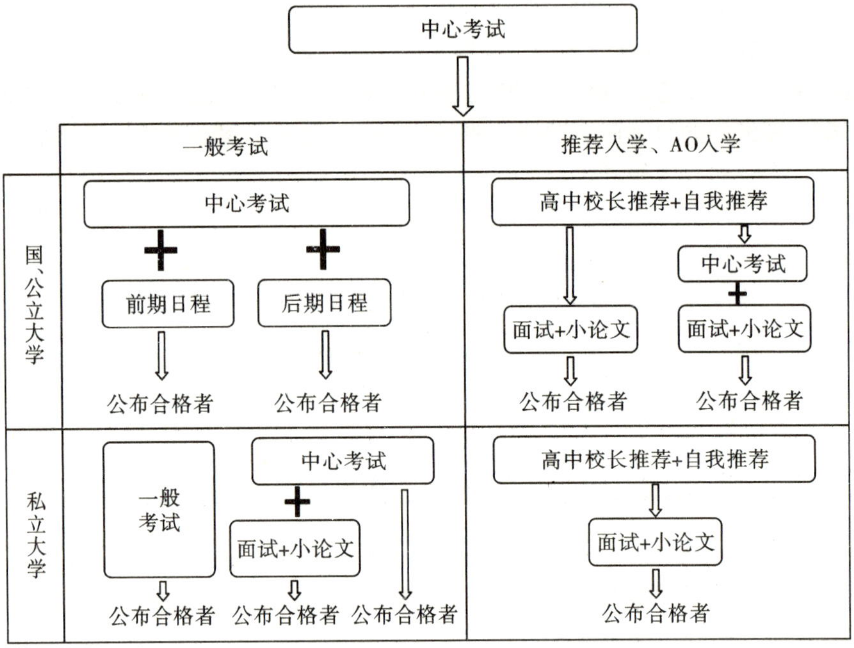

图 7-7　日本丰富多元的高校招生考试制度体系

① 张亚群．高校自主招生与高校招生考试改革［M］．北京：中国社会科学出版社，2012：209．

当然，我们并非倡导全盘移植日本模式，因为在日本文化土壤中孕育而成的多样化考试模式具有日本特殊性，未必适合我国文化国情。如别敦荣所言，“我国高等教育大众化进程是一个政府主导的主观能动过程”①，我国民办教育无论是数量还是质量也都还处于发展初级阶段，因此，我国高校招生考试制度的多样化改革无论在体制上还是机构上都不具备日本的优势。我国政府行政主导下的高校招生考试制度改革更倾向于求稳，多样化改革尝试往往受制于体制框架而无法勇敢突破陈规，或者容易在遭遇困境后缩回改革的触角。如我国的自主招生考试改革，这是刚性的统考制度之外的弹性制度设计，有利于扩大高校的自主招生考试权，有利于选拔富有潜质的人才，但是，这种有益的尝试在中国根深蒂固的人情文化传统中逐渐沾染了权贵气息、铜臭气息，倾向于名校掐尖，于是，改革的步伐虽然没有停止，但显然已经有所减缓。有鉴于此，推动我国高校招生考试的多样化改革需要更多外在力量自下而上地推动。政府可以尝试允许高职教育、民办教育与高水平大学一样推动多样化考试。赋予高校多样化考试改革的自主权利需要在高校招生总数中划拨一定的比例给多样化考试，引导高校在国家统考之外举办本校的第二次考试，针对专业性向与个性、潜质等实施考测或考查。在录取中，综合高中成绩、国家统考成绩、多样化考查结果等综合判定合格与否，这种既有学力考测，也有个性、品行、特长、潜质等因素的综合评价模式是政府行为的统筹性与高校行为的自主性的有益结合。当然，正如文部科学省拟定要将大学招生考试章程纳入法律规程一样，我国多样化考试改革的探索也需要一定的法律依据，以法律规约规范多样化考试的真实探索，可以有效避免多样化考试改革再度被钱权遮蔽本质，避免改革的步伐再次被阻滞。另外，入口处的多样化评价模式需要教育过程的有力支撑，需要高校为之提供有利于多样化人才个性成长的教育研究环境。

不过，我们也要看到日本以私立高校为主体推动多样化考试改革带来了众多弊端。因为“少子化”危机的日益严峻，多样化考试屈服于市场经营优先策略，成为高校确保生源的权宜之计，导致多样化考试乱象丛生。为改变现状，回归理性的多样化考试，政府在改革新案中提出了“高中基础学力考试”，本意就在于规范多样化考试，为失序的多样化考试提供一定的规矩。

① 别敦荣，杨德广．高等教育改革与发展30年［M］．上海：上海教育出版社，2009：8.

日本经验昭示了多样化考试与统考之间的关系，不是相互消解，而是相互提携，多样化考试不是自由的多样化、随意的多样化，是尊重考试规律的、有一定限度的多样化。无论高校招生考试制度的多样化改革如何演绎都难以取代统考的公平公正的评价方式。多样化高校招生考试制度在一定程度上有利于为培养创新型人才遴选富有潜质的人才，有利于推动多元评价的发展，但是，倘若没有统一高校招生考试制度的把关，多样化改革的初衷极有可能会落空，成为名存实亡的制度设计。

四、强化高校招生考试制度的教育引导功能

日本相关研究者通过调研得出两个基本结论：高校招生考试成绩与入学后成绩有一定关系，但是非决定性关系；是否继续攻读研究生和高校招生考试成绩的相关性很弱。①天野郁夫认为："无论多么细致周全的选拔终究都难以摆脱考试定胜负的命运，如果以 80 年为一生，我们如何可能通过 18 岁时的细致考核看清一个人未来几十年的可能性和潜质。因此，在制定更为精细化的评价体系之前更应该先致力于创建富有弹性的高等教育体系和社会体系。"②学习能力的发掘有早晚之别，仅凭一次笔试或者短时间的面试就决定一个人一生的发展线路显然具有极大的局限性，这与终身教育理念是背道而驰的。日本高校招生考试制度伴随高等教育入学率的提高实现了多样化发展路径，构建了以推荐入学、AO 入学、社会人入学、编入学等为代表的多样化招生考试，为高校扩大招生规模提供了多元载体，也迅速推动高等教育大众化深入到普及化阶段。但是，入口的多样化只是开始，推动多样化进程更有赖于过程中的多样化的具体举措，因此，多样化的人才培养方式才是确保多样化招生考试本质的有效手段。面对多样化高校招生考试、面对多样化生源，部分私立大学开始正视高、大衔接问题，在课程设计、教学方式与内容等方面开始渐进改革，谋求教育过程的有效管理，实现与多样化、宽松化的入口管理的对接，这种基于高中教育与大学教育的有效衔接而自主推动的教育改革是对高校招生考试功能的深刻省思。

高校招生考试的教育与选拔功能犹如飞机的双翼，缺一不可。虽然两者

① 佐佐木隆生．大学入試の終焉［M］．北海道：北海道大学出版会，2012：178-179.

② 天野郁夫．理想より歴史を見よ［N］．日本経済新聞，2013-12-16（2）.

的轻重根据历史发展的实际会出现一定的偏差，但是，这不是要不要哪个功能的问题，而是必须在两种功能之间找到某种适度平衡，让高校招生考试制度的效用可以发挥到最大的关键问题，因此，两者是相互联系但又保持相对独立的功能，不可相互取代。日本战后几十年的经验教训告诉我们，过于多样化的统考教科、科目组合看似是差异公平的最大化，其实是对学生受教育权的最大侵犯，因为基础教育因此未能引导学生构筑起完整、系统的知识体系，未能培养学生接受高等教育所需的综合素质。高等教育大众化的深入带来生源的多样化，基础性的选拔更显重要性，鉴于此，更需要统考教科、科目保持一定的学科覆盖面，过于自由的科目选择不可避免带来偏科与应试教育的严重化。高等教育大众化意味着统考为高校选拔适合人才的功能将逐渐弱化，而考查高中教育达成度、引导基础教育的功能宜得到强化。只要坚持基于知识体系完整性考测的目标不变，就可能避免生源多样化带来的高中教育与大学教育之间的衔接问题。

对基本学科知识的考查是高中教育与大学教育有效衔接的重要关卡，是避免生源多样化带来教育困难与教育质量下降的基本保障。我国高校招生考试改革将高中学业水平考试成绩纳入高校招生考试评价体系无疑是正确的方向，关键在于如何权衡基础教育的区域差距，如何兼顾过程性评价与终结性评价，如何有效避免我国传统人情文化的侵蚀。拥有诚信守法传统的日本况且如此，人情文化盛行的我国更要以此为鉴，审慎研究如何创建有效机制确保高中学业考试成绩纳入考评体系的科学性、客观性与合理性。我国高校招生考试改革新案也从全局范畴俯瞰与省思整个教育系统中的高校招生考试环节，提出高中学业水平考试的 14 门科目“学完即考、一门一清”，允许多次考试，考生自行选择 3 门最高成绩纳入高校招生考试综合评价，借此分散高校招生考试压力，促进高中教育与大学教育的衔接，这与日本高校招生考试新案中的“高中基础学力考试”有异曲同工之处。关键在于大学也应主动立足高中立场，尽早明晰招生考试中关于高中学业水平的要求，以透明、公开的信息传递为高中与考生提供周到细致的服务。双方互动的连接才能真正以高校招生考试为桥梁，建立高中教育与高等教育的内在关联，拉近学生与大学的距离，关照教育内循环的流畅顺通。

五、深化分类而非分层的高校招生考试制度改革

高等教育大众化意味着高等教育入学机会的充足，但是，只要优质的高

等教育资源依然有限，精英选拔型的高竞争性考试就不可能消失。当然，机会的有无不等于机会质量的高低，因此，竞争会永恒存在。但是，当高校成为民众触手可及的存在时，高校招生考试总体选拔性的降低是一种必然趋势。除了部分历史悠久的名门大学，大部分大众型的高等教育机构的招生考试都要从选拔性转向适应性与教育性，适应更广泛人群接受高等教育的需求。从以适龄人口为中心的考试制度转向有意愿接受高等教育的国民，为国民接受终身教育创设平台，让高等教育成为终身教育的一环，而非终止性的教育。换言之，高等教育进入大众化阶段，入口型教育质量保障机制的作用被逐渐弱化，“少子化”危机下，不少大学特别是民办大学的门户半开放甚至完全开放政策将成事实，因此，高等教育质量的确保不仅需要入口把关更需要过程与出口的严格监督与管理。日本私立高等教育政策的空洞化与多样化考试政策的空疏化导致高校招生考试制度从“二元双轨”模式转向“二元双层”模式——国、公立大学偏重学力考查，私立大学偏重非学力考查，这种分层是对高校招生考试公平的侵蚀，固化了社会阶层，消弭了高校招生考试促进社会阶层流动的功能。

我国高校招生考试制度改革新案提出分类高校招生考试，这是我国高校招生考试制度的重大变革。分类高校招生考试是一种资源配置的分类，有利于不同类型的人才享受合适的高等教育资源，发挥资源的最大效益，是基于个体差异的公平体现。培养技术技能型人才有特定的能力前提，学术型的传统高校招生考试无法同时考评两类人才，桎梏了多样化人才的遴选与培养。分类高校招生考试意味着人才选拔从单一性迈向多样化、从封闭性迈向开放性，为高等教育的多样化发展找到了切实的突破口，助益应用型高校选拔适合的生源。但是，我国高等教育机构同质化程度较高，学术型与技术技能型人才的培养机制虽然有所区分但未有根本性区别，因此，应用型高校应通过人才培养模式的根本性变革加强过程评价，并严控出口。我国高等教育入学率逐年攀升，高校招生考试制度入口“宽进”模式若没有相应的过程“严管”与毕业“严出”体制的配套，相当于高等教育的“自我毁容”。以大学教师为主体，对教育过程实施有效及时的监督评价；以大学为主体，对毕业出口实施严格控制，才是提高教育实效与质量的核心举措。总之，高等教育大众化不只是入口处招生规模的扩大问题，更关键的是，要根据教育目标与生源的变化转变教学模式，推动教育过程的有效实施，即适应多样化生源需求，改革教学内容与授课模式，发掘学生的个性与潜力，提高学生的自主学习意识与能力，让每位学生的个性特长得以彰显，并形成良好的人格特征。唯其如此，才能避免“分类”的高校招生考试演变为“分层”的高校招生考试，上层为学术型高校招生考试，下层为技术技能型高校招生考试。另一方面，政府宜扩大高校招生考试自主权，以倾斜性政策支持技术技能型高校的招生、教育与就业，从而激活两类高校招生考试的竞争态势，推动两者同台平等竞争，这也是避免我国分类高校招生考试演变为类似于日本高校招生考试制度的分层格局的关键。

参考文献

一、中文专著

[1] 佐藤俊树. 不平等的日本 [M]. 王奕红，译. 南京：南京大学出版社，2008.
[2] E. 布莱克. 日本和俄国的现代化 [M]. 周师铭，等译. 北京：商务印书馆，1989.
[3] 吴廷璆. 日本近代化研究 [M]. 北京：商务印书馆，1997.
[4] 金龙哲，王东杰. 东京大学 [M]. 长沙：湖南教育出版社，1992.
[5] 天野郁夫. 高等教育的日本模式 [M]. 陈武元，译. 北京：教育科学出版社，2006.
[6] 杨深坑，李奉儒. 比较与国际教育 [M]. 台北：高等教育文化事业有限公司，2011.
[7] 胡建华. 战后日本大学史 [M]. 南京：南京大学出版社，2001.
[8] 刘海峰. 高校招生考试改革论 [M]. 杭州：浙江教育出版社，2013.
[9] 小林哲也. 日本的教育 [M]. 徐锡龄，黄明皖，译. 北京：人民教育出版社，1981.
[10] 刘海峰. 刘海峰演讲录 [M]. 武汉：华中师范大学出版社，2012.
[11] 藤田英典. 走出教育改革的误区 [M]. 张琼华，等译. 北京：人民教育出版社，2001.
[12] 余雅风. 构建高等教育公共性的法律保障机制 [M]. 北京：北京师范大学出版社，2010.
[13] 桥本健二. 战后日本社会阶级构造的变迁 [M]. 彭曦，等译. 南京：南京大学出版社，2012.

[14] 臧佩红．日本近现代教育史［M］．北京：世界知识出版社，2010.
[15] 张亚群．高校自主招生与高校招生考试改革［M］．北京：中国社会科学出版社，2012.
[16] 别敦荣，杨德广．高等教育改革与发展 30 年［M］．上海：上海教育出版社，2009.
[17] 吴光辉．转型与建构——日本高等教育近代化研究［M］．北京：世界知识出版社，2009.
[18] 大塚丰．现代中国高等教育的形成［M］．黄福涛，译．北京：北京师范大学出版社，1998.
[19] 王桂．日本教育史［M］．长春：吉林教育出版社，1987.
[20] 刘海峰，等．高校招生考试制度改革研究［M］．北京：经济科学出版社，2009.
[21] 刘海峰．高等教育历史与理论研究［M］．青岛：中国海洋大学出版社，2008.
[22] 刘海峰．高校招生考试改革的理论思考［M］．武汉：华中师范大学出版社，2007.
[23] 刘海峰，等．中国考试发展史［M］．武汉：华中师范大学出版社，2002.
[24] 张业群．科举革废与近代中国高等教育的转型［M］．武汉：华中师范大学出版社，2005.
[25] 郑若玲．科举、高校招生考试与社会之关系研究［M］．武汉：华中师范大学出版社，2007.
[26] 张亚群．高校自主招生与高校招生考试改革［M］．北京：中国社会科学出版社，2012.
[27] 杨学为．中国高校招生考试史述论［M］．武汉：湖北人民出版社，2007.
[28] 韩家勋，孙玲．中等教育考试制度比较研究［M］．北京：人民教育出版社，1998.
[29] 张金元．高校招生制度研究［M］．武汉：湖北人民出版社，2005.
[30] 康乃美，蔡炽昌，等．中外考试制度比较研究［M］．武汉：华中师范大学出版社，2002.
[31] 贾非．各国大学入学考试制度比较研究［M］．沈阳：辽宁教育出版

社，1990.
[32] 王立科. 英国高校招生考试制度研究 [M]. 武汉：华中师范大学出版社，2008.
[33] 唐滢. 美国高校招生考试制度研究 [M]. 武汉：华中师范大学出版社，2007.
[34] 罗立祝. 高校招生考试政策研究 [M]. 武汉：华中师范大学出版社，2007.
[35] 覃红霞. 高校招生考试法制研究 [M]. 武汉：华中师范大学出版社，2007.
[36] 李立峰. 中国高校招生考试的区域公平研究 [M]. 武汉：华中师范大学出版社，2007.
[37] 张耀萍. 高校招生考试形式与内容改革研究 [M]. 武汉：华中师范大学出版社，2008.
[38] 腾大春主编. 日本教育史 [M]. 济南：山东教育出版社，2005.
[39] 黄福涛. 外国高等教育史 [M]. 上海：上海教育出版社，2003.
[40] 谷峪. 中国近现代女子学校教育比较研究 [M]. 长春：吉林教育出版社，2002.
[41] 吴忠魁. 私立学校比较研究 [M]. 北京：北京师范大学出版社，1999.

二、中文期刊

[1] 佐藤学. 全球化下的东亚教育模式——以日本的危机与改革为中心 [J]. 吴光辉，译. 国际高等教育研究，2004 (3)：1-4.
[2] 胡永红. 日本高校招生考试制度研究述评 [J]. 中国考试，2014 (6)：49.
[3] 余扬. 论考试公平 [J]. 中国考试，2005 (4)：20-21.
[4] 刘海峰. 高考改革中的全局观 [J]. 教育研究，2002 (2)：22.
[5] 胡永红. 日本高校招生考试改革中的高大衔接问题分析 [J]. 中国考试，2015 (3)：35.

三、日文专著

[1] 潮木守一. 近代大学の形成と変容 一九世紀ドイツ大学の社会的構造 [M]. 東京: 東京大学出版会, 1973.

[2] 木戸公伝記編纂所. 戸孝允文書第 4 巻 [M]. 東京: 日本史籍協会, 1929.

[3] 天野郁夫. 教育と選抜 [M]. 東京: 第一法規, 1982.

[4] 濱中淳子. 大衆化する大学——学生の多様化をどう見るか [M]. 東京: 岩波書店, 2013.

[5] 中島直忠. 日本・中国高等教育と入試——21 世紀への課題と展望 [M]. 東京: 玉川大学出版部, 2000.

[6] 市川昭午. 教育改革の理論と構造第 6 巻 [M]. 東京: 教育開発研究所, 1990.

[7] 天野郁夫. 試験の社会史 [M]. 東京: 東京大学出版社, 1992.

[8] 鈴木義里. 大学入試の 「国語」 [M]. 東京: 三元社, 2011.

[9] 形尾憲. 学歴信仰社会——大学に明日はあるか [M]. 東京: 時事通信社, 1976.

[10] 海後宗臣, 寺崎昌男. 大学教育 [M]. 東京: 東京大学出版会, 1969.

[11] 寺崎昌男. 日本の教育課題 6——選抜と競争 [M]. 東京: 東京法令出版, 1994.

[12] 教育史編纂会. 明治以降教育制度発達史第 巻 [M]. 東京: 教育資料調査会, 1938.

[13] 岩瀬六郎. 新考査法と家庭 [M]. 東京: 博文館刊, 1941.

[14] 佐佐木隆生. 大学入試の終焉 [M]. 北海道: 北海道大学出版会, 2012.

[15] 市川昭午. 大学大衆化の構造 [M]. 東京: 玉川大学出版部, 1995.

[16] 竹内洋. 学歴貴族の栄光と挫折 [M]. 東京: 中央公論社, 1999.

[17] 東北大学高等教育開発推進センター. 高等学校学習指導要領 VS 大学入試 [M]. 宮城: 東北大学出版会, 2012.

[18] 西村徹ら. 共通一次を撃つ [M]. 東京: 第三文明社, 1979.

[19] 岩男寿美子, 萩原滋. 日本で学ぶ留学生 [M]. 東京: 勁草書

房，1988.
[20] 沢谷敏行. 大学事務職員のための日中留学交流の手引き [M]. 兵庫：関西学院大学出版会，2005.
[21] 田中寛一. 選抜考査法 [M]. 東京：培風館刊，1931.
[22] 新井隆一. 解説教育六法 [M]. 東京：三省堂，1990.
[23] 中村高康. 大学への進学——選抜と接続 [M]. 東京：玉川大学出版部，2010.
[24] OECD. 日本の大学改革 [M]. 森利枝，訳. 東京：明石書房，2009.
[25] 朝日新聞出版教育ジュニア編集部. 大学ランキング2015 [M]. 東京：朝日新聞出版，2014.
[26] 天野郁夫. 大学一挑戦の時代 [M]. 東京：東京大学出版会，1999.
[27] 前田一. サラリマン物語 [M]. 東京：東洋経済出版部，1928.
[28] 後藤道夫. 岐路に立つ日本 [M]. 東京：吉川弘文館，2004.
[29] 天野郁夫. 変革期の大学像 [M]. 東京：日本九ルートセンター出版，1980.
[30] T. J. ペルペル. 日本の共闘教育政策 [M]. 橋本鉱市，訳. 東京：玉川大学出版部，2004.
[31] 日経連創立十周年記念事業委員会. 十年の歩み [M]. 東京：日本経営者団体連盟，1958.
[32] 朝比奈なを. 高大接続の "現実" —— "学力の交差点" からのメッセージ [M]. 東京：学事出版，2010.
[33] 文芸春秋. 『文芸春秋』 に見る昭和史 (一) [M]. 東京：文芸春秋，1988.
[34] 井上敏明. 学歴の深層心理 [M]. 東京：世界理想社，1980.

四、日文期刊

[1] 大学入試センター. 大学入試フォーラム21 号 [J]. 東京：大学入試管理部庶務課，1999：2.
[2] 大学入試センター. 大学入試フォーラム15 号 [J]. 東京：大学入試管理部庶務課，1992：33-40.
[3] 天野郁夫. 大学入学者選抜論 [J]. IDE 現代の高等教育，1992：8.

[4] 柴田洋三郎. 大学全入時代における高校教育の質保証 [J]. 大学入試研究動向 28 号, 2011: 15-16.

[5] デメジャン・アドレット. 国立大学におけるAO 入試の全体的特徴について [J]. Journal of Quality Education, Vol. 3, 2010: 47-48.

[6] 船戸高樹. 深刻化する退学者問題——全学的な取組みが求められる [J]. アルカディア学報, 2007: 288.

[7] 三宅貴也. 夜間主・二部学部の現状と課題① [J]. 日本入試研究ジャーナ24, 2014: 219-224.

[8] 浦田広朗. 私大の財務基盤と家計負担——機会均等を目指した自助努力を [J]. 大学・学校づくり研究 (2), 2009: 49-50.

[9] 秦政春. 家庭環境と学業業績 [J]. 福岡教育大学紀要 34 号, 1984: 73.

[10] 瀧澤博三. 財政なき大学改革——「量」の成功と「質」の失敗 [J]. アルカディア学報, 2008 (2): 33.

[11] 居神浩. ノンエリート大学生に伝えるべきこと [J]. 日本労働研究雑誌, 2010: 31.

[12] 寺崎里水. ノンエリート大学生の進学と学び (2) [J]. 日本教育学会大會研究発表要項, 2011: 12-13.

[13] 全国大学入学者選抜研究連絡協議会. 2012 年度全国大学入学者選抜研究連絡協議会大会 (第 7 回) 企画討論会新学習指導要領の導入: 大学の対応と課題 [J]. 大学入試研究動向第 30 号, 2013: 41-49.

五、日文网络和其他资料

[1] 文部省. 文部統計要覧 [G]. 東京: 大蔵省印刷局, 1995.

[2] 文部省. 文部統計要覧 [G]. 東京: 大蔵省印刷局, 1976.

[3] 文部省. わが国の教育水準 1959. 11-1981. 5 [G]. 東京: 文部省, 1990.

[4] 文部省. 文部時報 880 号 [G]. 東京: 日本図書センター, 1951.

[5] 文部省. 文部広報 545 号 [G]. 東京: 日本図書センター, 1972.

[6] 文部科学省. 平成 26 年度学校基本調査 [EB/OL]. http://www.mext.go.jp/component/b_menu/houdou/_icsFiles/afieldfile/2014/08/07/1350732_03.pdf.

[7] 文部科学省. 学制百年史[EB/OL]. http://www.mext.go.jp/b_menu/hakusho/html/others/detail/1317552.htm.

[8] 天野郁夫. 理想より歴史を見よ[N]. 日本経済新聞, 2013-12-16(2).

[9] 文部科学省. 教育内容的充実与能力的開発. 大学入学者選抜方法[EB/OL]. http://www.mext.go.jp/b_menu/hakusho/html/hpad196401/hpad196401_2_046.html.

[10] 文部科学省. 2001わが国の教育統計[G]. 東京: 文部科学省, 2001.

[11] 文部科学省. 大学資料第 24 号[G]. 東京: 大学学局, 1967.

[12] 入学者選抜研究に関する調査室. 大学入学試験に関する調査[R]. 東京: 文部省, 1958.

[13] 文部科学省. 国立大学法人における教養教育に関する調査報告書[EB/OL]. http://www.mext.go.jp/b_menu/shingi/chukyo/chukyo4/003/gijiroku/07012402/001/003.htm.

[14] 中央教育審議会. 新しい時代にふさわしい高大接続の実現に向けた高等学校教育, 大学教育、大学入学者選抜の一体的改革について[R]. 東京: 文部科学省, 2014.

[15] 文部科学省. 平成 25 年度入学者選抜実施状況の概要 [EB/OL]. http://search.yahoo.co.jp/search;_ylt=A2RA0DwU07hUk38AEh.JBtF7?p=%EF%BC%92%EF%BC%94%E5%B9%B4%E5%BA%A6%E5%85%A5%E5%AD%A6%E8%80%85%E9%81%B8%E6%8A%9C%E5%AE%9F%E6%96%BD%E7%8A%B6%E6%B3%81%E3%81%AE%E6%A6%82%E8%A6%81&search.x=1&fr=top_ga1_sa&tid=top_ga1_sa&ei=UTF-8&aq=&oq=&afs=.

[16] 日本私立大学連盟. 高等学校段階の学力を客観的に把握活用できる新たな仕組みに関する調査研究[R]. 教育研究, 2010.

[17] 高等教育研究会. 大学の多様な発展を目指してI・大学審議会答申集[R]. 東京: ぎょうせい, 1991.

[18] 全国教育調査研究協会. 戦後 30 年学校教育統計総覧[G]. 東京: ぎょうせい, 1980.

[19] 文部科学省. 平成 24 年度入学者選抜実施状況の概要 [EB/OL]. http://search.yahoo.co.jp/search;_ylt=A2RA0DwU07hUk38AEh.JBtF7?p=%EF%BC%92%EF%BC%94%E5%B9%B4%E5%BA%A6%

A6%E5%85%A5%E5%AD%A6%E8%80%85%E9%81%B8%E6%8A%9C%E5%AE%9F%E6%96%BD%E7%8A%B6%E6%B3%81%E3%81%AE%E6%A6%82%E8%A6%81&search. x=1&fr=top_ga1_sa&tid=top_ga1_sa&ei=UTF-8&aq=&oq=&afs=.

[20] 文部科学省. 大学における教育内容等の改革状況について[EB/OL]. http://www.mext.go.jp/a_menu/koutou/daigaku/04052801/1353488.htm.

[21] 文部科学省. 2013 年度学校基本調査[EB/OL]. http://www.mext.go.jp/b_menu/houdou/25/08/attach/1338337.htm.

[22] 教育ニュース. 削減できない私大の推薦・AO 入学——3 年ぶり割合増加[EB/OL]. http://benesse.jp/blog/20131114/p2.html.

[23] 中央教育審議会. 新たな未来を築くための大学教育の質的転換に向けて～生涯学び続け、主体的に考える力を育成する大学へ～[R]. 東京: 文部科学省, 2012.

[24] 天野郁夫. 大学入試——私的意見[N]. 日本経済新聞, 2013-12-1(1).

[25] 斉藤亨治. 大学は変われるか[N]. 日本経済新聞, 2013-6-16(2).

[26] 文部科学省. 大学における教育内容等の改革状況について [EB/OL]. http://www.mext.go.jp/b_menu/houdou/21/03/1259150.htm.

[27] 朝日新聞. 2014 年度調査実施について. 退学率は 8.1%[EB/OL]. http://www.asahi.com/edu/hiraku/article11.html.

[28] 日本学生支援機構. 平成 22 年度外国人留学生在籍状況調査結果 [EB/OL]. http://www.jasso.go.jp/statistics/intl_student/data10.html.

[29] 日本学生支援機構. 日本留学試験利用校 [EB/OL]. http://www.jasso.go.jp/eju/use.html.

[30] 文部科学省. 高等教育局学生支援課 [EB/OL]. http://www.mext.go.jp/a_menu/koutou/gakuseishien/1269672.htm.

[31] 文部科学省. 日本留学生制度概況 2010 [EB/OL]. http://www.mext.go.jp/component/a_menu/education/detail/_icsFiles/afieldfile/2011/12/14/1286521_6.pdf.

[32] 東京大学. 入学・進学をご希望の方へ [EB/OL]. http://www.u-tokyo.ac.jp/index/k00_j.html.

[33] 文部科学省. 世界の高等教育機関の学生数と大学進学率の増加[EB/

OL]. http://www. mext. go. jp/component/b _ menu/shingi/toushin/_icsFiles/afieldfile/2012/10/04/1325048_6. pdf#search='%EF%BC%92%EF%BC%90%EF%BC%91%EF%BC%91++%E9%AB%98%E7%AD%89%E6%95%99%E8%82%B2%E9%80%B2%E5%AD%A6%E7%%8E%87.

[34] 東京外国語大学. 入試情報 [EB/OL]. http://www. tufs. ac. jp/admission/ug/information/goukakujoukyou. html.

[35] 大阪市立大学. 入試情報 [EB/OL]. http://www. osaka-cu. ac. jp/ja/admissions.

[36] 斉藤亨治. 大学は変われるか [N]. 日本経済新聞, 2013-6-16(2).

[37] リクナビ進学. 早稲田大学の入試情報 [EB/OL]. http://shingakunet. com/gakko/SC000371/nyushi/bairitsu/#00000000000137945.

[38] 岡山理科大学. 入試情報 [EB/OL]. http://www. ous. ac. jp/page. php?sec = ctg _ 6http://shingakunet. com/gakko/SC000371/nyushi/bairitsu/#00000000000137945.

[39] 大学経営・政策研究センター. 高校生の進路と親の年収の関連について[EB/OL]. http://ump. p. u-tokyo. ac. jp/crump/resource/crump090731. pdf#search='%E6%9D%B1%E4%BA%AC%E5%A4%A7%E5%AD%A6++%E8%AA%BF%E6%9F%BB++%E5%B0%82%E9%96%80%E5%AD%A6%E6%A0%A1'.

[40] 長崎短期大学. 受験生のみなさまへ [EB/OL]. http://www. njc. ac. jp/examination/.

[41] リクナビ進学. 大原簿記情報専門学校 [EB/OL]. http://shingakunet. com/gakko/SC003580/.

[42] 大学経営・政策研究センター. 高校生の進路についての調査 [EB/OL]. http://ump. p. u-tokyo. ac. jp/crump/cat77/cat81/post-1. html.

[43] 文部科学省. 大学へのいわゆる「飛び入学」について[EB/OL]. http://www. mext. go. jp/a_menu/koutou/shiken/06033010/010. htm.

[44] 天城勲編. 相互にみた日米教育の課題——日米教育協力研究報告書[R]. 東京: 第一法規出版刊, 1987.

[45] 文部省. わが国の高等教育[G]. 東京: 文部省, 1964.

[46] 教育年鑑刊行委員会. 教育年鑑 1976 年[G]. 東京: ぎょうせい, 1976.

[47] 教育ニュース. 大学進学率ついに限界? 2 年連続で低下[EB/OL]. http://benesse.jp/blog/20130909/p2.html.

[48] 教育ニュース. 延べ51 校の新設大学などに定員割れや教員不足——文部科学省が改善要請 [EB/OL]. http://benesse.jp/blog/20140313/p2.html.

[49] 小谷野仁, 繁算男. セクターと難易度による分類の下での近年の大学入学者選抜の分析. 入学者選抜研究機構報告書 4——大学入試の標準化、多様化、および精密化[R]. 独立行政法人大学入試センター入学者選抜研究機構, 2011.

[50] 荒井克弘. 入学者選抜の課題——多様化の中での質的保証. 入学者選抜研究機構報告書 2. 大学入学者選抜——進学、機会の平等、そして質保証[R]. 独立行政法人大学入試センター入学者選抜研究機構, 2011.

[51] 文部科学省. 国立大学法人における教養教育に関する調査報告書[EB/OL]. http://www.mext.go.jp/b_menu/shingi/chukyo/chukyo4/003/gijiroku/07012402/001/003.htm.

[52] 教育再生会議. 大学入試改革「人物本位」の選抜に教育再生実行会議が安倍首相に提言[EB/OL]. http://www.huffingtonpost.jp/2013/11/01/university-entrance-examination-tassei-test_n_4192374.

[53] 日本学生支援機構. 平成 25 年度奨学金事業に関する実態調査 [EB/OL]. http://www.jasso.go.jp/statistics/syogaku_chosa/gaiyou_25.html.

[54] 文部省. 我が国の文教政策[G]. 東京: 大蔵省印刷局, 1994.

[55] 大学入試センター. 2014 年度「大学入試センター要覧」[EB/OL]. http://www.dnc.ac.jp/corporation/center_gaiyou/shupanbutsu.html.

[56] 下村博文. 高大接続改革の目標[N]. 日本経済新聞, 2015-2-16(1).

[57] ベネッセ. 高校生向け英語 4 技能検定「GTEC CBT」を8 月より実施[EB/OL]. http://resemom.jp/article/2014/01/30/16926.html.

[58] ベネッセ. 「達成度テスト」には賛否[EB/OL]. http://benesse.jp/blog/20140123/p2.html.

[59] 天野郁夫. 理想より歴史を見よ[N]. 日本経済新聞, 2013-12-16(2).

后　　记

2015 年 7 月 16 日，终于为本研究暂时画上了一个句号。2016 年 2 月，应出版社的要求，终于将文稿修改完毕。以博士毕业论文为基础完成修改并付梓，要深深感谢导师刘海峰教授的悉心培育与无私指导。终于暂时搁笔，窗外投射进来的那一缕暖阳是冬去春来之际最暖心的礼物。沐浴暖阳，转换思维，聊述感悟。其实，我更愿意将文末的“后记”当作“心灵之音”，对这珍贵的三年博士生涯做一简单的回溯与梳理，对自己所走过的人生之旅做一必要的反思与憧憬，也算是对自己未来的启思。

一直以为人生如旅，我们在一个个驿站停留，走走停停看世界也看自己，在风景的流变中，让心灵感受不同的风景，丰富心灵的感悟。也一直认为时间是左右我们命运的无形之手，我们今天用心珍惜的每一分每一秒，其实都是在为自己未来拥有属于自己的时空与自由做铺垫；今天对时间的奢侈享用就是明天自由与自我时空的丧失。所以，我总是选择在必要的时候，为自己赢得一点点纯粹的属于自己求知的时空。与教育研究院的结缘是我迄今人生旅途中最幸福、最充实的部分。在奢华遍野、品味缺乏、教养缺失的时代，静心享受读书的生活是最高端的奢侈。教育研究院这个驿站有着丰富的精神给养，有着强烈的心灵冲击，有着勇敢的自我挑战，我幸运自己居然可以在这个殿堂停留、驻足、沉思三载！驻足学术气氛浓郁的教育研究院，静静聆听、热烈探讨、默默思考、孜孜写作是一段幸福的旅程，是一种珍贵的体验，是让我学会终身学习研究的智慧源泉！

如水般悄然流逝的日日月月在母亲日益增多的白发中留下痕迹，母亲是我在后记中首先要感谢的人。我 11 岁那年，父亲过世，母亲用一种坚韧培育我们。在母亲如参天古木般博大包容的胸怀里，在母亲身教重于言传的教育理念里，我们默默领悟只字不识的母亲对我们松弛有度的教育，我们在缺失了父爱的日子里渐渐长大，母亲让我们学会了坚韧与独立，学会了不屈与包容。母亲对我总是满怀信心，记得2003年考厦大研究生之时，母亲在电话里说："你一定可以考上！"我如愿了，刘晓冷老师的赏识让我得以拥有大学毕业后的第一个继续学习的机会。虽然，刘晓冷老师已经转职复旦大学了，但是，至今我们依然拥有超越了师生关系的如母女般也如朋友般的深厚情感。2012年，我再一次选择了给自己一个继续充实自我的机会，考博是一段珍贵的体悟。从日语专业转向高等教育学，是一种因缘。吴光辉老师从硕士时代开始就不仅是我学习研究的导师，也是启迪我开拓人生道路的导师。吴老师的谆谆引导如明灯，让我渐渐有了走近厦大教育研究院的机会；而在撰写论文过程中，吴老师也总是让我从其博大精深的思想世界汲取灵感，赋予我诸多重要的启迪。在边工作边听课的日子里，我在对高等教育知识几乎一无所知的状态下走进了别敦荣老师、王洪才老师、林金辉老师、林敏老师的课堂。现在我依然满怀感恩，若非吴光辉老师、杨广云老师的引荐，若非这些任课老师的许可，我如何可以得到这么珍贵的听课机会！无知无畏的我开始结合自身的教育实践渐渐参与课堂讨论，渐渐感知每位老师的授课特点与思路，这是我可以相对思路清晰、科学有效学习与准备考试的基石。在老师们别具特色的授课中，我渐次找到了一些属于自己的学习方法与理解方式。最后，正如母亲所预言与坚信的，虽然事情一波三折，颇富戏剧性，但是，我真的考上了！

当上帝几乎要关闭大门之际却又为我打开了一道天窗，我有幸成了刘海峰老师的弟子！我几乎不敢相信自己居然成了刘门一员！但是，刘老师真的以一种海纳百川的胸怀包容了我的不足，收纳了我，并且为我量身定制了博士论文题目——日本高校招生考试制度研究。论文选题是写作论文的关键，刘老师因材选题、用人所长、扬长避短，让我得以利用自己所长探索未知领域，尝试开辟出一块小小的荒地，这是一种莫大的幸福！我感叹自己的好运，感谢上帝的眷顾，让我幸遇刘老师，因此，也让我得到了这个弥足珍贵的跨学科学习的机会！

跨学科意味着思维突破的可能，跨学科意味着眼界扩大的可能，跨学科意味着人生的另一种可能，我欣悦这种可能性的珍贵赐予！带着憧憬，走进教育研究院之门，开始聆听各位老师潺潺流淌的思想。博一学年最深的感触是自己无知的深重。外语学习，特别是日语学习相对狭窄、思维方式相对单一，走出这个世界进入思域广阔、思维深邃的教育学领域，感觉天高地远，眼前一片广阔无垠的无知领域在等待我的开垦。虽然无知却无畏，因为内心坚信学习一定是个性化的过程，一定有每个人自己的步骤，我相信一切皆应顺其自然，水到渠成，一如每种花都有自己的花期，昙花总在深夜绽放，梅花总在冬季绽放，荷花总在夏日开放般，属于我的那朵花也一定会自然绽放，我需要的是一种自我的积淀，而后淡定从容聆听花开花落的声音，所以，我倾听内心的声音，按照内心的感觉走自己想走的路，虽然缓慢却坚实。

我开始以一种淡定而积极的求知心态走入每位老师的课堂。第一次聆听潘懋元先生的课程，让我既震惊又淡定。95 岁的潘懋元先生以一种淡泊明志、严谨治学、谦虚待人、宽厚仁德的胸怀对待我们每位学生。每次听先生授课，都可以深深明白先生志在鼓励我们培养起深入思考、畅所欲言、孜孜求知、坦言无知的求学态度和精神。先生坐在那儿就是一幅画，让人气定神闲的气场会在无言中征服我们每个人；先生一开口就是思考的起源，让我们在聆听中可以畅思无限；先生一微笑就是鼓励，让我们省思并正视自己内心的无知；先生一批评就是客观严谨，让我们明白做学问宜求实实在在的推演和证明；先生站起来就是一种谦恭，让我们每个人都不自觉地向先生微微鞠躬行注目礼。先生无言胜有声的言传身教，让我每每忆起都会感恩无限，让我们每个人都不敢有丝毫懈怠，无论是做人还是治学。先生将做人和做学问的和谐关系以最直观的画面呈现给我们，先生对于我们每位学生的爱，对教育研究院的无私奉献，对学术净土的守护，对道德的坚守，我们一直感同身受，这种浸润将影响我们每个人终身，让我们终身感恩并感动着！

别敦荣老师总是在逻辑清晰、不苟言笑的阐析中让我们感知幽默与睿智，常常沉醉在别老师凝练而深刻的教诲中——用学术的态度、学术的语言表达学术的思想；教育信仰的实现要立足现实、利用现实并超越现实；中国高等教育明明遍地问题我们却找不到问题，因为我们没有毒眼，即没有理论的眼睛、批判的眼睛；我们所受的规训太顽固，我们是僵化体制下培养的僵化的人，这些浓缩的思想精华扣动心弦，启人自省。张亚群老师用一种深入浅出、宛若叙说故事般的方式与我们娓娓叙述高等教育的历史脉络与关键事件，启迪我们不要在针尖上做学问，张老师对于文字的斟酌与考究让我们叹为观止。郑若玲老师容许我在博三最后的珍贵日子里旁听课程，让我对于社会学视角下的高等教育研究有了一点感触，在郑老师的课堂上，我们如此自由地碰撞并相互启思，那是一段坦诚而深入的体验。邬大光老师用一种随时随地喷发的灵感激励我们要善于找问题并解决问题，需要对一个问题有持续的关注才能做文章。王洪才老师在课堂上总是思维活跃，老师用自由勃发的思想为我们开启了各抒己见的平台，让我们体会读博就是做自己的真我状态，老师用一种敢于直言的坦诚态度传递给我们做学问时的至真至善状态。史秋衡老师用数据说话，告诉我们其实每一个数据后面都有深意，都可能写出一篇精彩的文章；永远记得史老师在我差点耽误 2014 年全国高等教育学会博士生分论坛主持时说的那句："你吃饭了没有？"那天，我最终比较满意地完成了主持工作，没有愧对史老师对我的信任。感谢史老师传递给我的朴素而深沉的爱，感谢史老师给予的珍贵机会，让我再一次验证了自己！

身在教育研究院，我们是非常幸运的，因为我们可以自由游走于各位老师的沙龙。潘懋元先生的沙龙、刘老师的沙龙，还有其他未曾参与的许多老师的沙龙都是一种丝雨般的浸润。沙龙有茶、有水果、有点心，没有权威、没有恐惧，充盈内心的是对于真知的探究与渴求，这个智慧交融的场域让每颗心灵都可能创造自己的模式，开出自由之花。如果允许我们用"近功"或"远效"来概括，我愿意用后者。沙龙让我们浸润在一种自由和谐的气氛中，体验由浅入深、由窄入宽、由学识而道德的一个渐次渗透的过程，让我们感知到某种精神力量的成长，让我们明白自己是如此无知，还需要如此多的历练！也正是这个充满了智慧的氛围，引导我逐渐感悟到，倘若"努"少了"力"，我们就沦为了"奴"；倘若我们"怒"了，我们的"心"便沦为了"奴"；倘若缺失了"心力"，我们就终身为"奴"。尽"力"为之，"心"境澄明，我们的"心力"会自然衍生。

伴随老师们灵动的思想之流前行，我渐渐感知心力的渐次趋强，渐次摆脱了门外汉的蒙昧无知，并开始关注高等教育中的一些感兴趣的问题，开始认识日语之外的世界，开始重新反思教育，也开始着笔作文。带着教育的困惑而来，带着解决困惑的信念从心而学，我渐渐在感性之外探知到了理性，在主观之外感受到了客观，在片面之外感知到了全面，在绝对之外知悉了相对，在宏观之外知晓了微观，明白了要"入乎其内以微观，出乎其外以宏观"。点点滴滴的感悟在作文过程中渐渐渗透于文，虽然尚且微小且肤浅却让我欣悦不已。看到不足就是渐趋完善，看到进步就是渐趋完美。水的流动源于落差，否则只能是死水微澜。在教育研究院，无论是与老师们的相处还是与同学们的共学，都让我反躬自省，更深刻认识到自己的不足与局限，这种差距犹如水流的落差，促使自己继续在作文的世界里求索。

作文好比一棵树，一定要有一根思想主线贯穿始终，如此方能深根入土、茁壮挺拔、稳扎土地、荫蔽一方、影响一域；作文好比一排蚂蚁上树，一点点往上爬，积累的知识和智慧好比每一只看似弱小的蚂蚁，每一只都要嗅着上面那只蚂蚁留下的味道往上爬，不能迷失主线，否则只能七零八落、不知所言，成为方格汉字无意义的堆砌；作文好比品尝美食，宜细嚼慢咽切忌囫囵吞枣；作文好比摄影，讲究整体布局，不仅要鸟瞰总体，也要或取或舍，凡此种种，都需悉心体悟。我很幸运自己可以在这些方面都得到老师们一次次的耐心点拨，特别是毕业论文，从确定题目到编制提纲，从谋篇布局到出国查阅资料，最后完成定稿，刘海峰老师一路走来一直谆谆指导，为我的学业成长无私地提供一切可能的帮助。不仅如此，刘老师还慷慨赠予我们专著，一篇篇经典而厚重的学术文章和一本本学术论著都有着一种力透纸背的思想力量，凝练流畅、深入浅出的阐析娓娓道来力显学术之美与学术之道的辩证统一；古今中外的旁征博引引领我们感知历史追溯与现实观照之间的互动；文史哲的融会贯通传递出一种作文的基本原则：论文要力求内容的世界很精彩，语言晓畅流淌智慧之光，避免文字垃圾的堆砌！谈及刘老师的教学特色，立刻浮上脑海的是老师捕捉绵密历史长河中的珍贝的敏锐、严谨。刘老师总能如数家珍般抽取历史中的蛛丝马迹，并展开富有逻辑的学理阐析，让我们真实触摸厚重历史背后沉潜的客观规律，让我们体会历史的意味深长，体会绵延的历史其实就活在现在的意义。论从史出、以史为鉴并借古通今是我们在刘老师的言传身教中体会到的珍贵的治学之道，这是一种思维改造，必将影响我们终身的治学理念。“凡为深者，必能浅出；不能浅出，必非深者”“以历史为骨骼、以文学为血肉、以人文精神为灵魂”这些从刘老师口中自然流出的经典名言，学生将一直谨记在心！

还有特别值得一提的事情，就是我的研会弟弟妹妹们，我的博士同学们！因为某种偶然的机缘，我担任了1年教育研究院研究生会主席，与17位弟弟妹妹共同承担起了学院的许多事宜。在郑冰冰书记、陈文副书记的细心体贴的指导帮助下，我们顺利完成了一件件事情。弟弟妹妹们用小小的肩膀扛起了一个个任务，有欢笑也有泪水，但是，我们确实用心赢得了所有人的认可，感动了他人也感动了自己！另外，在玲玲班长与祁晓书记非常用心的经营与无私奉献下，我们2012级博士生形成了一个团结有爱的小家，难忘共同在别墅自己煮饭的日子，难忘我们共同切磋课题的日子，难忘一起出门调研的日子！如今，我们都各奔东西了，但是，我们内心一直记得那句只属于我们的愿望与祝福——一定要幸福哦！

在学这三年，我还要深深感谢我的先生戴海蛟老师与儿子棒子。先生是非常懂我的一个人，当初提出考博想法就得到了先生的支持，无论是准备考博的半年还是博一学年，先生都独自承担起了培育儿子的重任，给了棒子一个坚强的富有担当的父亲形象。在爸爸的影响下，棒子也以一种超越了年龄的体贴支持着妈妈，1 岁 5 个月就开始上托儿所的棒子以一种独立的状态走到今天。现在，琴棋书画都有所接触，并且爱好游泳、篮球、足球的二年级小伙子让我们的生活充满了乐趣与欢笑！最幸福的事情莫过于一家三口在小小的阳台，在牵牛花下泡茶闲聊，交流最近的喜怒哀乐。儿子感性中不乏理性，每次到漳州校区兼课结束，我坐校车回厦门，小伙子总要交代我坐在校车最后一排，为了他可以送我更久。每次他都会追着校车送我，眼眶中充盈着泪水，但是，一定是在校车远离后才会掉落，小小的棒子知道在妈妈面前不可以悲伤，这样妈妈也会很悲伤！我默默地将这些珍贵的来自先生与儿子的爱留驻于文字，三年之间，我写下了 100 篇以棒子为核心的小日志，而这篇后记就是第 100 篇，我要将此装订成册，送给先生、儿子，命名为《执子之手》。茫茫人海中，牵手是缘，能够与先生、棒子牵手，值得一生珍惜！

在即将结束这篇后记之际，我还要深深感谢东京外国语大学的村尾诚一教授，因为研究生期间到东京外国语大学研修半年的契机，我成了村尾老师的学生，也基于此，我赴日查阅博士论文资料之事得到了村尾老师的大力支持，老师为我在日调研期间提供了理想环境，并提供了富有教益的意见，我深深感谢这一珍贵的机缘！另外，也要将我的感恩之心捎给远在日本的金子捷司先生。与金子先生相识于 2005 年，从此，我数次在日期间，金子先生成为我异国他乡的知音。倘若没有金子先生，我无法如此深入地体验日本众多独特的文化、温泉、饮食、名胜等，不仅如此，金子先生还为我作文提供了大量珍贵资料。与金子先生近 10 年愈久愈醇的友谊是我内心温润的存在，我深深鞠躬致谢！在读书期间，院办的叶燕老师、吴晓君老师、李武静老师、王玉梅老师、刘胜老师，还有冯老师、肖老师，都为我们创造了良好的学习研究的环境，在此也要献上衷心的谢意！我很幸运自己可以在刘门这个温暖而和谐的大家中感受师门默默的温馨的师生情谊与同门情谊，立祝师兄、立峰师兄为我们提供了可贵的证明自己的契机，还有木洲、雄鹰、范哗、程伟、刘亮、春燕、亚慧、伟峰、王婧等同门的陪伴温润着我的心！我还要特别向华中师范大学出版社的冯会平老师与刘敏老师致以深深的谢忱与敬意！冯老师事无巨细悉心指导，她充分肯定“这是一本有品有味的书”，让学生内心的感动汹涌起伏！刘敏老师在百忙之中细致阅读文章，提出了许多重要的修改意见，避免了文章带着硬伤面世。在论文撰写的最后阶段，亲爱的仁波小弟、无私的棒子的婶婶都为我顺利完成论文提供了许多力所能及的帮助与支持，我真的很幸运自己拥有这么多爱自己的人！众多恩师们是一种感恩的存在——让我在浩如烟海的学问世界里不至于迷途；母亲是一种信念的存在——让我知道只要起步了就一定可以到达某个点；先生是一种感动的存在——让我可以没有负累自由游走于学问的世界；棒子是一种温润的存在——激励我为了做一个好妈妈而求诸内心的成长；亲朋好友是一种信任的存在——让我感知爱、付出爱并享受有爱的时空！

托刘老师的福，该书被纳入了国家出版基金资助项目——“高考改革研究丛书”，将于2016年底出版，这是对母亲、对刘老师、对所有恩师、对先生与棒子、对亲朋好友们最好的回报！掩卷沉思，深知学海深沉，疏漏难免，真诚希望借此机会求教大家，虚心吸纳宝贵的意见和建议。

刘老师告诫我们：“最缺的永远是时间，读书有兴趣方有恒终有成。”正是这句话启迪了我对时间的思索。时间有方向吗？似乎确实没有任何向上、向下、向左、向右、向前或者向后的箭头为我们指明时间运行的方向，我们似乎也确实无法看到精确的、实在的时间的运行方向。但是，我们又确实如此真实而敏锐地感触到时间流逝如水。最直观的莫过于白昼与黑夜的更替、春夏秋冬的四季更迭。逝者如斯，时间就是这样，以一种最沉默的方式让我们感知自然的有序与客观。我们终会明白：过去，只能是，永远只能是，一种唯一确定的可能；而未来却是，一定是，可以创造无数可能的不确定。从过去到现在到未来，时间如流水单向前行。我们可以在文字中，可以在臆想中，可以在睡梦中，回归过去，但真相是，我们永远无法回到过去！倘若我们不紧随时间之足前行，则将被远远抛在时间之后。时间的有序并不意味着个体的必然有序。究竟是过一种井然有序的生活还是杂乱无章的生活？这取决于个体自身的力量。倘若一开始就秉持养成有序生活习惯的理念，此后，其过一种整齐有效的生活的概率将远远高于一开始就惯于过无序生活者。有序度与无序度的选择与把控最终都取决于我们的理念与执行力。紧随时间的有序方向，在未来的日子里，我依然要坚持“读博以培根，读薄以求精，读破以创新”，上下求索、丰实内心，争取做自由的自己！

胡永红

2016年7月30日